高 等 学 校 教 材

管理信息系统开发与实践

邵丽萍　主编

中 国 铁 道 出 版 社

2011年·北 京

内容简介

本书将管理信息系统开发理论与系统开发实践相结合，通过三个具体的管理信息系统开发案例，以通俗易懂的语言，从实用的角度介绍管理信息系统的开发方法与使用Excel、Access开发管理信息系统的技术。在本书的指导下，读者可以完成三种不同类型信息系统的开发任务。

本书可作为高等院校、大专院校开设"管理信息系统"课程的配套教材，也可以单独作为管理信息系统开发实践上机教材。

图书在版编目(CIP)数据

管理信息系统开发与实践/邵丽萍主编. —北京：中国铁道出版社，2011.6
高等学校教材
ISBN 978-7-113-12861-6

Ⅰ.①管… Ⅱ.①邵… Ⅲ.①管理信息系统-系统开发-高等学校-教材 Ⅳ.①C931.6

中国版本图书馆CIP数据核字(2011)第091326号

书　　名：管理信息系统开发与实践
作　　者：邵丽萍　主编

责任编辑：金　锋　　**电话**：010-51873125　**电子信箱**：jinfeng88428@163.com　**教材网址**：www.tdjiaocai.com
编辑助理：张　博　吕继函
封面设计：崔丽芳
责任校对：张玉华
责任印制：陆　宁

出版发行：中国铁道出版社(100054，北京市宣武区右安门西街8号)
网　　址：http://www.tdpress.com
印　　刷：三河市华业印装厂
版　　次：2011年6月第1版　2011年6月第1次印刷
开　　本：787 mm×1 092 mm　1/16　印张：14.25　字数：332千
印　　数：1～3 000册
书　　号：ISBN 978-7-113-12861-6
定　　价：28.00元

Preface 前言

21 世纪是一个信息时代，信息技术越来越受到人们的重视，各行各业在工作、管理决策过程中都在使用不同的管理信息系统。为了迎接信息时代的挑战，学习和掌握管理信息系统开发方法无疑会给自己带来更多的机遇和更大的发展空间。

学习和掌握管理信息系统开发方法最好的方法是亲自动手开发一个具体的信息系统。本书就是针对“管理信息系统”课程的实践环节专门编写的。本书根据“任务驱动式”模式，围绕管理信息系统开发的工作任务，将管理信息系统开发的工作分解在各章节不同的任务中，在完成各章节任务的同时，即可完成开发管理信息系统的任务。

作为一本指导读者进行管理信息系统开发实践活动的教材，本书在内容的编排上进行了精心的设计，充分考虑到了“基于问题、强调自主、突出实践”的研究性教学思想，以“提出问题→分析问题→给出解决问题具体方案”的方式引领信息系统开发实践过程。

本书分为基础篇与提高篇两大部分，共 10 章，读者可以全面、系统地阅读全书，也可根据不同情况选择其中几章上机实践。各章之间既相互联系又相对独立。如果学生上机课时充足，各章内容均应上机实践。如果学生上机课时不充足，可以仅选择基础篇第 1、2 章上机实践。由于学时限制，有 Access 基础，可以上机实践第 1 章和 3～10 章内容。这样，能满足不同学生对管理信息系统学习的不同要求。

基础篇包括第 1、2 章，比较详细地介绍了两个小型管理信息系统的开发过程，学生可以按照书中介绍轻松完成开发管理信息系统的任务。

第 1 章　基于 Excel 的管理信息系统，介绍使用 Excel 开发“电脑外部设备销售管理系统”应该完成的任务。

第 2 章　基于 Access 的管理信息系统，介绍使用 Access 开发“客户电话管理信息系统”应该完成的任务。

提高篇包括第 3～10 章，介绍了“汇科公司管理信息系统”的开发过程，学生可以按照书中介绍顺利完成系统开发任务。

第 3 章　“汇科公司管理信息系统”分析与设计，介绍开发“汇科公司管理信息系统”过程中系统分析与系统设计阶段应该完成的主要任务。

第 4 章　创建数据库及表，介绍了使用 Access 开发管理信息系统在实施阶段首先应该完成的任务。

第 5 章　创建“基本数据维护子系统”，具体介绍了自动创建本子系统各个窗体界面对象的方法，给出了子系统开发的完整步骤，同时，介绍了如何使用 Access 的项目与组来管理各个子系统中包含的数据库对象，便于复杂系统的开发与管理。

第 6、7、8 章　创建“销售管理子系统”、创建“生产管理子系统”与创建“采购管理子系统”，详细介绍了各子系统包含的窗体对象，界面的设计及功能实现的方法，给出了开发过程的完整步骤。

第 9 章　创建“库存管理子系统”，概要介绍了本子系统各个窗体界面的设计过程及功能实现的方法。

第 10 章　创建系统控制界面，介绍如何创建切换面板来控制各个子系统与各种数据库对象，实现所设计的管理信息系统的各种功能。

本书由邵丽萍主编，编写第 1、2、3、4 章，第 5、6 章由张后扬编写，第 7、8 章由吕希艳编写、第 9 章由郭春芳编写，第 10 章由邵光亚编写。

由于时间仓促，书中难免存在疏漏，请读者指正。

编　者

2011 年 4 月

Contents
目录

基 础 篇

提 高 篇

基 础 篇

本篇包含两章内容：

第 1 章　基于 Excel 的管理信息系统；

第 2 章　基于 Access 的管理信息系统。

按照书中介绍上机实践，读者可以非常轻松地掌握使用 Excel 与 Access 开发管理信息系统的基本方法。

本篇两章相互独立，可以不分先后上机实践。本篇各章上机内容非常具体，读者只要按书中操作步骤上机实践，即可轻松开发出“电脑外部设备销售管理系统”与“客户电话管理信息系统”。

本书在文中所指的“汇科公司”是作者虚拟的，数据也是模拟数据，只是为配合系统开发上机实践使用的。

1 基于 Excel 的管理信息系统

本章的任务是 Excel 工具创建一个基于 Excel 的“电脑外部设备销售管理系统”。该系统包括“电脑外部设备数据输入与查询子系统”、“销售发票输出与打印子系统”两个子系统和主界面三大部分。

“电脑外部设备数据输入与查询子系统”具有输入、修改、查询数据的功能。“销售发票输出与打印子系统”具有根据商品编号自动给出销售发票信息的功能及打印发票的功能。主界面用来控制进入各个子系统界面。

1.1 系统调查

无论使用什么方法开发信息系统，系统开发的首要工作都是进行系统调查，通过调查了解用户的基本情况、用户常用的数据与信息、用户为什么要开发这个信息系统，用户对开发的信息系统有什么功能需求。

本节的任务是介绍“电脑外部设备销售管理系统”开发前系统调查的结果，它们是系统开发的依据。

1.1.1 了解用户主要需求

系统开发的要求是汇科电脑公司提出的，通过开发人员初步的调查，了解到如下基本情况：

(1)汇科电脑公司主要经营电脑外部设备，类型多、数量大，公司希望为外设部门的销售工作开发一个电脑外部设备销售管理系统，解决原来销售中手工书写销售发票的问题，能对销售的外设数据进行集中、统一管理。

(2)汇科电脑公司希望开发的系统能满足以下要求：

①能根据顾客购买的产品编号自动输出销售发票，发票上要有公司名称和地址、税务登记号、发票号码、客户名称和地址以及日期。发票上还应包括商品明细部分，其内容为：商品编号、商品名称、销售价格（含税），该部分至少能容纳 5 个条目（即该发票至少能填写 5 个商品），并要给出货款合计数（含税）和税款合计数。

②能对销售的电脑外部设备数据进行输入、保存、添加、删除、修改的操作。

③能对销售的电脑外部设备按类型进行查询，了解成本、零售价格与利润等信息。

1.1.2 收集用户常用数据

经过开发人员的详细调查，了解到目前该公司电脑外部设备零售价格的计算依赖于7%～20%的成本加价率和10%的税率，即成本价乘以成本加价率为税前价格，税前价格乘以税率为零售价格，零售价格如果有小数则四舍五入。

调查中得到汇科电脑公司"电脑外部设备价格表"如表1.1所示，实际调查数据更多，为了说明方便，这里只是选取了部分数据。

表1.1 汇科电脑公司电脑外部设备价格表

商品编号	商品名称	成本价	成本加价率	税前价格	零售价格
HP2100	HP Laserjet Printer 2100	1 075.00	0.12	1 204.00	1 324.00
HP6390C	HP Scanjet 6390C Scanner	970.00	0.12	1 086.40	1 195.00
HP1100	HP Laserjet Printer 1100	694.00	0.10	763.40	840.00
HP6350C	HP Scanjet 6350C Scanner	645.00	0.12	721.40	795.00
HP990C	HP Deskjet 990C Printer	636.00	0.10	699.60	770.00
HP970C	HP Deskjet 970C Printer	520.00	0.10	571.00	629.00
HP5300C	HP Scanjet 5300C Scanner	350.00	0.10	385.00	424.00
ES720	Epson Stylus 720 Printer	268.00	0.10	294.80	324.00
E640U	Epson Scanner	227.00	0.10	249.70	275.00
HP840C	HP Deskjet 840C Printer	206.00	0.08	221.48	245.00
CBJ3000	Canon Bubble Jet 3000 Printer	204.00	0.07	218.28	240.00
HP3400C	HP Scanjet 3400C Scanner	164.00	0.08	177.12	195.00
ES580	Epson Stylus 580 Printer	146.00	0.07	156.22	171.00
HP640C	HP Deskjet 640C Printer	135.00	0.08	145.80	160.00
CBJ2100	Canon Bubble Jet 2100	123.00	0.07	131.61	145.00
C640P	Canon 640P Scanner	118.00	0.08	127.44	140.00
C340P	Canon 340P Scanner	93.00	0.08	100.44	110.00
CL56M	Creative Labs 56KB MODEM	76.00	0.20	91.20	100.00
M56M	Mitsubishi 56KB MODEM	75.00	0.15	86.25	95.00

1.1.3 确定系统基本功能

在调查的基础上，系统开发人员经过认真分析与研究，明确了系统需求（包括用户提出的与开发人员分析得出的），将开发的信息系统取名为"电脑外部设备销售系统"，其中包含如下两个子系统：

1. 电脑外部设备数据编辑与查询子系统

该子系统主要进行外设产品数据的输入、修改与查询工作，具有以下功能：

(1)有一个完整输入、存放、显示外设清单的数据表，如表 1.1 所示。

(2)可以在数据表中进行输入、添加、删除、修改数据的操作。

(3)在“外设清单数据表”中“税前价格”和“零售价格”(即最右边的两列)应由系统自动计算出来，这样可以维护数据的一致性，零售价格还应进行圆整。

(4)所有数据必须格式化，例如增加货币符号和百分号。

(5)未使用的栏目应保持空白，不得出现任何符号如＃N/A 或＃VALUE 等。

(6)可以使“外设清单数据表”按升序排列。

(7)系统应能快速查询如下内容：

①零售价格小于 500.00 元的所有外设。

②成本加价率大于 10%的所有外设。

③所有的打印机(商品名称中含有“Printer”)。

④所有的惠普产品(商品名称中含有“HP”)。

2. 发票输出与打印子系统

该子系统用于进行公司销售外设时开具销售发票工作，具有以下功能：

(1)销售员可以在发票上输入客户名称和地址。

(2)销售员可以根据顾客需要的商品在发票上输入商品编号，系统将自动从外设清单中查出商品名称和零售价格，并显示在正确的栏目里。

(3)在发票中可以自动计算货款合计数和税款合计数。发票界面如图 1.1 所示。

汇科电脑公司发票

税务登记号：999999　　　　发票号：10001921
客户名称：　北京交通大学　　　开票日期：2011-2-24
客户地址：　高梁桥斜街15号

商品编号	商品名称		单价
CBJ2100	Canon Bubble Jet 2100		¥145.00
E640U	Epson Scanner		¥275.00
M56M	Mitsubishi 56KB MODEM		¥95.00
		合计货款（含税）：	¥515.00
		合计税款：	¥46.76

收款单位（盖章有效）：汇科电脑公司
收款单位地址：北京海淀区中关村路68号（科技市场D1－113）

图 1.1　发票界面

1.2　创建“电脑外部设备数据编辑与查询子系统”

创建“电脑外部设备数据编辑与查询子系统”任务由 7 个步骤组成，下面分步介绍。本节的任务是使用 Excel 宏完成数据查询的工作。

1.2.1 输入电脑外部设备价格数据

打开 Excel 软件，保存文件名为“上机实验 1”，选择“Sheet1”工作簿，如图 1.2 所示输入电脑外部设备价格数据。其中，当前日期由函数 TODAY() 来定义，即在 D2 单元格输入“= TODAY()”，如图 1.2 所示。

Microsoft Excel

开始 插入 页面布局 公式 数据 审阅 视图

D2 =TODAY()

上机实验1 [兼容模式]

	A	B	C	D	E	F
1			汇科电脑公司			
2		电脑外部设备价格表		2011-2-26		
3	商品编号	商品名称	成本价	成本加价率	税前价格	零售价格
4	MT56M	Mitsubishi 56k Modem	1075.00	0.15	1236.25	1360.00
5	CM56	Creative Labs 56k Modem	970.00	0.20	1164.00	1280.00
6	C340P	Canon 340P Scanner	694.00	0.08	749.52	824.00
7	C640P	Canon 640P Scanner	645.00	0.08	696.60	766.00
8	BJC2100	Canon Bubble jet 2100 Printer	636.00	0.07	680.52	749.00
9	HP640C	HP Deskjet 640c Printer	520.00	0.08	561.60	618.00
10	MT57M	Mitsubishi 57k Modem	350.00	0.10	384.47	423.00
11	ES580	Epson Stylus 580 Printer	268.00	0.07	286.76	315.00
12	A1212U	Agfa Scanner	227.00	0.10	249.70	275.00
13	HP3400C	HP Scanjet 3400c Scanner	206.00	0.08	222.48	245.00
14	BJC3000	Canon Bubble jet 3000 Printer	204.00	0.07	218.28	240.00
15	HP840C	HP Deskjet 840c Printer	164.00	0.08	177.12	195.00
16	E640U	Epson Scanner	160.00	0.10	176.00	194.00
17	ES720	Epson Stylus 720 Printer	146.00	0.10	160.60	177.00
18	HP5300C	HP Scanjet 5300c Scanner	138.40	0.10	152.24	167.00
19	HP970C	HP Deskjet 970c Printer	135.00	0.10	148.50	163.00
20	HP990C	HP Deskjet 990c Printer	123.00	0.10	135.30	149.00
21	HP6350C	HP Scanjet 6350c Scanner	118.00	0.12	132.16	145.00
22	HP1100	HP Laserjet Printer 1100	93.00	0.10	102.30	113.00
23	HP6390C	HP Scanjet 6390c Scanner	76.00	0.12	85.12	94.00
24	HP2100	HP Laserjet Printer 2100	75.00	0.12	84.00	92.00

就绪 100%

图 1.2 电脑外部设备价格数据

1.2.2 对数据进行格式化处理

1. 处理“成本价”数据

(1)选择 C4 到 C24 行单元格的数据，右击鼠标选择“设置单元格格式”命令，打开“单元格格式”对话框。

(2)在“单元格格式”对话框，选择“数字”选项卡在“分类”框中选择“货币”，在“货币符号”下拉框中选择人民币符号￥，然后单击【确定】按钮。

2. 处理“成本加价率”数据

(1)选择 D4 到 D24 行单元格的数据，右击鼠标选择“设置单元格格式”命令，打开“单元格格式”对话框。

(2)在“单元格格式”对话框，选择“数字”选项卡在“分类”框中选择“百分比”，在“小数位”

文本框中输入 0，然后单击【确定】按钮。

1.2.3 添加由计算公式自动生成的数据

1. 添加“税前价格”数据

(1)在 E3 单元格 输入标题“税前价格”。

(2)选中 E4 单元格，在 f_x 编辑栏输入“=C4+C4 * D4”，如图 1.3 所示。

(3)输入公式结束后，按 Enter 键，在 E4 单元格会出现计算后的数据，如图 1.4 所示。

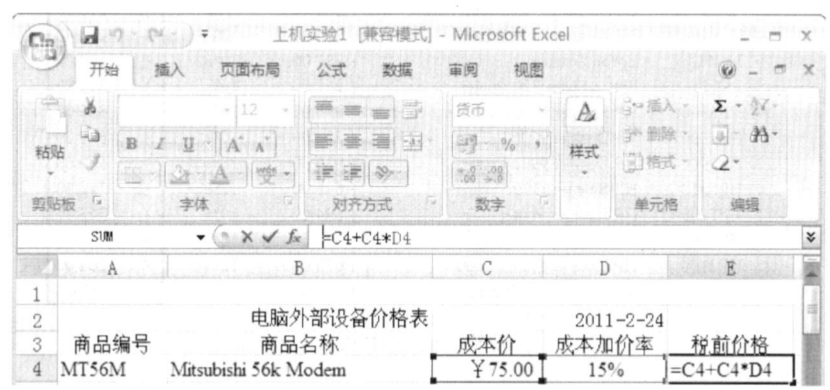

图 1.3　设置“税前价格”计算公式

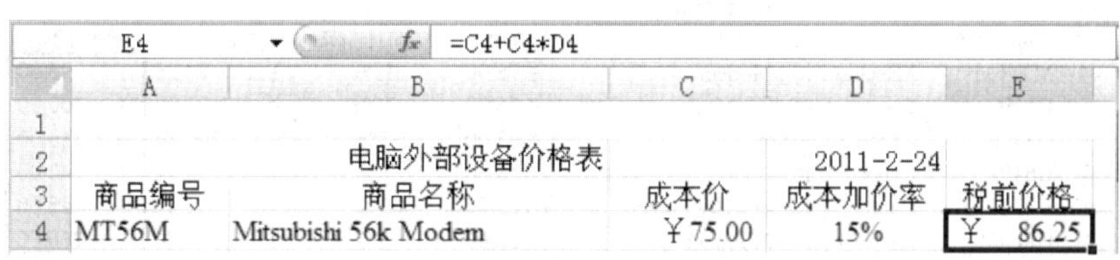

图 1.4　自动给出的“税前价格”数据

(4)选中 E4 单元格，按住右下角往下拖拽鼠标，该列会自动生成相应计算公式，出现税前价格数据，如图 1.5 所示。

2. 添加“零售价格”数据

(1)在 F3 单元格输入标题“零售价格”。

(2)选中 F4 单元格，在 f_x 编辑栏输入零售价格计算公式“=ROUND(E4 * 1.1,0)”，按住 F4 单元格右下角往下拖拽鼠标，该列会自动生成相应的零售价格数据，结果如图 1.6 所示。

提　示

如果要输入更多的外设基础数据，需要更多的自动计算公式，按住上一单元格右下角往下拖动鼠标，该列会自动生成相应计算公式。

2		电脑外部设备价格表		2011-2-24	
3	商品编号	商品名称	成本价	成本加价率	税前价格
4	MT56M	Mitsubishi 56k Modem	￥75.00	15%	￥ 86.25
5	CM56	Creative Labs 56k Modem	￥76.00	20%	￥ 91.20
6	C340P	Canon 340P Scanner	￥93.00	8%	￥ 100.44
7	C640P	Canon 640P Scanner	￥118.00	8%	￥ 127.44
8	BJC2100	Canon Bubble jet 2100 Printer	￥123.00	7%	￥ 131.61
9	HP640C	HP Deskjet 640c Printer	￥135.00	8%	￥ 145.80
10	ES580	Epson Stylus 580 Printer	￥146.00	7%	￥ 156.22
11	A1212U	Agfa Scanner	￥160.00	10%	￥ 176.00
12	HP3400C	HP Scanjet 3400c Scanner	￥164.00	8%	￥ 177.12
13	BJC3000	Canon Bubble jet 3000 Printer	￥204.00	7%	￥ 218.28
14	HP840C	HP Deskjet 840c Printer	￥206.00	8%	￥ 222.48
15	E640U	Epson Scanner	￥227.00	10%	￥ 249.70
16	ES720	Epson Stylus 720 Printer	￥268.00	10%	￥ 294.80
17	HP5300C	HP Scanjet 5300c Scanner	￥350.00	10%	￥ 385.00
18	HP970C	HP Deskjet 970c Printer	￥520.00	10%	￥ 572.00
19	HP990C	HP Deskjet 990c Printer	￥636.00	10%	￥ 699.60
20	HP6350C	HP Scanjet 6350c Scanner	￥645.00	12%	￥ 722.40
21	HP1100	HP Laserjet Printer 1100	￥694.00	10%	￥ 763.40
22	HP6390C	HP Scanjet 6390c Scanner	￥970.00	12%	￥ 1,086.40
23	HP2100	HP Laserjet Printer 2100	￥1,075.00	12%	￥ 1,204.00
24	MT57M	Mitsubishi 57k Modem	￥138.40	10%	￥ 152.03

图 1.5　自动给出的整列“税前价格”数据

F4　=ROUND(E4*1.1,0)

	A	B	C	D	E	F
1						
2		电脑外部设备价格表		2011-2-24		
3	商品编号	商品名称	成本价	成本加价率	税前价格	零售价格
4	MT56M	Mitsubishi 56k Modem	￥75.00	15%	￥ 86.25	￥ 95.00
5	CM56	Creative Labs 56k Modem	￥76.00	20%	￥ 91.20	￥ 100.00
6	C340P	Canon 340P Scanner	￥93.00	8%	￥ 100.44	￥ 110.00
7	C640P	Canon 640P Scanner	￥118.00	8%	￥ 127.44	￥ 140.00
8	BJC2100	Canon Bubble jet 2100 Printer	￥123.00	7%	￥ 131.61	￥ 145.00
9	HP640C	HP Deskjet 640c Printer	￥135.00	8%	￥ 145.80	￥ 160.00
10	ES580	Epson Stylus 580 Printer	￥146.00	7%	￥ 156.22	￥ 172.00
11	A1212U	Agfa Scanner	￥160.00	10%	￥ 176.00	￥ 194.00
12	HP3400C	HP Scanjet 3400c Scanner	￥164.00	8%	￥ 177.12	￥ 195.00
13	BJC3000	Canon Bubble jet 3000 Printer	￥204.00	7%	￥ 218.28	￥ 240.00
14	HP840C	HP Deskjet 840c Printer	￥206.00	8%	￥ 222.48	￥ 245.00
15	E640U	Epson Scanner	￥227.00	10%	￥ 249.70	￥ 275.00
16	ES720	Epson Stylus 720 Printer	￥268.00	10%	￥ 294.80	￥ 324.00
17	HP5300C	HP Scanjet 5300c Scanner	￥350.00	10%	￥ 385.00	￥ 424.00
18	HP970C	HP Deskjet 970c Printer	￥520.00	10%	￥ 572.00	￥ 629.00
19	HP990C	HP Deskjet 990c Printer	￥636.00	10%	￥ 699.60	￥ 770.00
20	HP6350C	HP Scanjet 6350c Scanner	￥645.00	12%	￥ 722.40	￥ 795.00
21	HP1100	HP Laserjet Printer 1100	￥694.00	10%	￥ 763.40	￥ 840.00
22	HP6390C	HP Scanjet 6390c Scanner	￥970.00	12%	￥ 1,086.40	￥ 1,195.00
23	HP2100	HP Laserjet Printer 2100	￥1,075.00	12%	￥ 1,204.00	￥ 1,324.00
24	MT57M	Mitsubishi 57k Modem	￥138.40	10%	￥ 152.03	￥ 167.00

图 1.6　自动给出的整列“零售价格”数据

1.2.4　录制“成本价升序排列”宏

为实现按指定方式显示数据的功能，需要录制宏，宏可以保存并执行指定的操作功能。

(1)在 Excel 的功能区选择"视图"功能卡,单击【宏】按钮,从中选择"录制宏"命令(2003 版本可以从菜单栏单击"工具"→"宏"→"录制新宏"命令)。打开录制新宏对话框,如图 1.7 所示。

(2)在录制新宏对话框中输入宏的名字"成本价升序排列",单击【确定】按钮,即自动开始录制新宏的工作。

(3)在 Excel 功能区选择"数据"功能选项卡,单击【排序】按钮,将打开"排序"对话框。

(4)在排序对话框"主要关键字"下拉栏选择"成本价",在"次序"下拉栏中选择"升序",其他设置如图 1.8 所示,最后单击【确定】按钮。

(5)单击【确定】按钮后,可在数据表中看到按成本价升序排列的数据结果,如图 1.9 所示。

图 1.7 定义"成本价升序排列"宏名

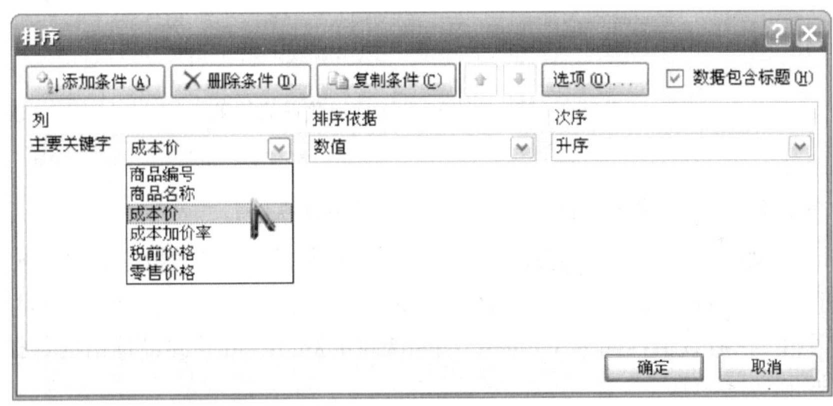

图 1.8 "排序"对话框

(6)在 Excel 的功能区选择"视图"功能卡,单击【宏】按钮,从中选择"停止录制"命令,即可完成录制宏的工作。

同样方式,可创建"成本价降序"排列数据表的宏。

1.2.5 录制"零售价格小于 500"宏

(1)在 Excel 的功能区选择"视图"功能卡,单击【宏】按钮,从中选择"录制宏"命令,(2003 版本可以从菜单栏单击"工具"→"宏"→"录制新宏"命令)。打开录制新宏对话框,参见图 1.7。

(2)在"录制新宏"对话框中输入宏的名字"零售价格小于 500",单击【确定】按钮,开始录制新宏的工作。

(3)选择 F4 到 F24"零售价格"数据,在 Excel 功能区选择"数据"功能选项卡,单击【筛选】

	A	B	C	D	E	F
2		电脑外部设备价格表		2011-2-24		
3	商品编号	商品名称	成本价	成本加价率	税前价格	零售价格
4	HP2100	HP Laserjet Printer 2100	￥75.00	12%	￥ 84.00	￥ 92.00
5	HP6390C	HP Scanjet 6390c Scanner	￥76.00	12%	￥ 85.12	￥ 94.00
6	HP1100	HP Laserjet Printer 1100	￥93.00	10%	￥ 102.30	￥ 113.00
7	HP6350C	HP Scanjet 6350c Scanner	￥118.00	12%	￥ 132.16	￥ 145.00
8	HP990C	HP Deskjet 990c Printer	￥123.00	10%	￥ 135.30	￥ 149.00
9	HP970C	HP Deskjet 970c Printer	￥135.00	10%	￥ 148.50	￥ 163.00
10	HP5300C	HP Scanjet 5300c Scanner	￥138.40	10%	￥ 152.24	￥ 167.00
11	ES720	Epson Stylus 720 Printer	￥146.00	10%	￥ 160.60	￥ 177.00
12	E640U	Epson Scanner	￥160.00	10%	￥ 176.00	￥ 194.00
13	HP840C	HP Deskjet 840c Printer	￥164.00	8%	￥ 177.12	￥ 195.00
14	BJC3000	Canon Bubble jet 3000 Printer	￥204.00	7%	￥ 218.28	￥ 240.00
15	HP3400C	HP Scanjet 3400c Scanner	￥206.00	8%	￥ 222.48	￥ 245.00
16	A1212U	Agfa Scanner	￥227.00	10%	￥ 249.70	￥ 275.00
17	ES580	Epson Stylus 580 Printer	￥268.00	7%	￥ 286.76	￥ 315.00
18	HP640C	HP Deskjet 640c Printer	￥350.00	8%	￥ 378.00	￥ 416.00
19	BJC2100	Canon Bubble jet 2100 Printer	￥520.00	7%	￥ 556.40	￥ 612.00
20	C640P	Canon 640P Scanner	￥636.00	8%	￥ 686.88	￥ 756.00
21	C340P	Canon 340P Scanner	￥645.00	8%	￥ 696.60	￥ 766.00
22	CM56	Creative Labs 56k Modem	￥694.00	20%	￥ 832.80	￥ 916.00
23	MT56M	Mitsubishi 56k Modem	￥970.00	15%	￥ 1,115.50	￥ 1,227.00
24	MT57M	Mitsubishi 57k Modem	￥1,075.00	10%	￥ 1,180.86	￥ 1,299.00

图 1.9　按“成本价”升序排列数据的结果

按钮。

(4)在“零售价格”单元格会出现一个“自动筛选”下箭头▼。

(5)单击“自动筛选”下箭头▼会出现一个下拉选项，从中选择“数字筛选”→“小于”选项命令，将打开“自定义自动筛选方式”对话框，如图 1.10 所示。

(6)在“小于”栏后数值框输入￥500.00，单击【确定】按钮，可看到筛选出的数据。

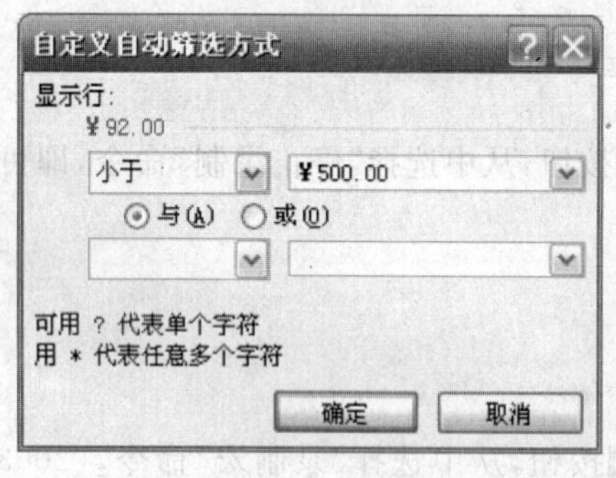

图 1.10　定义价格筛选方式

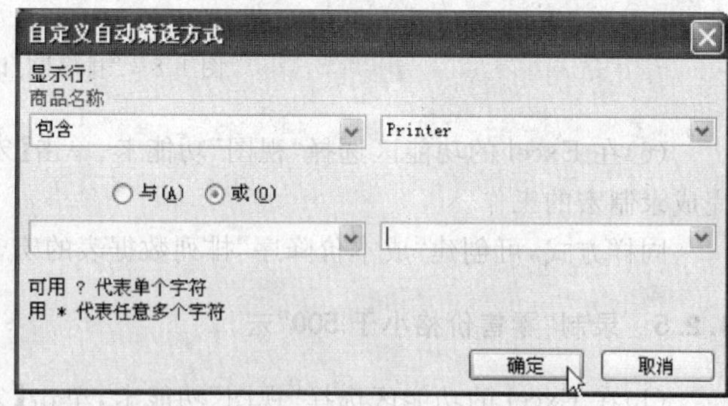

图 1.11　按名称筛选

(7)在 Excel 的功能区选择“视图”功能卡，单击【宏】按钮，从中选择“停止录制”命令，完成录制宏的工作。

同样方式，可创建“成本加价率大于 10%”的宏。

1.2.6 录制“查询打印机”宏

(1)打开“录制新宏”对话框。

(2)在“录制新宏”对话框中输入宏的名字“查询打印机”，单击【确定】按钮，开始录制新宏的工作。

(3)选择“商品名称”及其下所有数据单元格，然后选择“数据”功能选项卡，单击【筛选】按钮。

(4)在“商品名称”单元格单击“自动筛选”下箭头▾，从中选择“文本筛选”→“包含”选项命令，将打开“自定义自动筛选方式”对话框，如图 1.11 所示。

(5)在“商品名称”栏下选择“包含”，在文本框输入 Printer。设置筛选条件后，单击【确定】按钮。

(6)停止录制宏，结束录制“查询打印机”(商品名称中含有“Printer”)的宏的任务。

同样方式，可创建“查 HP 产品”(商品名称中含有“HP”)的宏。

1.2.7 使用录制好的宏

1. 添加矩形框并进行美化

(1)在 Excel 的功能区选择“视图插入”功能卡，单击【形状】按钮，从中选择“矩形”框图标□。

(2)移动鼠标到数据表下方拖拽出一个矩形框，可以看到功能区显示了一个“格式”功能选项卡，如图 1.12 所示。

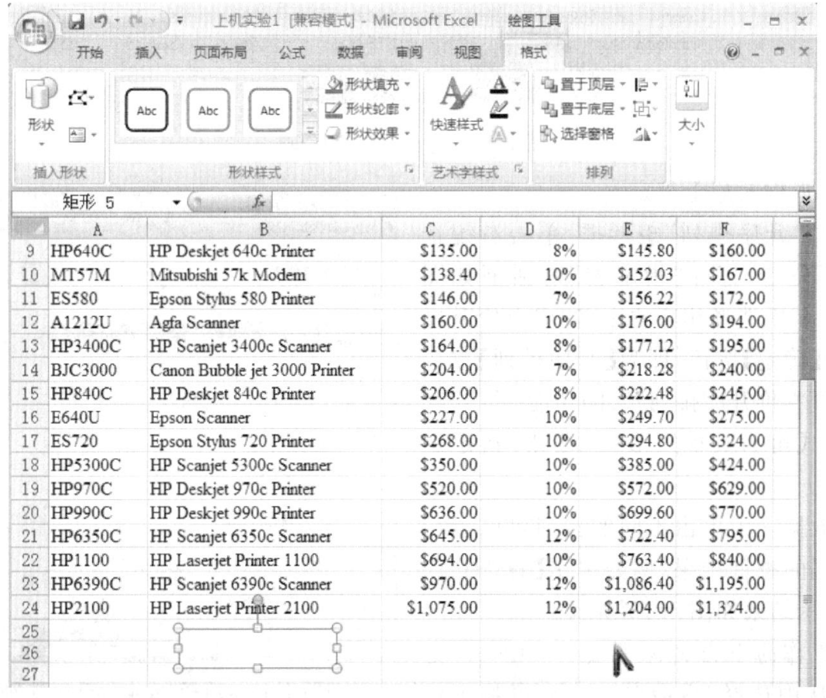

	A	B	C	D	E	F
9	HP640C	HP Deskjet 640c Printer	$135.00	8%	$145.80	$160.00
10	MT57M	Mitsubishi 57k Modem	$138.40	10%	$152.03	$167.00
11	ES580	Epson Stylus 580 Printer	$146.00	7%	$156.22	$172.00
12	A1212U	Agfa Scanner	$160.00	10%	$176.00	$194.00
13	HP3400C	HP Scanjet 3400c Scanner	$164.00	8%	$177.12	$195.00
14	BJC3000	Canon Bubble jet 3000 Printer	$204.00	7%	$218.28	$240.00
15	HP840C	HP Deskjet 840c Printer	$206.00	8%	$222.48	$245.00
16	E640U	Epson Scanner	$227.00	10%	$249.70	$275.00
17	ES720	Epson Stylus 720 Printer	$268.00	10%	$294.80	$324.00
18	HP5300C	HP Scanjet 5300c Scanner	$350.00	10%	$385.00	$424.00
19	HP970C	HP Deskjet 970c Printer	$520.00	10%	$572.00	$629.00
20	HP990C	HP Deskjet 990c Printer	$636.00	10%	$699.60	$770.00
21	HP6350C	HP Scanjet 6350c Scanner	$645.00	12%	$722.40	$795.00
22	HP1100	HP Laserjet Printer 1100	$694.00	10%	$763.40	$840.00
23	HP6390C	HP Scanjet 6390c Scanner	$970.00	12%	$1,086.40	$1,195.00
24	HP2100	HP Laserjet Printer 2100	$1,075.00	12%	$1,204.00	$1,324.00
25						
26						
27						

图 1.12 插入矩形框

(3)选择矩形框,单击右键从快捷菜单中选择“编辑文字”菜单,在矩形框中输入“升序排列”。同样方式可以添加多个矩形框。

(4)选择矩形框,在“格式”功能选项卡选择【形状填充】 形状填充 ▾ 下拉按钮,选择喜欢的颜色为矩形框添加填充色,选择【形状效果】 形状效果 ▾ 下拉按钮,可选择一种立体的样式,还可以选择样式、艺术字样式等,对矩形框进行美化,结果如图 1.13 所示。

	电脑外部设备价格表		2011-2-24		
商品编号	商品名称	成本价	成本加价率	税前价格	零售价格
HP2100	HP Laserjet Printer 2100	$1,075.00	12%	$1,204.00	$1,324.00
HP6390C	HP Scanjet 6390c Scanner	$970.00	12%	$1,086.40	$1,195.00
HP1100	HP Laserjet Printer 1100	$694.00	10%	$763.40	$840.00
HP6350C	HP Scanjet 6350c Scanner	$645.00	12%	$722.40	$795.00
HP990C	HP Deskjet 990c Printer	$636.00	10%	$699.60	$770.00
HP970C	HP Deskjet 970c Printer	$520.00	10%	$572.00	$629.00
HP5300C	HP Scanjet 5300c Scanner	$350.00	10%	$385.00	$424.00
ES720	Epson Stylus 720 Printer	$268.00	10%	$294.80	$324.00
E640U	Epson Scanner	$227.00	10%	$249.70	$275.00
HP840C	HP Deskjet 840c Printer	$206.00	8%	$222.48	$245.00
BJC3000	Canon Bubble jet 3000 Printer	$204.00	7%	$218.28	$240.00
HP3400C	HP Scanjet 3400c Scanner	$164.00	8%	$177.12	$195.00
A1212U	Agfa Scanner	$160.00	10%	$176.00	$194.00
ES580	Epson Stylus 580 Printer	$146.00	7%	$156.22	$172.00
MT57M	Mitsubishi 57k Modem	$138.40	10%	$152.03	$167.00
HP640C	HP Deskjet 640c Printer	$135.00	8%	$145.80	$160.00
BJC2100	Canon Bubble jet 2100 Printer	$123.00	7%	$131.61	$145.00
C640P	Canon 640P Scanner	$118.00	8%	$127.44	$140.00
C340P	Canon 340P Scanner	$93.00	8%	$100.44	$110.00
CM56	Creative Labs 56k Modem	$76.00	20%	$91.20	$100.00
MT56M	Mitsubishi 56k Modem	$75.00	15%	$86.25	$95.00

升序排列　降序排列

图 1.13　美化后的矩形框

2. 在矩形框对象上绑定宏

(1)选择“升序排列”矩形框,单击右键选择“指定宏”命令,打开“指定宏”对话框如图 1.14 所示。从中选择相应的宏名“成本价升序排列”,单击【确定】按钮,即为【升序排列】按钮指定运行“成本价升序排列”宏的功能。

同样方式可为其他矩形框(按钮)指定运行宏的功能。

(2)在数据表中单击不同的按钮可以运行宏,出现不同的查询结果,例如单击【查 HP 产品】按钮,显示结果如图 1.15 所示。

(3)在工作簿下方名称选项卡“Sheet1”处单击右键,从中选择“重命名”命令,可将工作簿名称“Sheet1”修改为“电脑外部设备数据输入与查询子系统”。

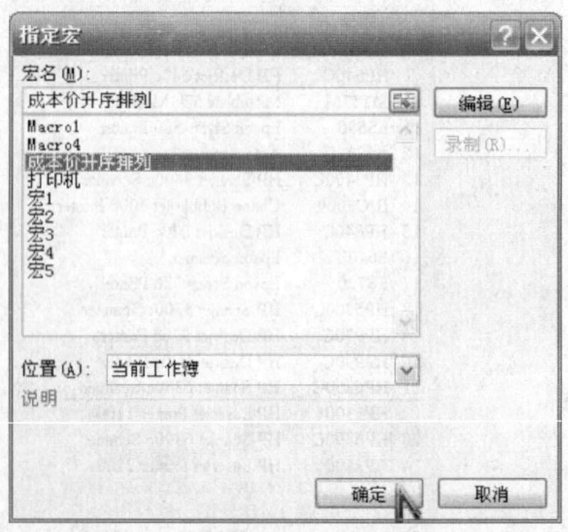

图 1.14　选择“成本价升序排列”宏

	A	B	C	D	E	F
1			汇科电脑公司			
9	HP640C	HP Deskjet 640c Printer	$520.00	8%	$561.60	$618.00
13	HP3400C	HP Scanjet 3400c Scanner	$206.00	8%	$222.48	$245.00
15	HP840C	HP Deskjet 840c Printer	$164.00	8%	$177.12	$195.00
18	HP5300C	HP Scanjet 5300c Scanner	$138.40	10%	$152.24	$167.00
19	HP970C	HP Deskjet 970c Printer	$135.00	10%	$148.50	$163.00
20	HP990C	HP Deskjet 990c Printer	$123.00	10%	$135.30	$149.00
21	HP6350C	HP Scanjet 6350c Scanner	$118.00	12%	$132.16	$145.00
22	HP1100	HP Laserjet Printer 1100	$93.00	10%	$102.30	$113.00
23	HP6390C	HP Scanjet 6390c Scanner	$76.00	12%	$85.12	$94.00
24	HP2100	HP Laserjet Printer 2100	$75.00	12%	$84.00	$92.00

升序排列　降序排列

查 HP 产品　查 Printer　查加价率　查价格　返回

图 1.15　单击【查 HP 产品】按钮显示的结果

完成以上工作，就完成了开发“电脑外部设备数据输入与查询子系统”的任务。在“电脑外部设备数据输入与查询子系统”可输入电脑外部设备数据、修改电脑外部设备数据、查询指定类型的电脑外部设备数据。

1.3　创建“发票输出与打印子系统”

创建“销售发票输出与打印子系统”由 6 个步骤组成，下面分步介绍。本节的任务是使用 Excel 函数完成发票中自动显示数据的工作。

1.3.1　设计发票界面

在 Excel 窗口选择“Sheet2”工作簿，将“Sheet2” 工作簿名称修改为“发票输出与打印子系统”。

按照用户要求，在相应单元格输入发票上要显示的固定文字，设计的发票界面如图 1.16 所示。

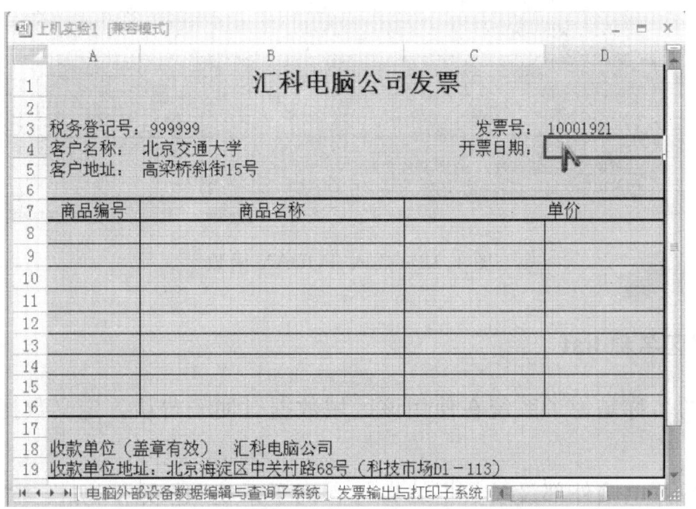
上机实验1 [兼容模式]

汇科电脑公司发票

税务登记号：999999　　发票号：10001921
客户名称：北京交通大学　　开票日期：
客户地址：高梁桥斜街15号

商品编号	商品名称	单价

收款单位（盖章有效）：汇科电脑公司
收款单位地址：北京海淀区中关村路68号（科技市场D1－113）

电脑外部设备数据编辑与查询子系统　发票输出与打印子系统

图 1.16　发票界面

1.3.2 添加"开票日期"数据

下面介绍一种挑选函数的方法。如果不熟悉Excel函数,它可以根据你输入的问题描述,帮你搜索相应的函数。

(1)在工作表选中D4单元格,在Excel编辑栏单击【插入函数】按钮 fx ,打开"插入函数"对话框,如图1.17所示。

(2)从"或选择类别"框中选择"日期与时间"类别,在"选择函数"框选择TODAY函数[也可以直接在编辑栏输入函数,例如"=TODAY()"],即可在发票中自动出现当前日期,如图1.18所示。

图1.17 "插入函数"对话框

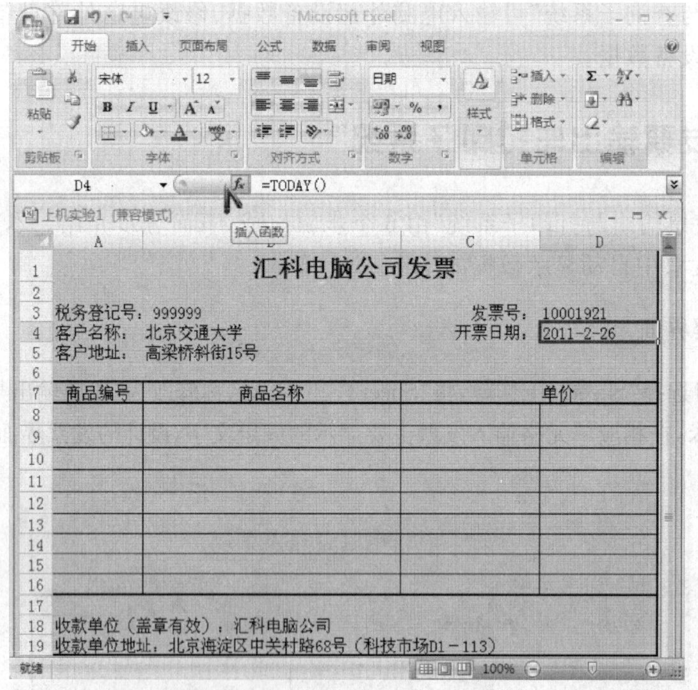

图1.18 插入TODAY函数

1.3.3 定义数据区名称list

定义数据区的名称是为了系统在使用该区域数据时便于辨认。定义数据区的操作步骤如下:

(1)单击工作簿"电脑外部设备数据编辑与查询子系统"选项卡,切换到"电脑外部设备数据编辑与查询子系统"工作簿。

(2)选中 A4 到 F24 区域内数据,在名称框输入 list,如图 1.19 所示,即可定义一个名称为 list 的数据区。

list ▾ fx MT56M

名称框

	A	B	C	D	E	F
1			汇科电脑公司			
2		电脑外部设备价格表		2011-2-26		
3	商品编号	商品名称	成本价	成本加价率	税前价格	零售价格
4	MT56M	Mitsubishi 56k Modem	¥ 1,075.00	15%	¥ 1,236.25	¥ 1,360.00
5	CM56	Creative Labs 56k Modem	¥ 970.00	20%	¥ 1,164.00	¥ 1,280.00
6	C340P	Canon 340P Scanner	¥ 694.00	8%	¥ 749.52	¥ 824.00
7	C640P	Canon 640P Scanner	¥ 645.00	8%	¥ 696.60	¥ 766.00
8	BJC2100	Canon Bubble jet 2100 Printer	¥ 636.00	7%	¥ 680.52	¥ 749.00
9	HP640C	HP Deskjet 640c Printer	¥ 520.00	8%	¥ 561.60	¥ 618.00
10	MT57M	Mitsubishi 57k Modem	¥ 350.00	10%	¥ 384.47	¥ 423.00
11	ES580	Epson Stylus 580 Printer	¥ 268.00	7%	¥ 286.76	¥ 315.00
12	A1212U	Agfa Scanner	¥ 227.00	10%	¥ 249.70	¥ 275.00
13	HP3400C	HP Scanjet 3400c Scanner	¥ 206.00	8%	¥ 222.48	¥ 245.00
14	BJC3000	Canon Bubble jet 3000 Printer	¥ 204.00	7%	¥ 218.28	¥ 240.00
15	HP840C	HP Deskjet 840c Printer	¥ 164.00	8%	¥ 177.12	¥ 195.00
16	E640U	Epson Scanner	¥ 160.00	10%	¥ 176.00	¥ 194.00
17	ES720	Epson Stylus 720 Printer	¥ 146.00	10%	¥ 160.60	¥ 177.00
18	HP5300C	HP Scanjet 5300c Scanner	¥ 138.40	10%	¥ 152.24	¥ 167.00
19	HP970C	HP Deskjet 970c Printer	¥ 135.00	10%	¥ 148.50	¥ 163.00
20	HP990C	HP Deskjet 990c Printer	¥ 123.00	10%	¥ 135.30	¥ 149.00
21	HP6350C	HP Scanjet 6350c Scanner	¥ 118.00	12%	¥ 132.16	¥ 145.00
22	HP1100	HP Laserjet Printer 1100	¥ 93.00	10%	¥ 102.30	¥ 113.00
23	HP6390C	HP Scanjet 6390c Scanner	¥ 76.00	12%	¥ 85.12	¥ 94.00
24	HP2100	HP Laserjet Printer 2100	¥ 75.00	12%	¥ 84.00	¥ 92.00

就绪 平均值: 278.7265984 计数: 126 求和: 23413.03426 100%

图 1.19 定义 list 数据区

1.3.4 根据“商品编号”自动显示“商品名称”与“零售价”

如果在 A8 单元格输入了一个“商品编号”,例如,BJC2100,如何才能根据这个商品编号,在发票中 B8 与 D8 单元格自动显示对应的商品名称“Canon Bubble jet 2100 Printer”与零售价“¥749.00”呢? 为了解决这个问题,我们先来了解三个函数。

1. 判别单元格中是否为空

为了找到判别单元格中是否为空相关的函数,可进行下列操作步骤:

(1)选中一个空白单元格,例如 A14,在 Excel 编辑栏单击【插入函数】按钮 fx ,打开“插入函数”对话框,如图 1.20 所示。

(2)在“插入函数”对话框“搜索函数”文本框输入“判别单元格中是否为空”。

(3)在“或选择类别”下拉框中选择“全部”。

(4)单击【转到】按钮,可以看到如图 1.21 所示结果。

搜索到的函数是一系列函数,可以从中挑选,其中 ISBLANK()函数很接近我们的要求,该函数用来检查是否引用了空单元格,根据结果给出 TRUE 或 FALSE。

(5)单击【确定】按钮,可以看到如图 1.22 所示结果。它告诉我们定义函数的参数,要在 Value 文本框输入单元格名称,例如 A4,因为该单元格为空(=0)情况为 TRUE,所以,函数计算的结果=TRUE。

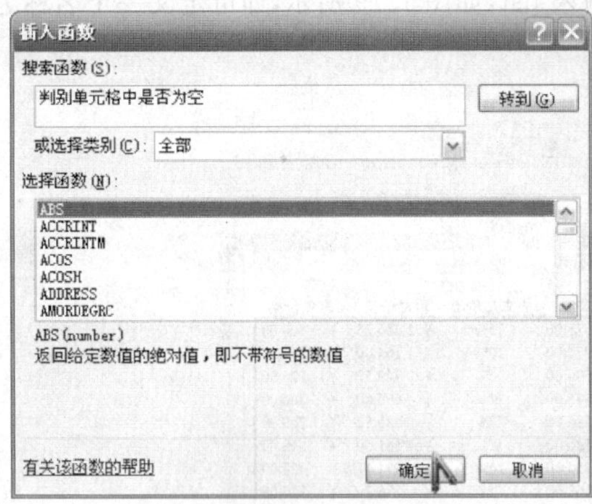
图 1.20　输入搜索要求

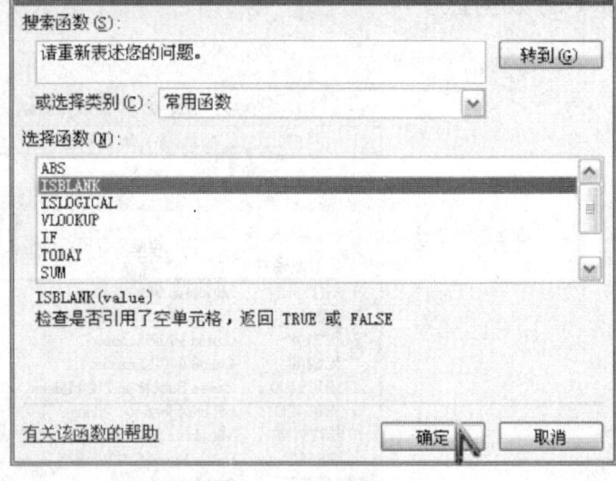
图 1.21　搜索到的函数

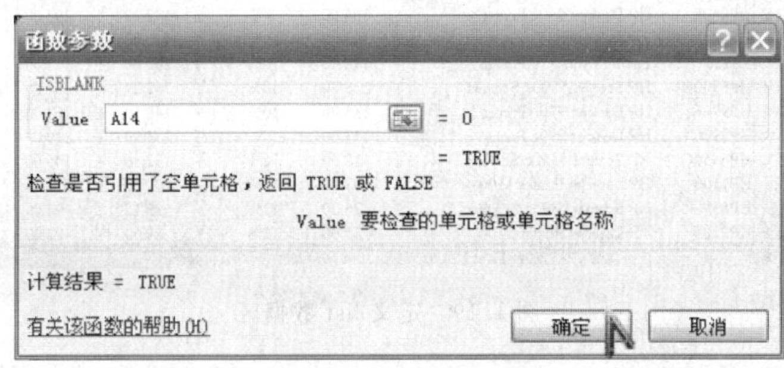
图 1.22　了解函数的参数

如此，可以得到结论：使用函数 ISBLANK(A8)，可以判别 A8 单元格是否为空，如果为空返回值 TRUE，否则返回值 FALSE。

2. 根据指定的数据显示指定区域中数据

(1)在"插入函数"对话框"搜索函数"文本框输入"根据指定的数据显示指定区域中数据"，在"或选择类别"下拉框中选择"全部"，单击【转到】按钮，可以看到如图 1.23 所示搜索到的函数结果。

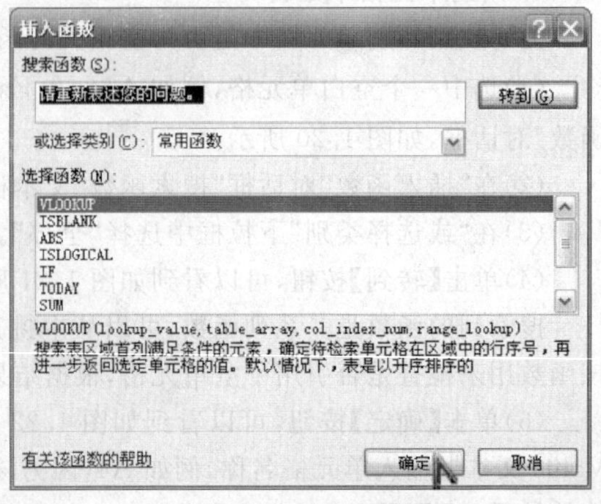
图 1.23　找到的函数范围

可以看到找到了 VLOOKUP( )函数，它告诉我们该函数可以按指定的数据搜索表区域首列中满足条件的数据，然后确定其行序号，根据指定的列序号，即可返回计算结果，所指定的表中的数据。

(2)单击【确定】按钮，具体了解该函数使用方式。其结果如图 1.24 所示。

将鼠标放在各个参数的文本框中，可以看到相应的解释，例如，第一个参数要指定搜

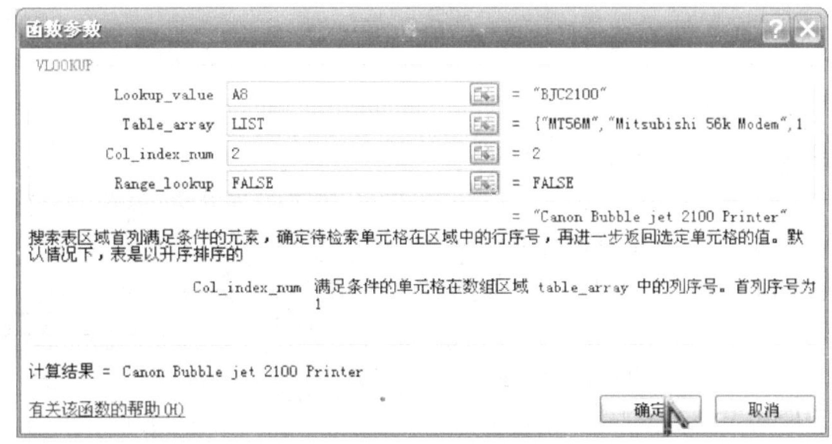

图 1.24　了解函数的各个参数

索的条件就是搜索什么数据，A8 表示按 A8 单元格中指定的数据进行搜索；第二个参数要指定在什么数据区搜索数据，LIST 表示在定义的 list 区域是首列搜索与 A8 相同的数据，并确定其所在行序号；第三个参数要指定返回 list 数据区域中数据的列序号，2 表示搜索 list 第 2 列的数据，有了行与列序号，即可找到要返回的唯一的数据；第四个参数指定是否是精确搜索数据，false 表示不用精确匹配。

计算结果为商品编号 BJC2100 对应的商品名称 Canon Bubble jet 2100 Printer，函数 VLOOKUP( )完全符合我们的要求。

将参数填写到函数中，就是 VLOOKUP(A8,list,2,FALSE)，其计算结果＝Canon Bubble jet 2100 Printer。

3. 是非判别函数

还有一个常用的逻辑判断函数 IF()函数。下面用另外一种使用函数的方式来说明。

(1)在 Excel 功能区单击“公式”功能选项卡，在“函数库”范围中单击“逻辑”下拉菜单，从中选择 IF。可以看到函数库范围中有多种不同类型的函数，例如，“财务”、“文本”等类型的函数。在这里可以直接插入需要的函数。

IF(条件表达式,值 1,值 2)函数，有三个参数，首先计算“条件表达式”，其值为 TRUE，计算结果为“值 1”；“条件表达式”值为 FALSE，计算结果为“值 2”。

对于函数 IF(ISBLANK(A8),"",VLOOKUP(A8,list,2,FALSE))，如果 ISBLANK(A8)为 TRUE，即 A8 单元格为空，其返回值为""(空白)；如果不是空的，将会根据 A8 中输入的商品编号去搜索，返回值为 VLOOKUP(A8,list,2,FALSE)。

4. 根据“商品编号”自动显示“商品名称”

返回“发票输出与打印子系统”工作簿。

(1)选中 B8 单元格，在编辑栏输入“＝IF(ISBLANK(A8),"",VLOOKUP(A8,list,2,FALSE))”。

(2)选中 B9 单元格，在编辑栏输入“＝IF(ISBLANK(A9),"",VLOOKUP(A9,list,2,

FALSE))”。

(3)选中 B10 单元格,在编辑栏输入“=IF(ISBLANK(A10),"",VLOOKUP(A10,list,2,FALSE))”。

结果如图 1.25 所示。

5. 根据“商品编号”自动显示“零售价”

(1)选中 D8 单元格,在编辑栏输入“= IF(ISBLANK(A8),"",VLOOKUP(A8,list,6,FALSE))”。

(2)选中 D9 单元格,在编辑栏输入“= IF(ISBLANK(A9),"",VLOOKUP(A9,list,6,FALSE))”。

(3)选中 D10 单元格,在编辑栏输入“= IF(ISBLANK(A10),"",VLOOKUP(A10,list,6,FALSE))”。

结果如图 1.25 所示。

上机实验1 [兼容模式]

	A	B	C	D
1	汇科电脑公司发票			
2				
3	税务登记号：999999		发票号：	10001921
4	客户名称：	北京交通大学	开票日期：	2011-2-26
5	客户地址：	高梁桥斜街15号		
6				
7	商品编号	商品名称		单价
8	BJC2100	Canon Bubble jet 2100 Printer		
9	E640U	Epson Scanner		
10	CM56	Creative Labs 56k Modem		
11				
12				
13				
14			合计货款（含税）：	
15				
16			合计税款：	
17				
18	收款单位（盖章有效）：汇科电脑公司			
19	收款单位地址：北京海淀区中关村路68号（科技市场D1－113）			

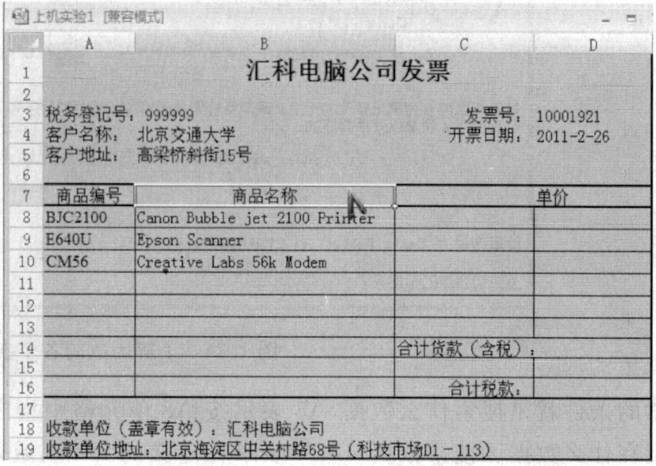

图 1.25　发票上自动显示的数据

1.3.5　定义“合计货款”与“合计税款”自动显示数据

(1)在 C14 单元格输入文字“合计货款(含税):”。

(2)在 D14 单元格输入“=SUM(D8,D9,D10,D11,D12)”,将自动出现合计后的数值,如图 1.38 所示。

(3)在 C16 单元格输入文字“合计税款:”。

(4)在 D16 单元格输入“= SUM(IF(ISBLANK(A8),0,VLOOKUP(A8,list,5,FALSE)),IF(ISBLANK(A9),0,VLOOKUP(A9,list,5,FALSE)),IF(ISBLANK(A10),0,VLOOKUP(A10,list,5,FALSE)),IF(ISBLANK(A11),0,VLOOKUP(A11,list,5,FALSE)),IF(ISBLANK(A12),0,VLOOKUP(A12,list,5,FALSE)))*0.1”。

其中,要根据“税前价格”(list 数据区域第 5 列的数据)计算合计的税款。

所有的数据函数都设置好后,就完成了开发“销售发票输出与打印子系统”的任务。输入指定的商品编号,可在销售发票上自动显示相应信息,结果如图 1.26 所示。一张发票最多填写 5 个商品。

1.3.6　设计打印相关功能

1. 录制“打印设置”宏

(1)单击 Excel 的功能区“视图”功能卡的【宏】按钮,从中选择“录制宏”命令,打开“录制新宏”对话框输入宏的名字“打印设置”,单击【确定】按钮,开始录制新宏的工作。

(2)在工作表选择 A1 到 D19 数据区域。

(3)单击 Excel 的功能区“页面布局”功能卡的【打印区域】按钮,从中选择“设置打印区域”

	A	B	C	D
1	汇科电脑公司发票			
2				
3	税务登记号：999999		发票号：	10001921
4	客户名称：　北京交通大学		开票日期：	2011-2-26
5	客户地址：　高梁桥斜街15号			
6				
7	商品编号	商品名称		单价
8	BJC2100	Canon Bubble jet 2100 Printer		￥　749.00
9	E640U	Epson Scanner		￥　194.00
10	CM56	Creative Labs 56k Modem		￥　1,280.00
11				
12				
13				
14			合计货款（含税）：	￥　2,223.00
15				
16			合计税款：	￥　202.05
17				
18	收款单位（盖章有效）：汇科电脑公司			
19	收款单位地址：北京海淀区中关村路68号（科技市场D1-113）			

图 1.26　发票上完整的数据

命令，会自动选择打印的区域。

（4）停止宏录制。

2. 录制"打印预览"宏

（1）单击 Excel 的功能区"视图"功能卡的【宏】按钮，从中选择"录制宏"命令，打开"录制新宏"对话框输入宏的名字"打印预览"，单击【确定】按钮，开始录制新宏的工作。

（2）在 Excel 用户界面最上方最左边，单击 Office 按钮图标，从展开的菜单中选择"打印预览"命令，将打开"打印预览"窗口，如图 1.27 所示。

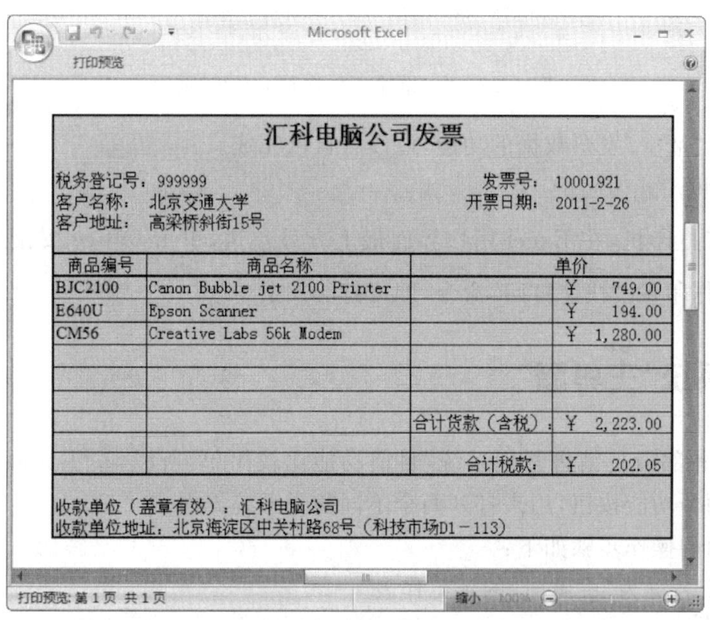

汇科电脑公司发票

税务登记号：999999　　发票号：10001921
客户名称：　北京交通大学　　开票日期：2011-2-26
客户地址：　高梁桥斜街15号

商品编号	商品名称		单价
BJC2100	Canon Bubble jet 2100 Printer		￥　749.00
E640U	Epson Scanner		￥　194.00
CM56	Creative Labs 56k Modem		￥　1,280.00
		合计货款（含税）：	￥　2,223.00
		合计税款：	￥　202.05

收款单位（盖章有效）：汇科电脑公司
收款单位地址：北京海淀区中关村路68号（科技市场D1-113）

图 1.27　预览页面

(3)关闭“打印预览”窗口。

(4)停止宏录制。

3. 添加命令按钮

在工作表上添加两个矩形框,作为“打印设置”与“打印预览”命令按钮,美化后,为其制定相应宏,即可完成创建“发票输出与打印子系统”的任务,结果如图 1.28 所示。

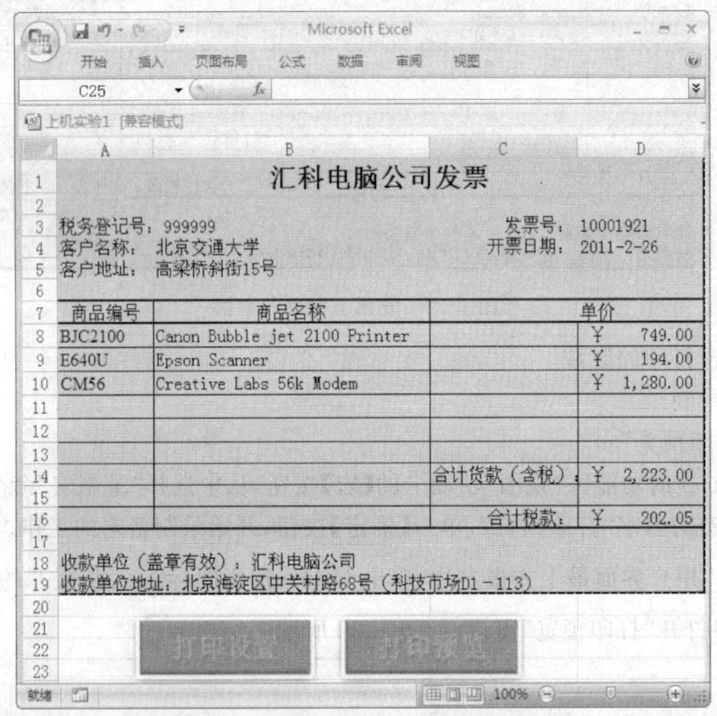

商品编号	商品名称		单价
BJC2100	Canon Bubble jet 2100 Printer		￥ 749.00
E640U	Epson Scanner		￥ 194.00
CM56	Creative Labs 56k Modem		￥ 1,280.00
		合计货款(含税):	￥ 2,223.00
		合计税款:	￥ 202.05

图 1.28 “发票输出与打印子系统”页面

还可以添加“清空”发票数据的功能,请读者自己完成。

4. 快速打印

如果连接有打印机,在 Excel 用户界面最上方最左边,单击 Office 按钮图标,从展开的菜单中选择“打印”→“快速打印”命令,即可打印发票。

1.4 创建系统“主界面”

因为“电脑外部设备销售管理系统”目前功能比较简单,所以,在主界面上仅提供一个标题,一个图片,两个功能按钮,用来打开两个不同的子系统界面。

创建主界面的操作步骤如下:

1. 添加一个名称为“主界面”的新工作表

(1)单击 Excel 最下方“插入工作表”图标,新插入一个工作表,如果已经有 sheet3

工作表,该步省略。

(2)在 sheet3 工作表名称上单击右键,选择“重命名”,然后将 sheet3 修改为“主界面”。

2. 在主界面添加组件

(1)添加标题。

(2)添加图片。

(3)添加用做命令按钮的矩形框。

(4)美化界面。

3. 录制打开子系统界面的宏

(1)在“主界面”工作表上,单击 Excel 的功能区“视图”功能卡的【宏】按钮,从中选择“录制宏”命令打开“录制新宏”对话框,输入宏的名字“打开输入与查询子系统”,单击【确定】按钮,开始录制新宏的工作。

(2)在 Excel 底部单击“电脑外部设备数据输入与查询子系统”工作表名称,打开该工作表,然后停止录制宏,结束录制工作。

同样方式,录制“发票输出与打印子系统”。

(3)分别为两个按钮指定宏。

(4)在 Excel 的功能区“视图”功能卡的【显示/隐藏】按钮下,取消“标题”、“编辑栏”、“网格线”等。可以看到更简洁的界面,如图 1.29 所示。

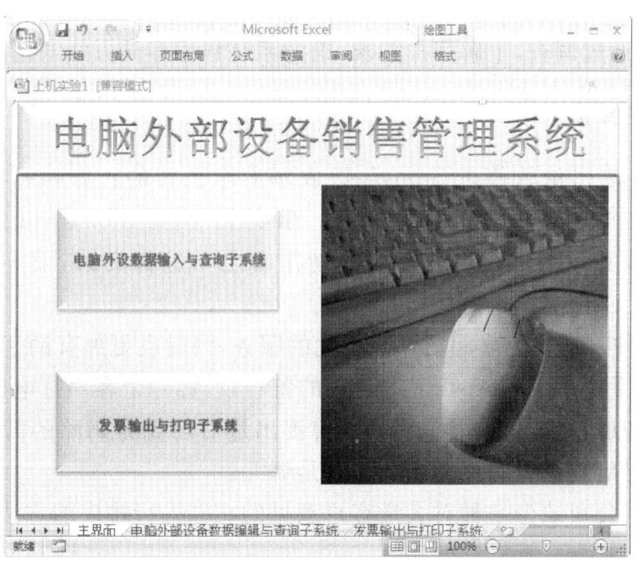

图 1.29 完整主界面

2 基于Access的管理信息系统

本章的任务是使用Access数据库创建一个基于Access的“客户电话管理信息系统”，该系统包括“数据输入子系统”、“客户电话信息查询子系统”与“批发商进货信息查询子系统”三大部分。

“数据输入子系统”具有输入、修改、维护基本数据的功能，起到系统输入的作用。

“客户电话信息查询子系统”与“批发商进货信息查询子系统”用来处理数据、提供需要的信息，起到系统处理与输出的作用。

2.1 系统调查

本节的任务是通过调查，了解用户需求，确定系统数据存储方式与信息查询功能。

2.1.1 了解用户主要需求

位于新罕布什尔州伦敦德里Stonyfield农场有限公司的首席执行官兼总裁Gary Hirshberg，热衷于倾听来自于顾客的评论意见。事实上，当给Stonyfield公司打电话，提出评论、建议或抱怨时，实际上是在与许多奶酪制作者之一进行交谈，而不是接线员在回答问题。

Gary相信，这种方式能建立起更加个性化的服务，同时也更加有助于面向市场。因此，当他收到来自客户关系协调员Christine Ahern的备忘录，称一个客户打电话来提出需要巧克力奶酪时，他立即想知道，是否还有其他客户也曾提出过对巧克力奶酪的需求，巧克力奶酪的需求频度如何，最先提出巧克力奶酪需求的地区是哪儿。

令他失望的是，公司缺少一种对大量客户意见的文档进行排序的方法，因此难以回答上述问题。

Gary希望建立一套跟踪客户电话的信息系统，开发的系统能满足以下要求：

(1)将所有的客户信息保存在数据库中。

(2)使员工能够按照他们所希望的任何顺序快速、方便地检索信息，可根据口味、客户抱怨或意见的类型检索信息。

(3)按照地区，甚至按照商店对某种口味的产品进货或不进货等途径进行检索。

(4)能在几秒钟内搜寻到一个客户可能做出的任何评论。

2.1.2 收集用户常用数据

经过开发人员的详细调查，了解到目前该公司主要有两种类型的客户，零售客户与商店批发商。

零售客户电话内容主要涉及：姓名、地区、城市名、联系电话、打进电话时间、电话内容、电话内容类型（产品抱怨、产品好评、希望新产品、其他评论）、产品口味名、电话录音文件、邮件地址。

商店批发商电话内容主要涉及：商店名、地区、城市名、联系电话、打进电话时间、产品口味名、电话内容、进货要求、进货数量、进货地址、进货日期、电话录音文件、邮件地址、补充项。

公司主要销售草莓奶酪、菠萝奶酪、巧克力奶酪、咖啡奶酪等口味的产品。

2.1.3 确定系统基本功能

在调查的基础上，系统开发人员经过认真分析与研究，明确了系统需求（包括用户提出的与开发人员分析得出的），并将开发一个通用的跟踪客户电话的管理信息系统。为了便于读者理解，选取中国的地区与城市名称，系统命名为“客户电话管理信息系统”，其主要包含如下三个子系统：

1. 数据输入子系统

该子系统主要进行基本数据的输入、保存与维护等工作，主要包含以下功能：

（1）输入与维护客户基本数据。

（2）输入与维护批发商基本数据。

（3）输入与维护产品基本数据。

（4）输入与维护客户电话内容相关的基本数据。

（5）输入与维护批发商电话内容相关的基本数据。

2. 客户电话信息查询子系统

该子系统用于对客户的电话内容进行分类与统计，帮助管理者快速查找各种想要的信息，主要包含以下功能：

（1）按地区、城市、性别、电话类型（客户抱怨、喜欢、希望的类型），查询客户对不同产品口味的电话内容。

（2）按地区、城市、性别、电话类型、年龄范围、电话打入时间范围，查询客户对不同产品口味的电话内容。

（3）按地区、城市、性别、电话类型、年龄范围、电话打入时间范围与产品口味，统计客户电话记录的次数。

（4）按客户编号、姓名查询其电话类型、电话内容、客户联系方式。

3. 批发商进货信息查询子系统

该子系统用于对客户的电话内容进行分类与统计，输出管理者想要的信息，主要包含以下功能：

（1）按地区、城市、商店名称查询批发商进货与不进货信息。

(2)按产品名称、时间范围查询批发商进货与不进货信息。

(3)按地区、城市、商店名称统计批发商各类产品进货的数量、日期等。

(4)按批发商编号、商店名称查询批发商基本信息等。

读者可根据以上子系统及其功能说明画出系统功能结构图。

2.2 数据库设计

使用 Excel 创建信息系统有一个缺陷，就是数据是放在工作表上，存储的数据量小，而且不方便、不安全，所以在研究大量数据处理的信息系统时，一般都使用数据库来保存数据。如何将数据存放在数据库中呢？首先要进行数据库设计工作。

数据库设计的任务就是对一个给定的现实世界应用环境，构造一个数据模型，为建立数据库及信息系统做好准备，使数据库能够有效地、分类地存储数据，满足各种用户的应用需求(信息要求和处理要求)。

数据模型可以描述客观世界中存在的实体及实体间的联系，反映数据库中数据的结构，进一步可以抽象成为计算机处理的数据结构。

数据库设计的目标为真实地反映现实世界中的数据及其关系，减少有害的数据冗余，提高共享程序，消除数据异常插入、异常删除，保存数据的独立性，可修改、可扩充，使访问数据库的时间最短、存储空间最小。

进行数据库设计的主要工作是构造数据模型，而要得到数据模型需要先建立概念模型。概念模型是按用户的观点描述相关现实世界中涉及的实体联系的图形模型。

本节的任务是建立“客户电话管理信息系统”的概念模型、逻辑模型与物理模型，为建立数据库打基础。

2.2.1 概念模型设计

建立概念模型先要确定信息系统应用环境中涉及的实体对象，这里主要分析“客户电话管理信息系统”涉及的实体对象。

1. 客户电话管理活动涉及的实体对象

根据客户电话管理活动调查分析，主要涉及的实体对象为：客户、批发商、产品、电话内容、管理者等。其中，客户、批发商与管理者是提供与使用信息资源的主体，电话内容、客户与批发商的基本数据是要管理的信息资源。

根据开发系统的功能需要，可以确定系统涉及的实体及属性。

2. 信息系统涉及的主要实体及属性

(1)客户：客户编号、姓名、性别、出生日期、民族、籍贯、电话、传真号、邮件地址、住址、地区、城市等。

(2)批发商：批发商号、商店名称、联系人姓名、商店电话、联系人手机、邮件地址、传真号、商店地址等。

(3)产品：产品编号、产品名称、产品大小、产品价格等。

3. 确定实体间的联系与联系类型

实体间存在以下联系：

一个客户可以对多个产品进行评价，一种产品可以被多个客户评价，客户评价产品会给出评价内容，抱怨、喜欢、希望等信息。所以，产品与客户之间存在 $N:M$ 的联系。

批发商一次可以订购多个产品，一种产品可以被多个批发商订购，批发商订购产品时给出订货数量、进货日期、送货地总等信息。所以，产品与批发商之间存在 $N:M$ 的联系。

4. 设计 E-R 图

(1)客户与产品 E-R 图

客户与产品的 E-R 图，如图 2.1 所示。

(2)批发商与产品 E-R 图

批发商与产品的 E-R 图，如图 2.2 所示。

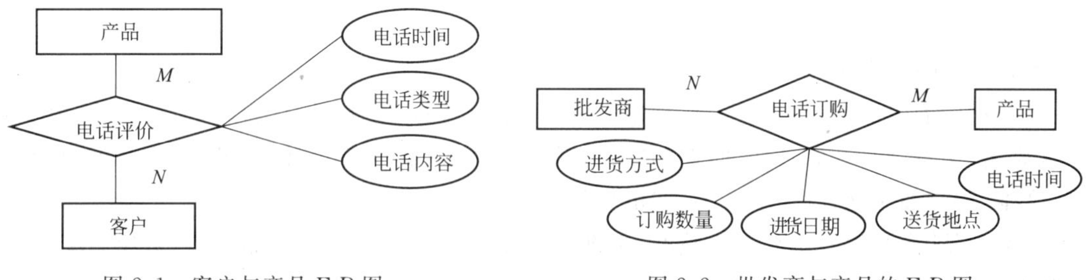

图 2.1 客户与产品 E-R 图　　图 2.2 批发商与产品的 E-R 图

2.2.2 逻辑模型设计

根据 E-R 图及实体属性，可以得到如下关系模式：

(1)产品(<u>产品编号</u>，产品名称，产品大小，产品价格)。

(2)客户(<u>客户编号</u>，姓名，性别，出生日期，民族，籍贯，电话，传真号，邮件地址，住址，地区，城市)。

(3)批发商(<u>批发商号</u>，商店名称，商店电话，联系人姓名，联系人手机，邮件地址，传真号，商店地址)。

因为客户与产品为多对多关系，因此，需要创建一个公共关系将多对多关系转化为 1 对多关系。客户与产品的公共关系可以取名为“客户评价产品”。

(4)客户评价产品(<u>产品编号，客户编号</u>，电话时间，电话类型，电话内容)。

因为批发商与产品为多对多关系，因此，需要创建一个公共关系将多对多关系转化为 1 对多关系。批发商与产品的公共关系可以取名为“批发商订购产品”。

(5)批发商订购产品(<u>产品编号，批发商号</u>，电话时间，订购数量，进货方式，进货地点、进货日期)。

因为地区与城市存在自相关，所以，再定义两个关系：

(6)地区(<u>地区号</u>，地区名)。

(7)城市(<u>城市号</u>，城市名、地区号)。

其中,带下划线的属性为关键字(主属性)。

注 意

这里仅列出了部分实体的关系模式,以后根据需要可以继续添加。

2.2.3 物理模型设计

根据 Access 数据库管理系统的特点设计本系统的物理模型,即定义存储在数据库中的表名、字段名、字段数据类型、字段大小、主键等,设计结果如下所示:

教学管理数据库应用系统使用的数据库名称为"教学管理"。

根据关系模式,"教学管理"数据库中可以建立 5 个表的物理结构:

(1)客户[客户编号(数字,长整型,主键),姓名(文本,8),性别(文本,2),出生日期(日期/时间),民族(文本,8)、籍贯(文本,18),联系电话(文本,20),传真号(数字,长整型),邮件地址(文本,18),住址(文本,18),城市号(文本,8)]。

(2)批发商[批发商号(数字,长整型,主键),商店名称(文本,20),商店电话(文本,20),联系人姓名(文本,8),开店日期(时期/时间),联系人电话(文本,20),传真号(文本,20),邮件地址(文本,20),商店地址(文本,20),城市号(文本,8)]。

(3)产品[产品编号(数字,长整型,主键),产品名称(文本,20),产品大小(数字,字节),产品价格(货币)]

(4)客户评价产品[(客户评价编号,长整型,主键),客户编号,产品编号,电话时间(日期/时间),电话类型(文本,8),电话内容(备注),电话录音(超链接)]。

(5)批发商订购产品[(批发商进货编号,长整型,主键),批发商号,产品编号,电话时间(日期/时间),订购数量(数字,长整型),进货方式(文本,8),送货地点(文本,50),进货日期(日期/时间),电话内容(备注),电话录音(超链接)]。

(6)地区[地区号(自动编号,主键),地区名(文本,8)]。

(7)城市[城市号(文本,8,主键),城市名(文本,8),地区号]。

(其他表的物理结构可模仿设计)。

2.3 创建数据库及数据表

数据库与表是信息系统存放数据的地方。创建数据库就是在 Access 数据库管理系统中创建保存不同数据类型数据的 .accdb 文件或 .mdb 文件(2007 版本以前的数据库文件格式)。创建表就是在创建的数据库中定义保存不同数据类型数据的表对象。

本节的任务是创建"客户电话管理信息系统"使用的数据库及存放数据的各个表对象。

2.3.1 "客户电话管理信息系统"数据库

1. 打开"开始使用 Microsoft Office Access"窗体界面

在 Windows 操作系统桌面上单击"开始"→"所有程序"→"Microsoft Office"→"Microsoft Office Access 2007"命令，即可启动 Access 2007，打开"开始使用 Microsoft Office Access"窗体界面。

2. 选取数据库名称和保存数据库文件的路径

(1)在"新建空白数据库"框下单击"空白数据库"图标，右边显示"空白数据库"窗格。

(2)在"文件名"文本框中输入数据库名称"客户电话管理信息系统"，选择数据库文件保存的路径，单击【创建】按钮，将打开"客户电话管理信息系统"数据库用户界面，如图 2.3 所示。

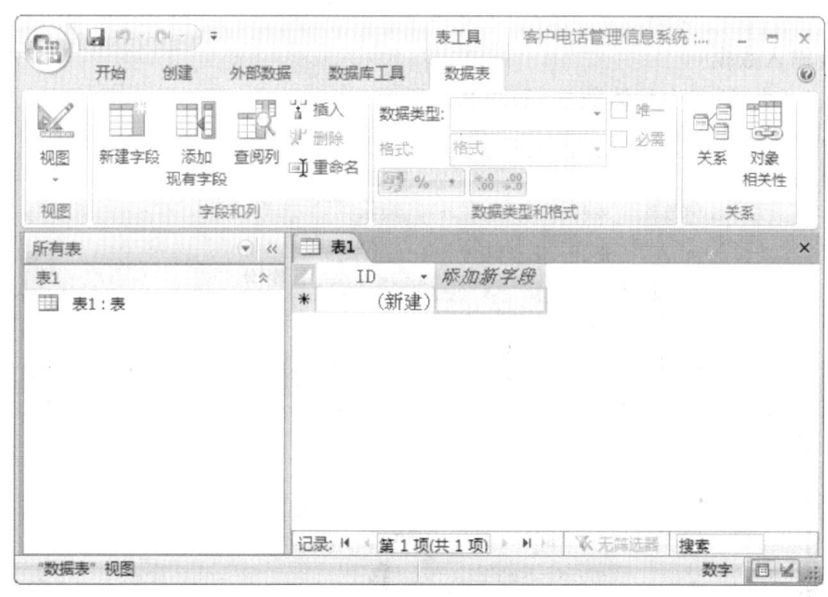

图 2.3 "客户电话管理信息系统"数据库用户界面

数据库用户界面主要包括上下功能区和数据库对象视图区两大部分。功能区中包含按特征和功能组织的命令组，它代替了 Access 早期版本中分层的菜单栏和工具栏。双击选项卡可以使其最小化。

2.3.2 "地区"表

在"客户电话管理信息系统"数据库用户界面数据表视图中可以看到一个名称为"表 1"的表对象，功能区显示"数据表"选项卡，在导航窗格中可以看到"表 1"表对象，数据表视图可以创建表结构同时输入数据。

1. 输入字段名称

在数据表视图中双击"表 1"中【添加新字段】按钮，可进入修改状态，将文本"添加新字段"更改为"地区名"，添加新字段的表结构如图 2.4 所示。

2. 选取表名

(1)单击快速访问工具栏上的【保存】按钮，弹出"另存为"对话框。

(2)在"表名称"文本框中输入"地区"。单击【确定】按钮，就创建了名称为"地区"的表对象。

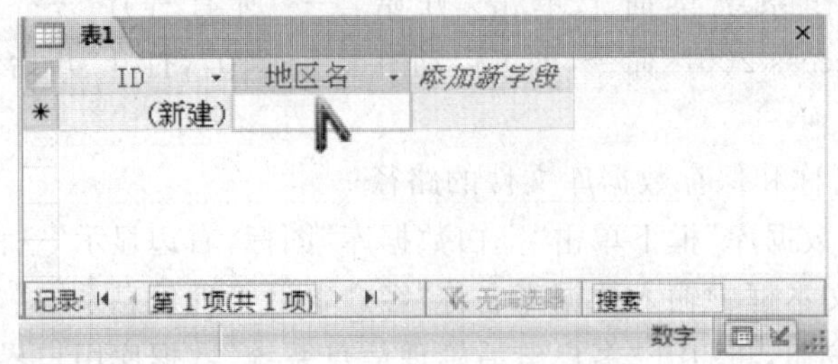

图 2.4　在表中添加新字段

3. 直接输入数据

直接输入“地区”表中具体数据，如图 2.5 所示。

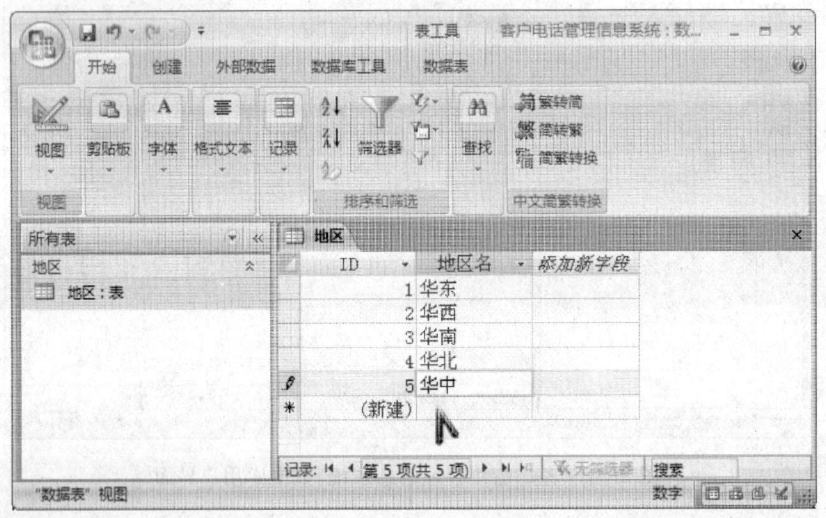

图 2.5　在表中添加的数据

4. 使用设计器修改表结构

(1)切换到表设计视图

在“开始”选项卡“视图”组中单击【设计视图】按钮 ，可将“数据表视图”切换到“表设计视图”，如图 2.6 所示。

(2)修改字段名称与字段大小

将自动产生的主键字段“ID”修改为“地区号”，选择“地区名”字段，根据物理模型设计中的定义，在“字段属性”的设计区域“常规”标签下，将“地区名”自动生成的“字段大小”属性由 255 位修改为 8 位，否则浪费空间。结果如图 2.7 所示。

(3)修改结束后，单击“表设计视图”右上角的关闭按钮，会弹出确认对话框，单击【是】按钮，即可关闭表对象。

图 2.6 “表设计视图”

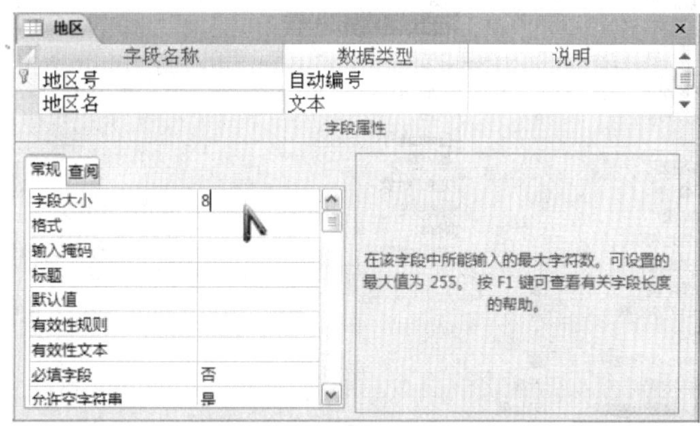

图 2.7 “地区”表结构

2.3.3 “城市”表与“查阅向导”数据字段

下面使用设计器创建“城市”表结构。这是一种最基本的创建表的方式，先建表结构，后输入数据。

1. 打开表设计视图

在功能区“创建”选项卡“表”组中单击【表设计】按钮，将打开表设计视图，如图 2.8 所示。

2. 定义“城市号”字段名称、数据类型

单击表设计器第 1 行“字段名称”单元格，输入“城市”表第 1 个字段名称“城市号”。在“数据类型”单元格，单击其右边的向下箭头按钮，在其下拉列表中列出 Access 的所有数据类型，选择“文本”选项。在“说明”单元格中输入“主关键字”，在字段属性区单击“常规”标签，将“字段大小”框中的默认值 255 改为 8，在“必填字段”框中选择“是”，如图 2.9 所示。

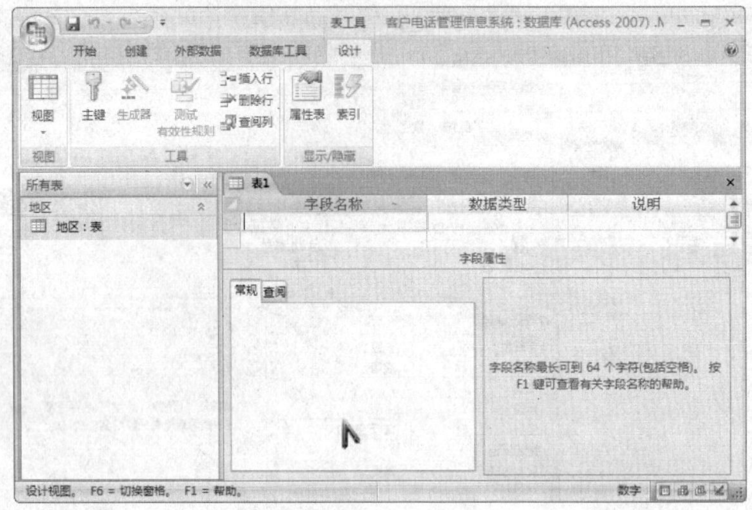

图 2.8　表设计视图

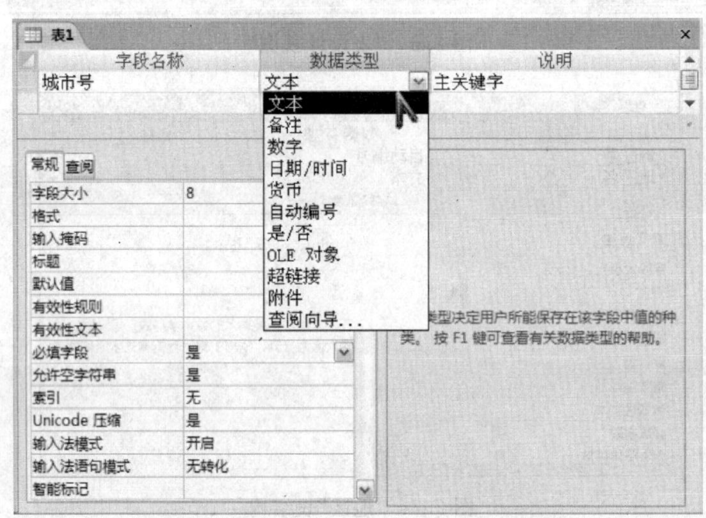

图 2.9　定义表的字段名称、数据类型

同理，根据物理模型中的定义，输入“城市名”、文本类型、字段大小为 8 等。

3. 设置主关键字

选择“城市号”字段，单击功能区的【主键】按钮，可将选中的字段定义为主键。

设置主键后，该字段行选择器按钮上会出现一个小钥匙，如图 2.10 所示。

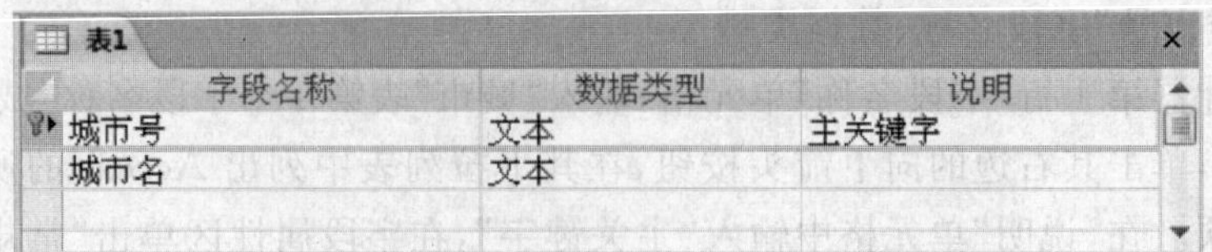

图 2.10　主键字段的标志

注　意

如果主键由多个字段组成，可按住【Ctrl】键不放，然后单击字段选择器选中每个作为主键的字段，再单击【主键】按钮，即可同时将它们标记为主键了。

如果要取消字段的主键定义，可选择主键字段后单击【主键】按钮。

4. 定义“地区号”字段为“查阅向导”数据类型

在表设计视图中输入“地区号”表，在“数据类型”下拉列表中选择“查阅向导”命令，会启动查阅向导并自动打开如图 2.11 所示的“查阅向导”对话框。

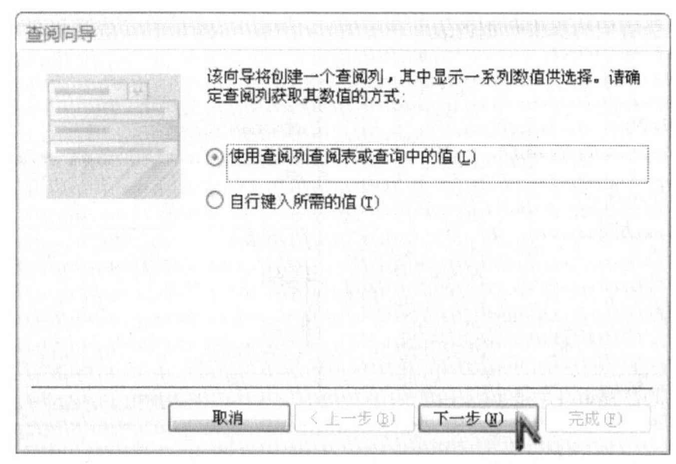

图 2.11　确定查阅列值的数值来源

(1)选择查阅列的数据来源方式

在“查阅向导”对话框中选择“使用查阅列查阅表或查询中的值”选项，可确定查阅列数值来源为表或查询。

(2)确定为查阅列提供数据的表或查询

单击【下一步】按钮后，接着出现的对话框用来选择提供数据的表或查询，在“请选择为查阅列提供数值的表或查询:”框中选择“地区”表，因为“地区”表中“地区号”字段的数值可以使用。在“视图”框中选择“表”选项，如图 2.12 所示。

(3)从表中选择提供数据的字段

单击【下一步】按钮后，在接着出现的对话框的“可用字段”栏下选择“地区号”字段，然后单击【>】按钮，“地区号”字段会出现在“选定字段”栏中，如图 2.13 所示。

(4)确定数据排列次序

单击【下一步】按钮后，在接着出现的对话框的“1”文本框下选择“地区号”字段，单击【升序】按钮，按钮文字会变为“降序”，“地区号”字段会按降序排列，这里不做选择，使用升序，如图 2.14 所示。

(5)调整查阅列中列的宽度

单击【下一步】按钮后，在如图 2.15 所示对话框中调整查阅列的宽度。

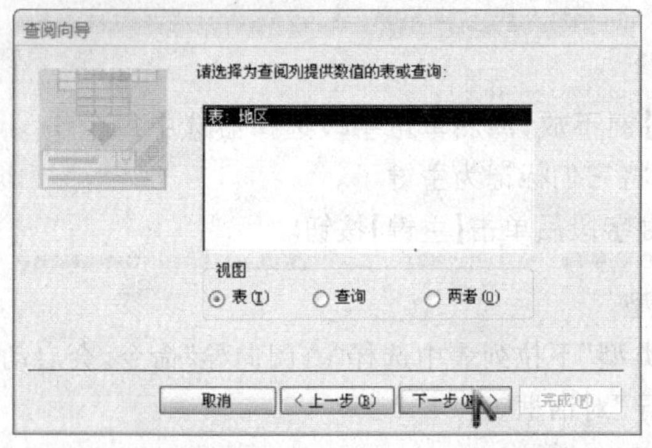

图 2.12　选择为查阅列提供数据的表

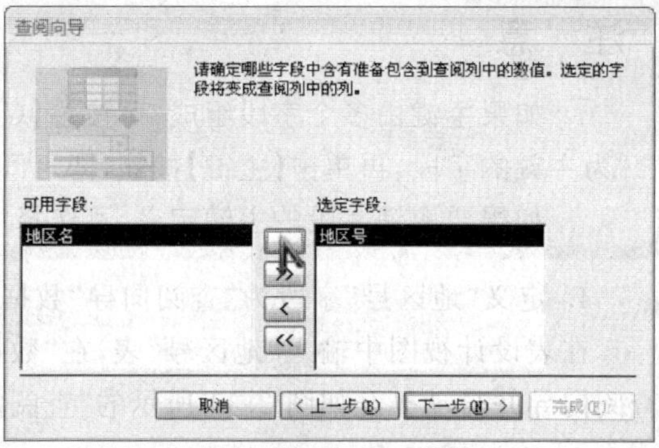

图 2.13　选择提供数据的字段

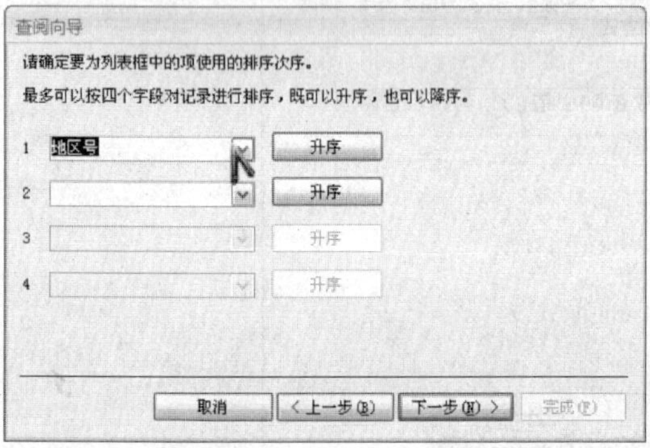

图 2.14　选择数据排列次序

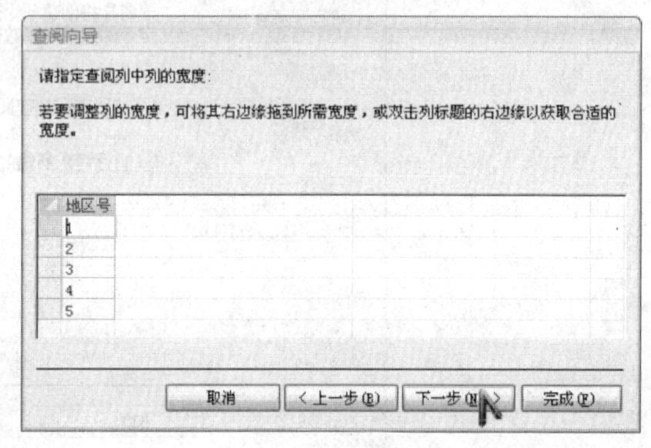

图 2.15　调整查阅列中列的宽度

(6)确定查阅列字段的标签

单击【下一步】按钮后，在如图 2.16 所示的对话框中可以确定查阅列字段的标签，即在数据表视图中出现的字段标题。

(7)保存表

单击【完成】按钮，会出现保存表对话框，可将其结果保存到表中，保存表前要先确定表名，定义为“城市”。即可完成“查阅向导”字段的创建。“城市”表中字段如图 2.17 所示。

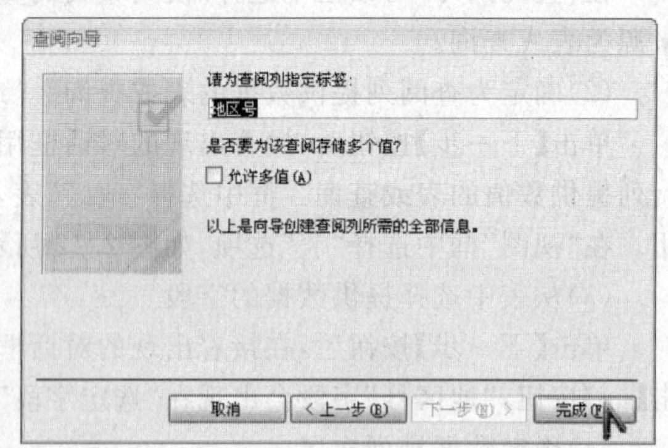

图 2.16　确定查阅列字段的名称

5. 输入数据

在功能区“开始”选项卡“视图”组中单击【视图】下拉命令按钮，选择“数据表视图”命令，切换到数据表视图，可在“城市”表中输入模拟数据，如图 2.18 所示。

在输入“地区号”字段时，可以看到出现了一个下拉菜单，从中直接选择地区号进行输入。为了便于记忆，城市号第 1 位为地区号，例如 1-1。

图 2.17 “城市”表中字段

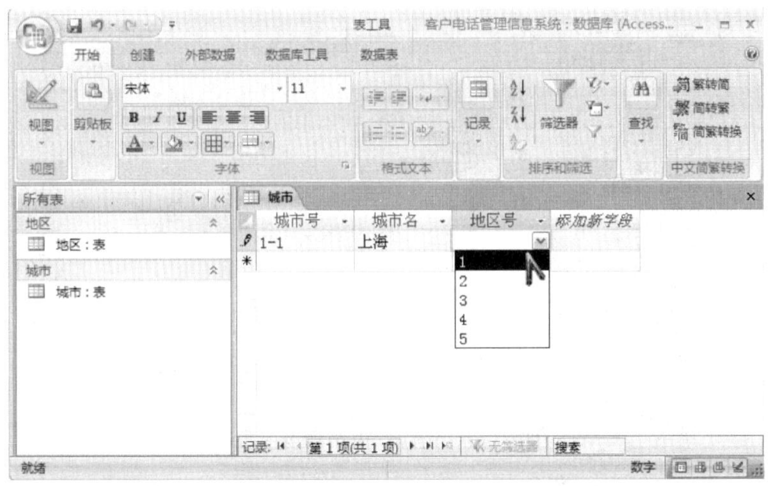

图 2.18 “城市”表中数据

2.3.4 “客户”与“批发商”表

1. 通过表模板创建“客户”表结构

(1)选择表模板

在功能区“创建”选项卡“表”组中单击“表模板”下拉列表。

从中选中“联系人”模板，将在数据表视图中打开一个基于该模板的“表 1”对象，如图 2.19 所示。

(2)保存表

保存“表 1”为“客户”表。

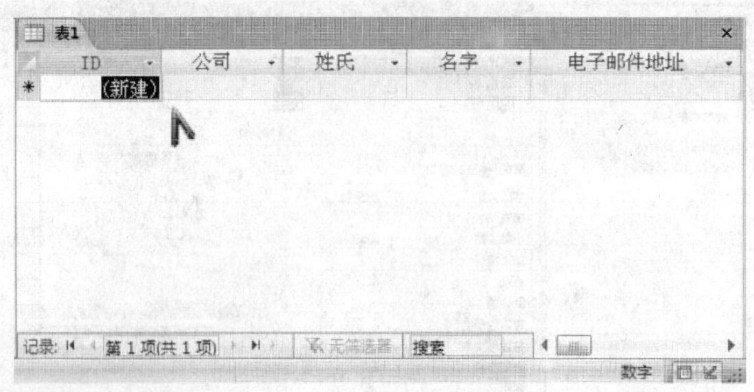

图 2.19 “联系人”表模板

(3)修改表结构

在功能区“开始”选项卡“视图”组中单击【设计视图】按钮。根据物理模型中“客户”表的定义,选择需要的字段,修改字段名称、数据类型、字段大小等属性,结果如图 2.20 所示。

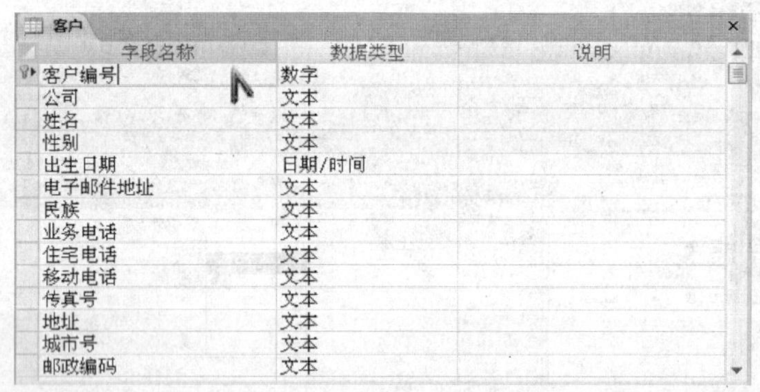

图 2.20 “客户”表结构及字段

根据需要可以在表设计器中添加字段名称、删除或修改字段的各种属性。在“客户”表中模拟输入一些数据。

2. 通过“客户”表创建“批发商”表结构

单击 Office 按钮,打开“另存为”对话框。

修改“客户 的副本”为“批发商”,单击【确定】按钮,以“客户”为基础的“批发商”表结构就有了。

修改后的“批发商”表结构如图 2.21 所示。

图 2.21 “批发商”表结构

2.3.5 “产品”与“客户评价产品”表

1. 创建“产品”表

在功能区“创建”选项卡“表”组中单击【表设计】按钮，打开表设计视图。根据“产品”物理模型定义，添加其字段名称、定义其数据类型、字段大小，创建的表结构如图 2.22 所示。

将其保存为“产品”表对象，然后单击“产品”表右上角【关闭】按钮，关闭“产品”表对象。

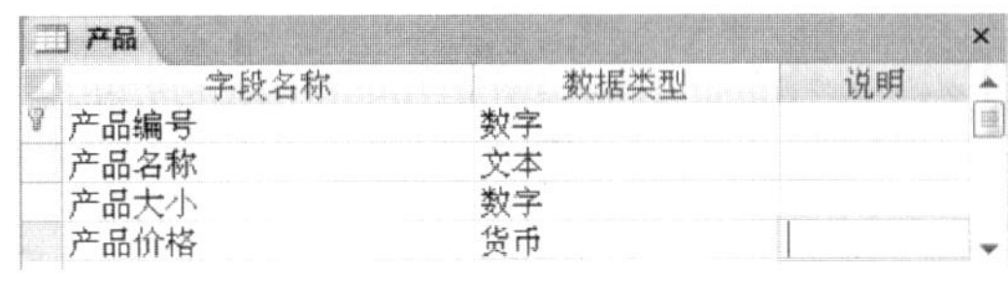

图 2.22 “产品”表结构

2. 创建“客户评价产品”表

(1)再次单击【表设计】按钮，打开“表 1”设计器。

(2)在字段名称栏下第 1 行输入“客户评价编号”字段，定义其为主键，在“数据类型”下拉列表中选择“数字”选项，在表设计视图下方“字段属性”区“常规”标签下，选择“字段大小”为“长整型”，将其保存为“客户评价产品”表对象，如图 2.23 所示。

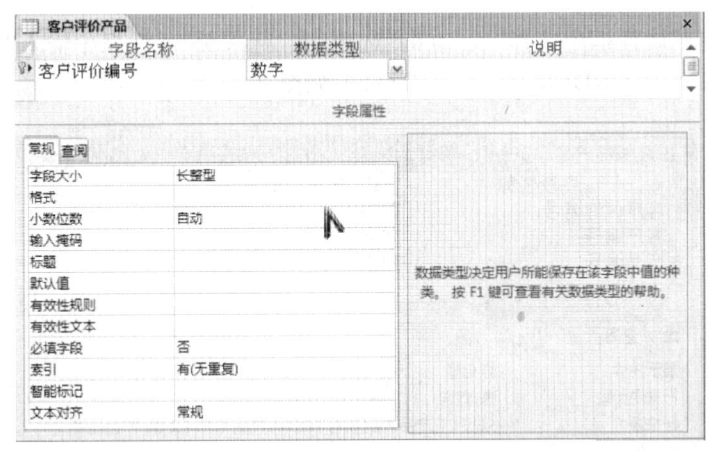

图 2.23 “数据类型”的属性定义

(3)在字段名称栏下第 2 行输入“客户编号”字段，在“数据类型”下拉列表中选择“数字”选项，从“字段属性”区“常规”标签下，选择“字段大小”为“长整型”。在“字段属性”区单击“查阅”标签，在“显示控件”属性框右边下拉箭头中选择“组合框”选项，在“行来源类型”属性框中选择“表/查询”选项，在“行来源”属性框中输入“SELECT 客户．客户编号 FROM 客户 ORDER BY 客户编号;”，如图 2.24 所示。

也可以通过在数据类型中选择“查阅向导”类型，让系统帮忙选择“客户”表中的“客户编号”字段。

这里，是 SQL 语句来实现的，其含义就是从“客户”表中选择“客户编号”字段。

(4)输入“产品编号”字段，在“数据类型”下拉列表中选择“数字”选项，“字段大小”选“字节”。单击“字段属性”下的“查阅”标签，在“显示控件”属性框右边下拉箭头中选择“组合框”选

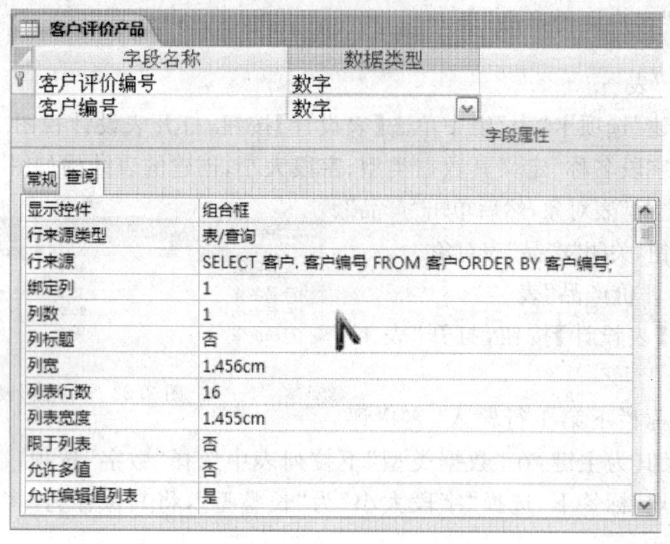

图 2.24　定义“组合框”查阅属性

项，在“行来源类型”属性框中选择“表/查询”选项，在“行来源”属性框中输入“SELECT 产品．产品编号 FROM 产品 ORDER BY 产品编号；”，如图 2.25 所示。

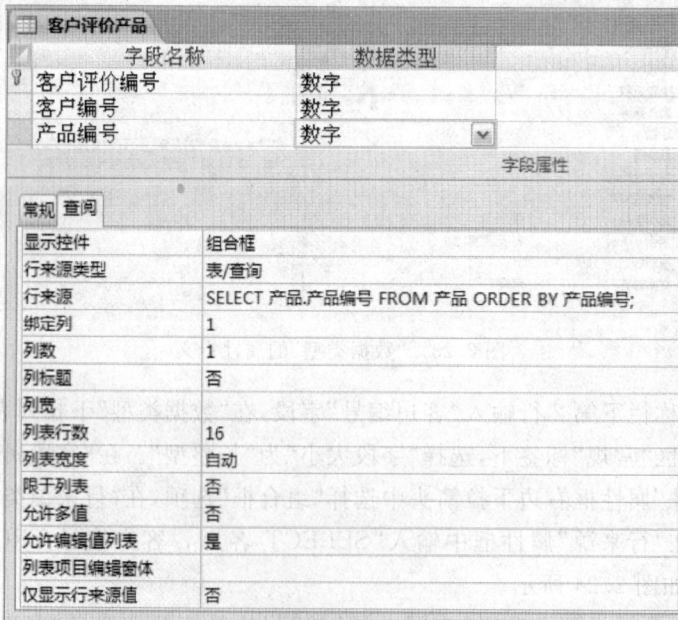

客户评价产品

字段名称	数据类型
客户评价编号	数字
客户编号	数字
产品编号	数字

字段属性

常规　查阅

显示控件	组合框
行来源类型	表/查询
行来源	SELECT 产品.产品编号 FROM 产品 ORDER BY 产品编号;
绑定列	1
列数	1
列标题	否
列宽	
列表行数	16
列表宽度	自动
限于列表	否
允许多值	否
允许编辑值列表	是
列表项目编辑窗体	
仅显示行来源值	否

图 2.25　“产品编号”字段属性的定义

3. 定义其他字段

根据“客户评价产品”物理模型定义，添加其他字段名称、定义其数据类型、字段大小，创建的表结构如图 2.26 所示。

2.3.6 “批发商订购产品”表

“批发商订购产品”可根据“客户评价产品”表以另存为方式来创建，添加与修改后的表结构如图 2.27 所示。

客户评价产品

字段名称	数据类型
客户评价编号	数字
客户编号	数字
产品编号	数字
电话时间	日期/时间
电话类型	文本
电话内容	备注
电话录音	超链接

图 2.26 “客户评价产品”表结构

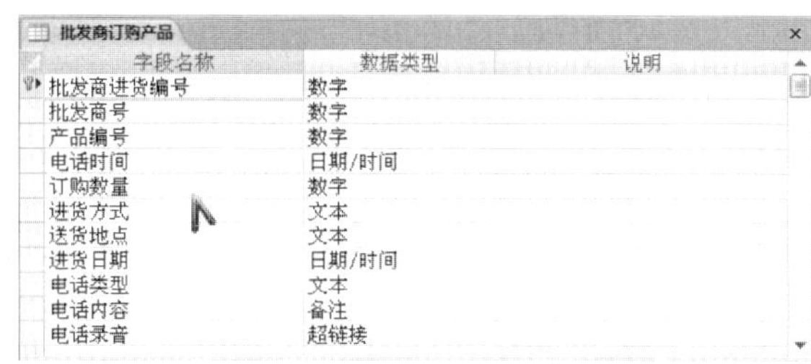

批发商订购产品

字段名称	数据类型	说明
批发商进货编号	数字	
批发商号	数字	
产品编号	数字	
电话时间	日期/时间	
订购数量	数字	
进货方式	文本	
送货地点	文本	
进货日期	日期/时间	
电话类型	文本	
电话内容	备注	
电话录音	超链接	

图 2.27 “批发商订购产品”表结构

2.3.7 “客户电话管理信息系统”数据表关系

为了以后查询数据方便，保证数据的完整性，需要在“客户电话管理信息系统”数据库的表之间建立关系。

1. 打开关系视图窗口

在功能区选择“数据库工具”选项卡“显示/隐藏”组中单击【关系】按钮，将在视图区打开“关系”视图窗口，同时在功能区会出现与关系视图相关的“设计”选项卡。

2. 在关系视图中显示表

在功能区“设计”选项卡“关系”组中单击【显示表】按钮，会弹出“显示表”对话框，如图 2.28 所示，从中选择需要的表，然后单击【添加】按钮，选择的表会出现在关系视图中，如图 2.29 所示。

图 2.28 “显示表”对话框

3. 编辑关系

(1)选中“地区”表的关键字“地区号”拖拉到“城市”表中同名字段“地区号”上，会弹出“编辑关系”对话框(双击连线也可以打开该对话框)，如图 2.30 所示。

(2)选择“实施参照完整性”选项，可看到“级联更新相关字段”(如果更新该字段属性，必须同时更新两个表中的字段属性)和“级联删除相关记录”(如果删除该字段记录，将同时删除两个表中的记录)两个选项均变为可用。

(3)在“编辑关系”对话框中选择“级联更新相关字段”与“级联删除相关记录”选项，单击【创建】按钮，可看到“地区”与“城市”表之间建立了 1 对多关系，如图 2.31 所示。

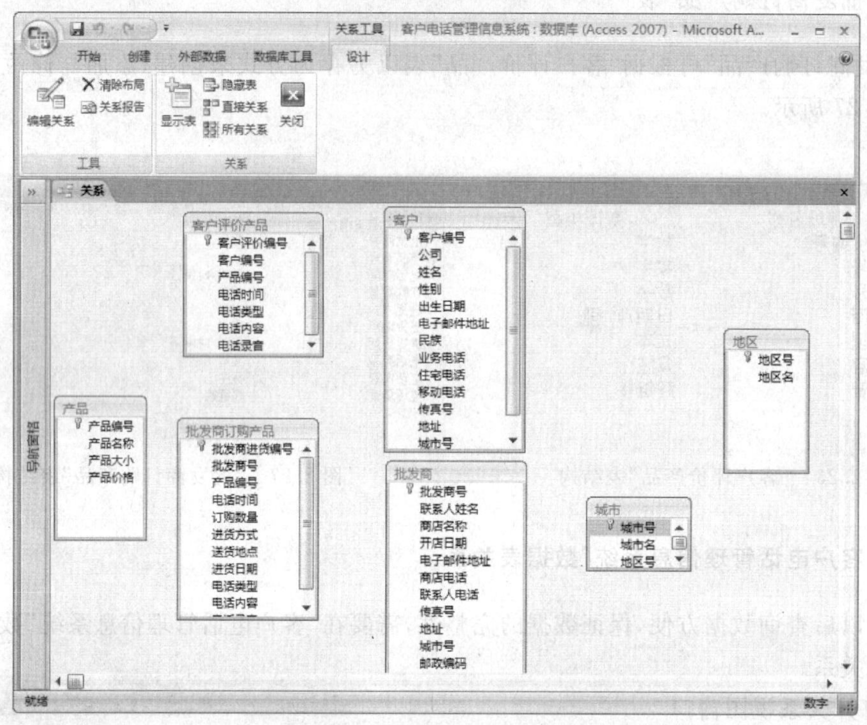

图 2.29　关系视图中添加的表

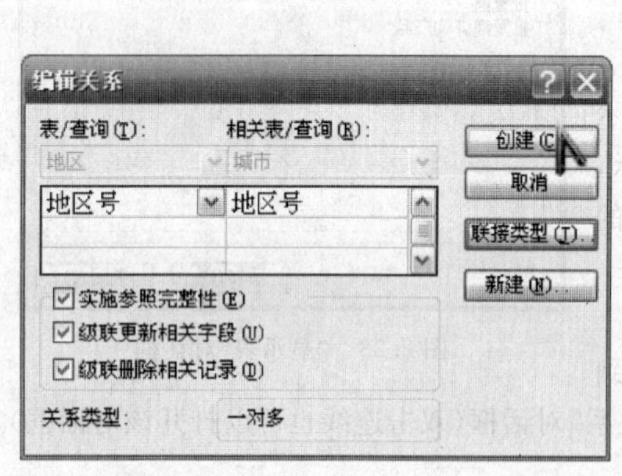

图 2.30　"编辑关系"对话框

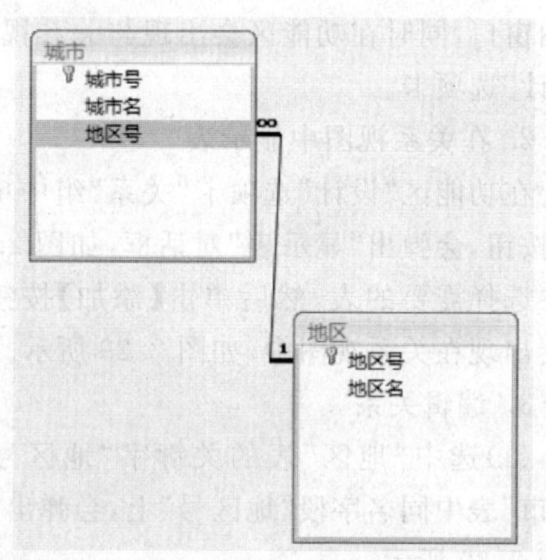

图 2.31　"地区"与"城市"表的 1 对多关系

同理编辑其他关系，最后创建的关系视图如图 2.32 所示。建立关系后将方便窗体对象与查询对象的使用。

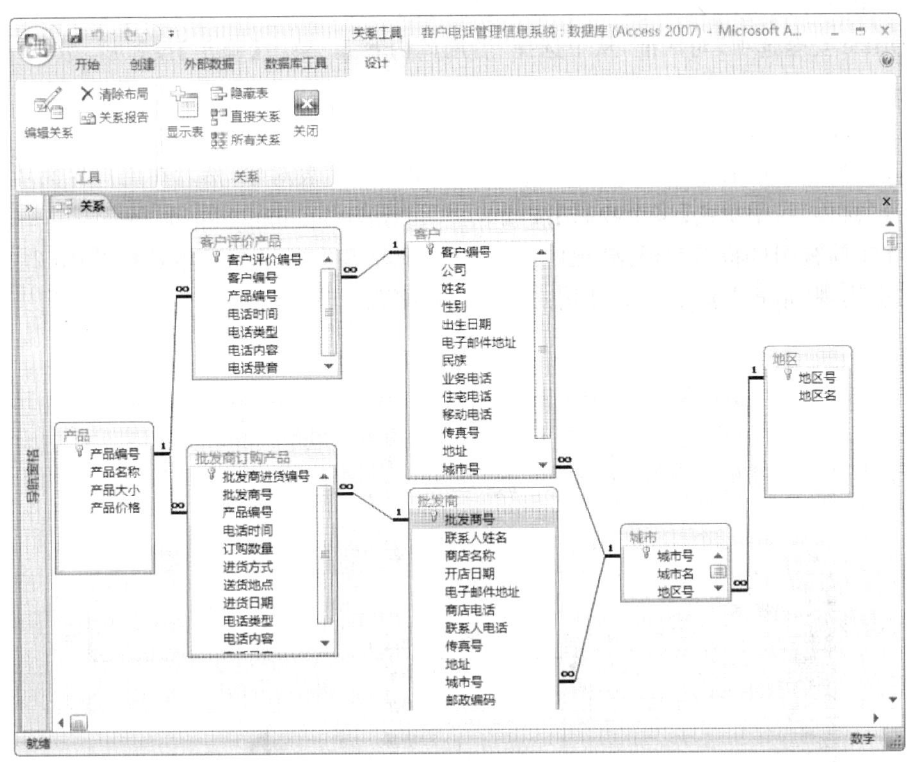

图 2.32 所有表关系

2.4 创建“数据输入子系统”

一个系统一般分为多个子系统，通过不同的子系统完成不同的任务，每个任务要通过多个操作处理来完成，每个操作处理对应一个功能模块，在 Access 中每个功能模块对应一个具体的数据库对象，例如查询对象、窗体对象。

在系统中，一般通过窗口界面中的菜单命令或命令按钮调用某个数据库对象来完成指定的操作处理。因此，创建子系统的主要任务是根据任务需要创建不同的操作处理窗口界面。

“数据输入子系统”的任务就是输入数据，同时负责数据的维护工作。系统要输出信息，先要输入数据。如何才能更快、更方便、更准确的输入数据呢？一般是使用数据输入窗口，在窗体界面中输入数据比直接在数据表中输入数据更方便、更安全、更美观，还可以简化操作。

本节的任务是创建组成“数据输入子系统”的各个窗体界面。

2.4.1 “地区数据维护窗口”对象

1. 打开数据库用户界面

(1)在存放数据库文件的资源管理器中双击“客户电话管理信息系统”数据库文件名，将直接打开该数据库用户界面。

(2)在用户界面中间会出现一个“安全警告提示框”,单击其中的【选项】按钮,打开“Microsoft Office 安全选项”对话框,从中选择“启用此内容”。单击【确定】按钮后,数据库恢复正常用户界面。

2. 创建“地区数据输入窗口”

(1)在导航窗格中展开“地区”表,单击表名选中“地区”表对象,然后在用户界面功能区“创建”选项卡“窗体”组中单击【多个项目】按钮。

(2)在布局视图区将看到根据“地区”表创建的显示多个项目的窗体对象,如图 2.33 所示。在功能区会出现“格式”选项卡,方便用户修改窗体格式。

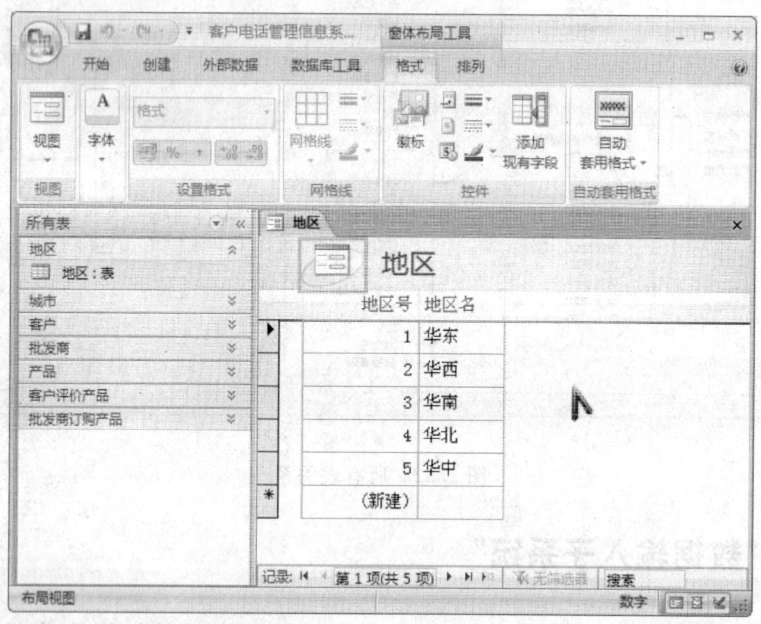

图 2.33 “多个项目”窗体

(3)在快速访问工具栏单击【保存】按钮,保存该窗体对象为“地区数据维护窗口”,就完成了一个窗体对象的创建任务。

2.4.2 “产品数据维护窗口”对象

1. 创建窗体对象的步骤

(1)在导航窗格中展开“产品”表,单击表名选中“产品”表对象,然后在用户界面功能区“创建”选项卡“窗体”组单击【分割窗体】按钮。

(2)在布局视图区将看到根据“产品”表创建的上面显示单个记录,下面显示多条记录的窗体对象,如图 2.34 所示。

(3)双击“产品”标题,可以修改其文字内容,在快速访问工具栏单击【保存】按钮,保存该窗体对象为“产品数据维护窗口”,就完成分割窗体模式的创建任务。

2. 窗体对象的功能

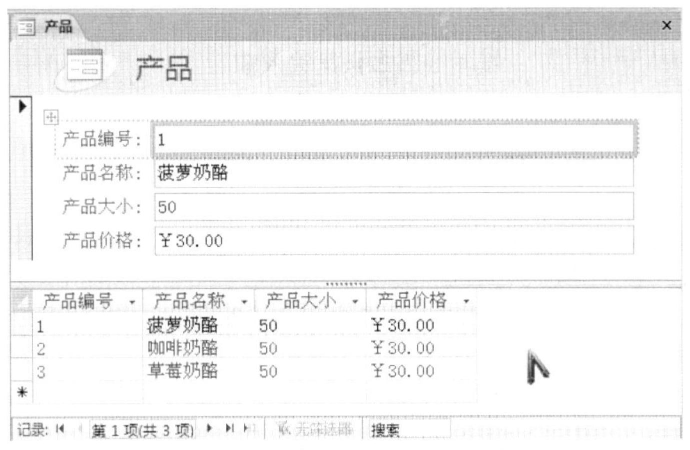

图 2.34 “分割窗体”对象

“产品数据维护窗口”窗体对象在界面上分割为上下两部分,上部分显示一条记录内容,可以用来输入数据;下部分显示表中多条记录,可以用来浏览与修改。

2.4.3 “客户数据维护窗口”对象

使用分割窗体模式可以创建“客户数据维护窗口”对象,窗体界面如图 2.35 所示。

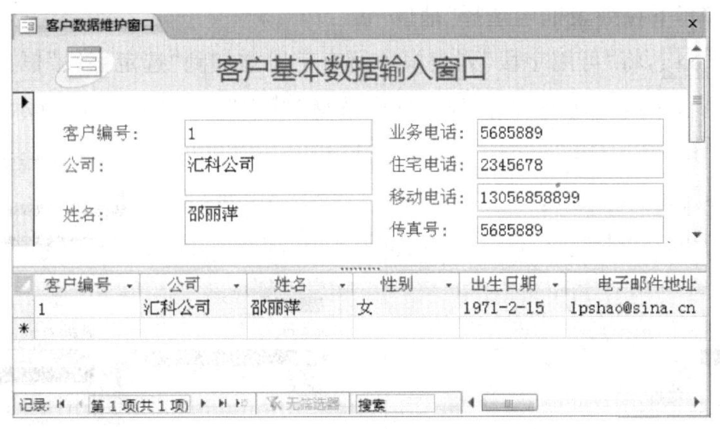

图 2.35 “客户数据维护窗口”界面

2.4.4 “批发商数据维护窗口”对象

使用分割窗体模式可以创建“批发商数据维护窗口”对象,窗体界面如图 2.36 所示。

2.4.5 “城市数据输入主/子窗体”对象

下面基于表“地区”和“城市”创建不同地区包含的城市的主/子窗体“城市数据输入窗口”。主/子窗体模式,在窗体上可以同时显示地区与城市数据。

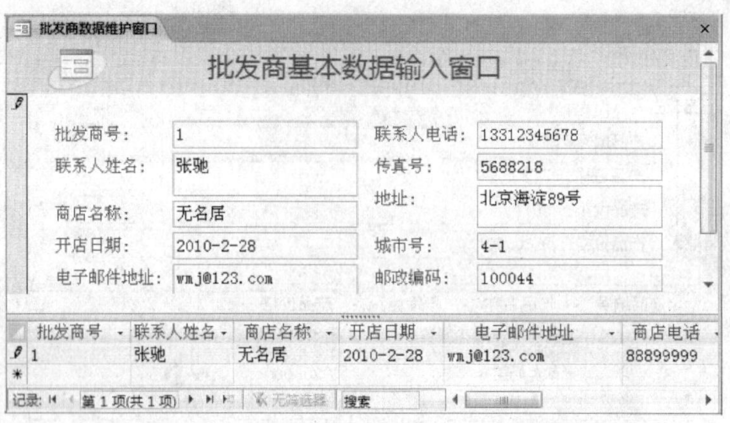

图 2.36 "批发商数据维护窗口"界面

1.启动窗体向导

在功能区"创建"选项卡"窗体"组单击"其他窗体"下拉列表，从中选择"窗体向导"命令，将打开"窗体向导"对话框，如图 2.37 所示。

2.回答向导提问

向导对话框上会连续提出几个问题，让用户确定问题的答案。其提问如下：

(1)确定窗体上使用哪些字段

①在"表/查询"下拉列表框中选择"地区"表。

②单击按钮 >> ，将"可用字段"列表框中所有字段添加到"选定字段"框。

③再返回①步，从"表/查询"下拉列表框中选择"城市"表，如图 2.38 所示。

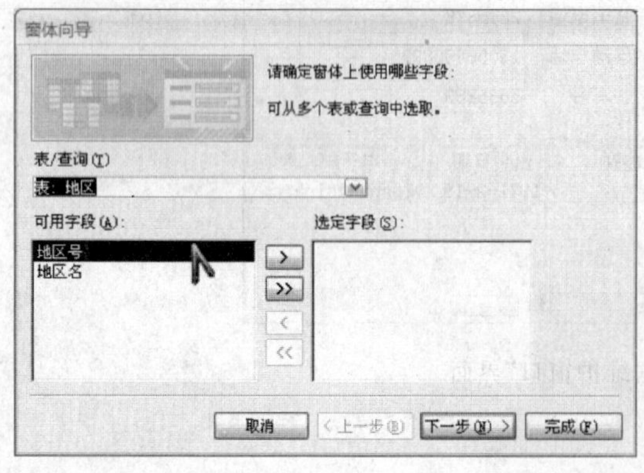

图 2.37 "窗体向导"对话框

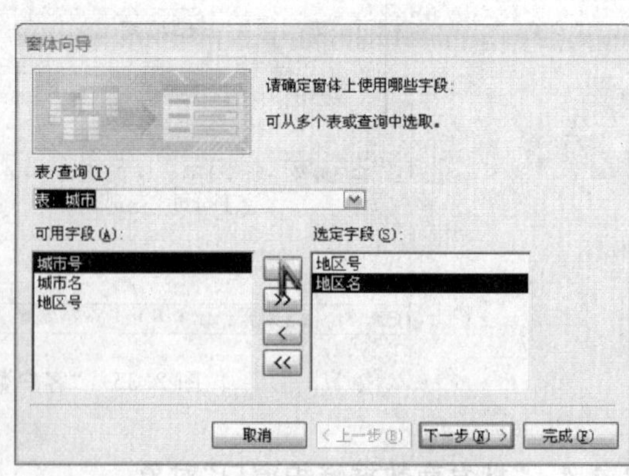

图 2.38 从"城市"表选择字段

④单击按钮 > ，将"可用字段"列表框中"城市号"与"城市名"字段分别添加到"选定字段"框，如图 2.39 所示。然后单击【下一步】按钮。

(2)确定窗体上查看数据的方式

①在向导对话框“请确定查看数据的方式”栏中选择“通过地区”方式。

②选择“带有子窗体的窗体”选项，如图 2.40 所示。然后单击【下一步】按钮。

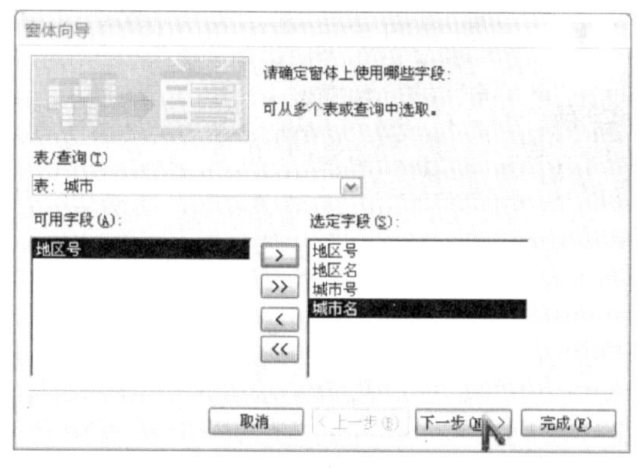

图 2.39 从两个表中选择窗体使用的字段

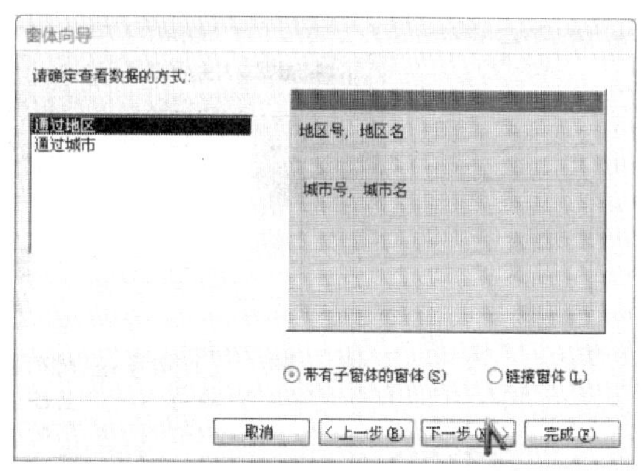

图 2.40 选择窗体中查看数据的方式

(3)确定子窗体使用的布局

在向导对话框的选项组中列出了 2 种子窗体的布局供用户选择。从中选择“数据表”选项，然后单击【下一步】按钮。

(4)确定窗体使用的样式

对话框中提供了多种系统设置好的窗体样式，用户可以按自己的喜好进行选择。这里选择“办公室”选项，其样式在右边框中可以直接浏览到，如图 2.41 所示。然后单击【下一步】按钮。

(5)确定窗体与子窗体使用的标题

对话框中显示了系统默认的窗体与子窗体的标题，可以重新定义这两个窗体的名称，如图 2.42所示，可单击【完成】按钮，结束向导所有提问。

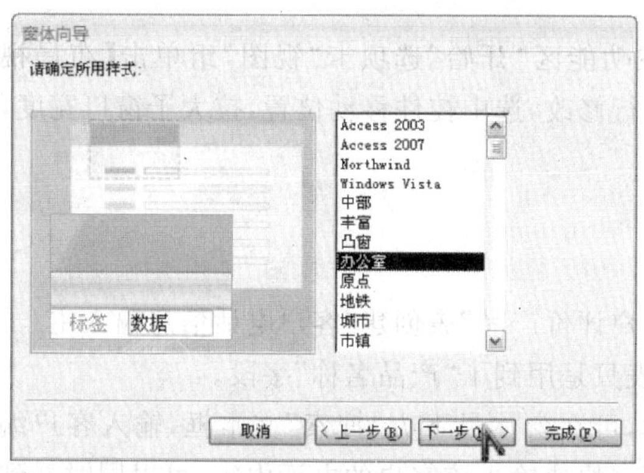

图 2.41 选择窗体使用的样式

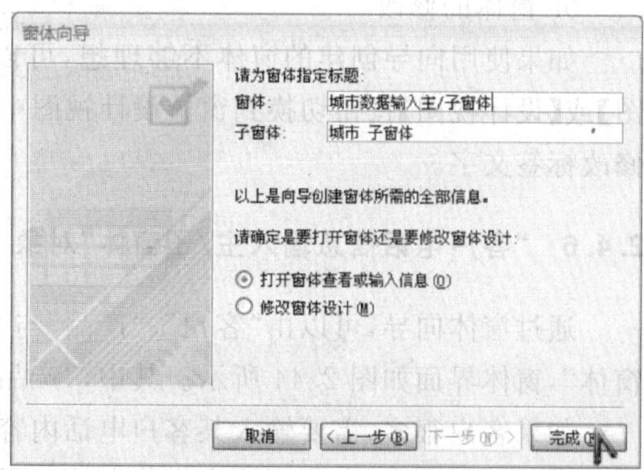

图 2.42 选择窗体与子窗体使用的标题

3. 自动创建窗体

"窗体向导"在得到上面所有需要的信息后,会自动创建出主/子窗体,可在窗体视图中看到创建的窗体,如图 2.43 所示。

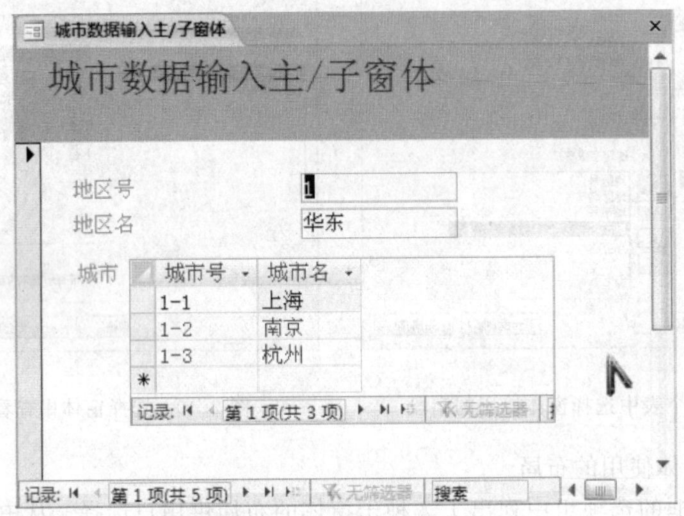

图 2.43 通过向导创建的主/子窗体

向导创建主/子窗体时,同时创建了两个窗体对象,一个是"城市数据输入主/子窗体",另一个是"城市子窗体",可以在导航窗格中分别看到所创建的窗体对象。

4. 窗体对象的功能

"城市数据输入主/子窗体"可以同时显示某个地区所包含的城市,在窗体中可以直接修改或输入两个表中的数据,输入城市数据时可以不输入地区号,系统可以自动输入。最下方的主窗口记录选择器,是用来选择指定地区的,使用该功能可以快速找到指定地区,输入其中的城市数据。子窗口中的记录选择器用来选择城市记录。

5. 窗体的修改

如果使用向导创建的窗体不够理想,可以在功能区"开始"选项卡"视图"组单击【布局视图】或【设计视图】按钮切换到窗体设计视图中进行修改,选中控件移动位置,拉大子窗口宽度,修改标签文字。

2.4.6 "客户电话信息输入主/子窗体"对象

通过窗体向导,可以由"客户"、"产品"与"客户评价产品"表创建"客户电话信息输入主/子窗体",窗体界面如图 2.44 所示。其中,"产品"表只是用到了"产品名称"字段。

如果客户很多,需要输入某客户电话内容时,可在窗体最下方"搜索"文本框,输入客户编号或客户姓名,即可定位到该客户信息输入界面。快速输入该客户的电话内容,可以同时看到该客户打进来的所有电话内容。

在内层的"搜索"文本框,输入产品编号或产品名称可以定位该条记录。

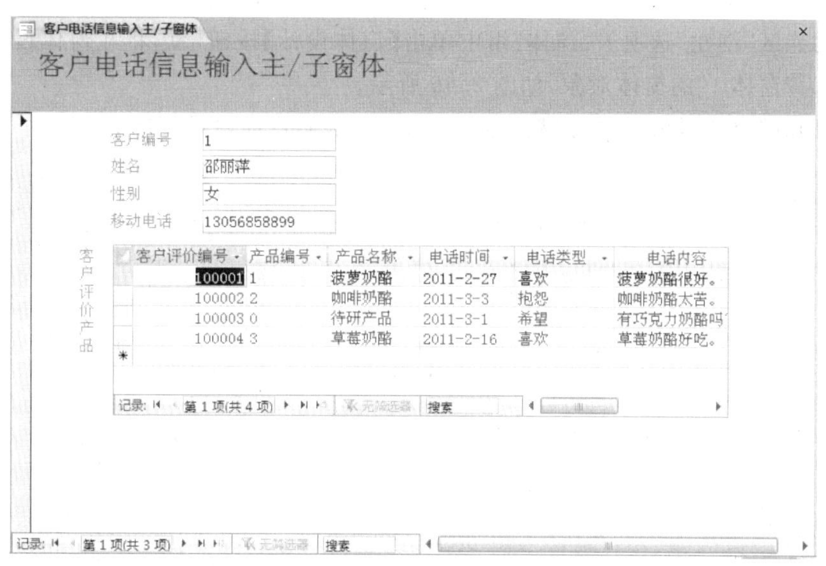

图 2.44 “客户电话信息输入主/子窗体”界面

2.4.7 “批发商进货信息输入主/子窗体”对象

通过窗体向导，可以由“批发商”、“产品”与“批发商订购产品”表创建“批发商进货信息输入主/子窗体”，窗体界面如图 2.45 所示。其中，“产品”表只是用到了“产品名称”字段。

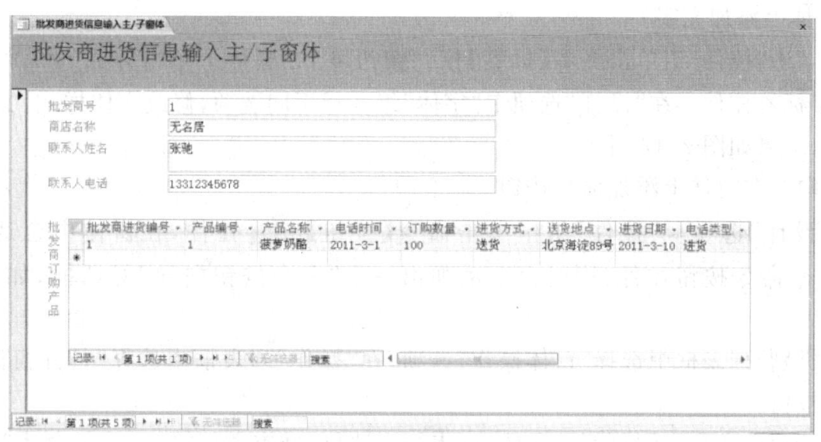

图 2.45 “批发商进货信息输入主/子窗体”界面

2.4.8 “数据输入子系统”控制界面窗体对象

数据输入子系统控制界面用来打开不同的数据输入窗口，执行不同的数据输入任务，其窗体界面简单，只需要包含一些命令按钮。创建“数据输入子系统”窗体步骤如下：

1. 打开窗体设计视图

(1)在功能区“创建”选项卡“窗体”组中单击【窗体设计】按钮，将在窗体设计视图中打开一个名称为“窗体 1”的窗体对象，如图 2.46 所示。

(2)将打开的窗体对象保存为“数据输入子系统”控制界面窗体对象。

图 2.46　窗体设计视图

2. 在窗体上添加文字

在“设计”中“控件”组单击文本【标签】控件按钮，在窗体上单击并插入一个“数据输入子系统”文字标签控件。在“设计”选项卡“字体”组选择不同选项，修改字体样式、文本大小、颜色与背景等，结果如图 2.47 所示。

3. 利用向导在窗体上添加命令按钮

(1)在“设计”选项卡“控件”组中单击命令【按钮】控件，在窗体中合适位置拖拽鼠标添加一个命令按钮控件，同时会自动弹出一个“命令按钮向导”对话框，如图 2.48 所示。

(2)在“类别”列表框中选择“窗体操作”选项，在“操作”列表框中选择“打开窗体”，然后单击【下一步】按钮。

(3)在“请确定命令按钮打开的窗体”列表框中选择“城市数据输入主/子窗体”，如图 2.49 所示。

(4)单击【下一步】按钮，在对话框中选择“打开窗体并显示所有记录”，如图 2.50 所示。

(5)单击【下一步】按钮，在对话框中选择“文本”选项，并在文本框中输入“地区城市数据输入”，如图 2.51 所示。

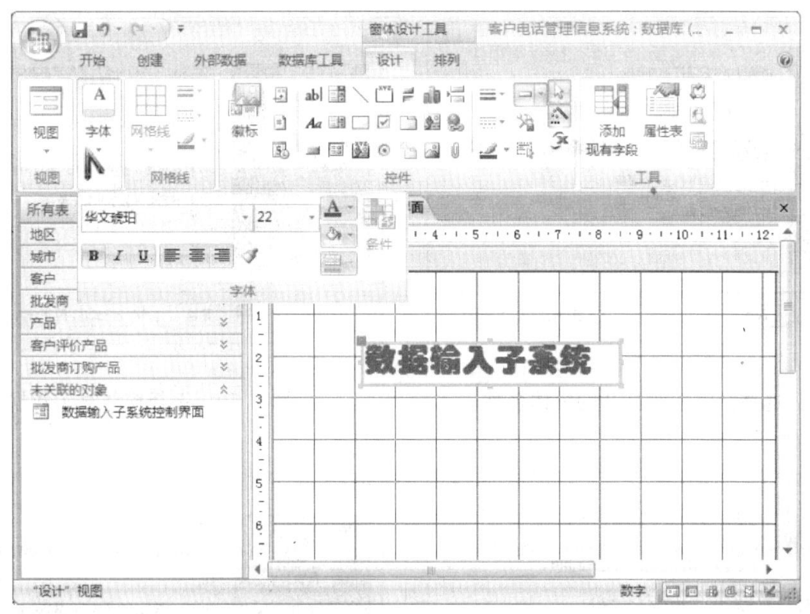

图 2.47 添加文字标签控件

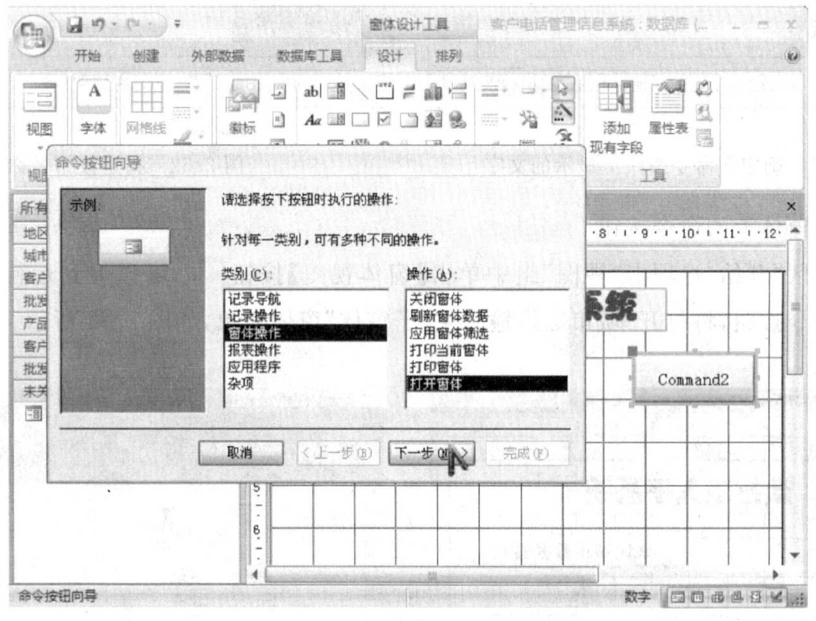

图 2.48 "命令按钮向导"对话框

(6)单击【下一步】按钮，在对话框文本框中输入 c1，指定命令按钮的名称，如图 2.52 所示。

(7)单击【完成】按钮，关闭对话框，在窗体设计视图中可以看到添加的命令按钮。如图 2.53 所示。

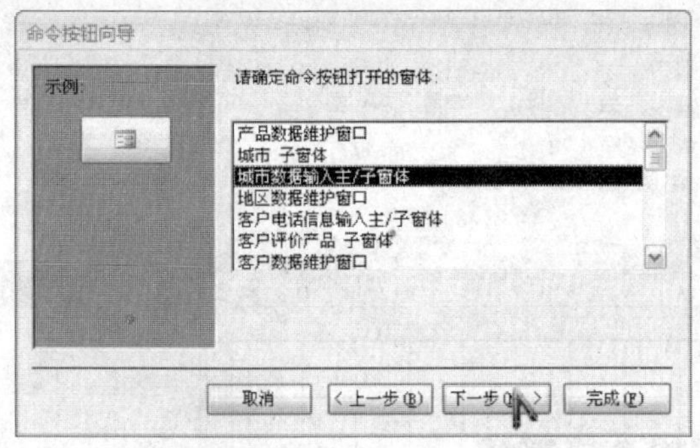

图 2.49　选择命令按钮打开的窗体名称

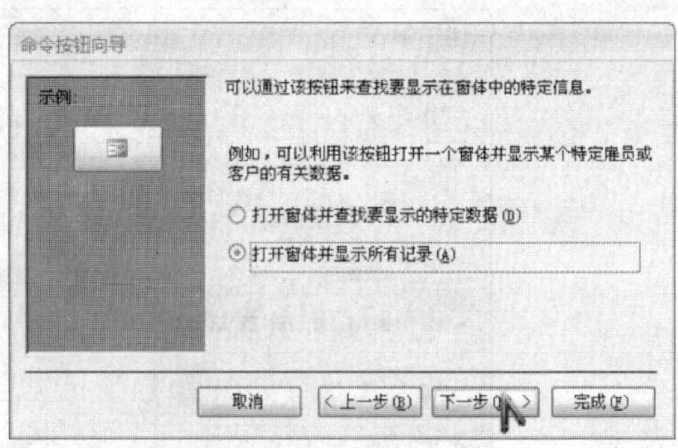

图 2.50　选择窗体显示数据方式

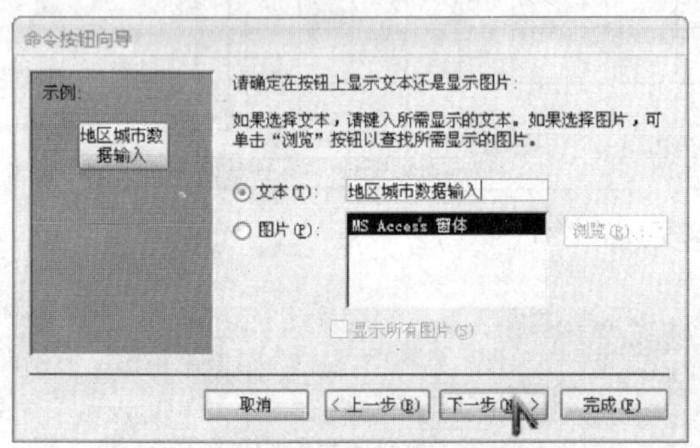

图 2.51　确定在命令按钮上显示的文字

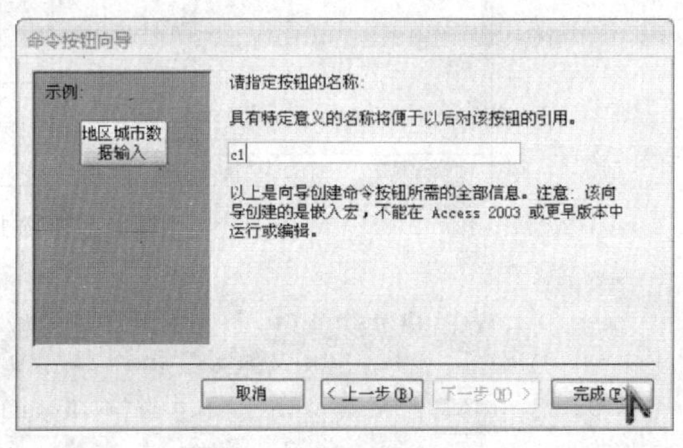

图 2.52　指定按钮名称

4. 使用窗体上的命令按钮

在功能区"开始"选项卡"视图"组中单击【窗体视图】按钮，可以看到运行状态下的窗体。单击命令按钮，将打开"城市数据输入主/子窗体"窗体对象，如图 2.54 所示。

图 2.53　窗体视图下的窗口界面

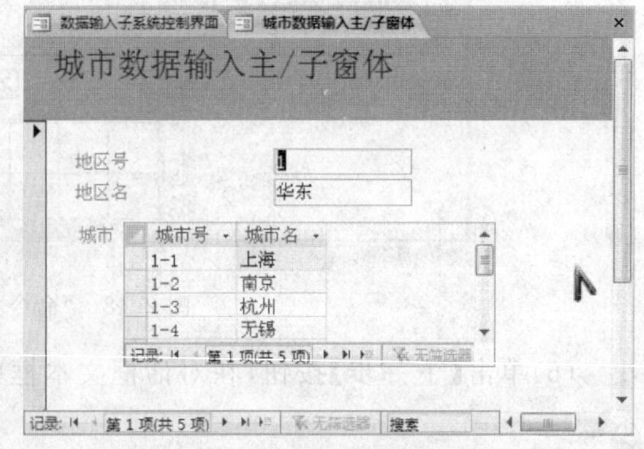

图 2.54　"城市数据输入主/子窗体"窗体界面

同样方式，可在窗体中添加其他 5 个命令按钮，用来打开其他创建的窗口。

5. 使用“属性表”对话框修改窗体属性

在“设计”选项卡“工具”组中单击【属性表】按钮，将打开“属性表”对话框，在其下拉列表框中选择“窗体”对象，如图 2.55 所示进行属性设置，例如选择“记录选择器”属性为“否”；“导航按钮”属性为“否”；“允许数据表视图”属性为“否”。

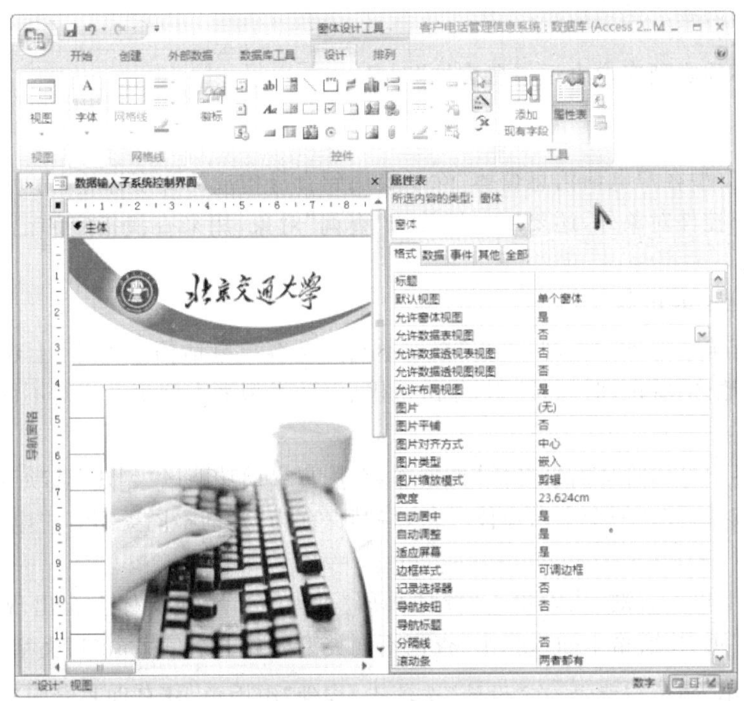

图 2.55　“属性表”对话框

6. 美化窗体

(1)在窗体上添加图片

从其他文件复制图片，然后粘贴到窗体中，放在合适位置，还可以从“设计”选项卡“控件”组中选择“线条”等控件来美化窗体，结果如图 2.56 所示。

图 2.56　“数据输入子系统”控制界面

(2)排列窗体上的多个控件对象

用鼠标圈住多个控件对象，在功能区“排列”选项卡上单击相应命令按钮，可以同时调整所选的多个控件的大小、对齐方式、位置等，通过“设计”选项卡中的命令按钮，可以调整窗体上文字标签的字体、颜色等。

在“排列”选项卡中单击【自动套用格式】按钮，可以按定义好的格式来美化窗口。

2.5 创建“客户电话信息查询子系统”

“客户电话信息查询子系统”用于对客户的电话内容进行分类与统计，可以帮助管理者快速查找各种想要的客户电话信息。

2.5.1 “查询不同类型客户电话信息窗体”对象

1. 窗体涉及的对象

“查询不同类型客户电话信息窗体”除了要用到自身构成的文字标签、命令按钮、用来输入选项的组合框等控件对象外，还要用到相关的“查询”对象，用来查找指定的记录，以及打开窗口的“宏”对象。

2. 创建窗体上的控件

为了可以有选择地进行查询，要在“查询不同类型客户电话信息窗体”上建立多个查询选项，根据输入的地区、城市、时间、性别、年龄范围、电话类型来查询出客户对不同产品的评价信息。

(1)打开“客户电话管理信息系统”数据库，在用户界面功能区“创建”选项卡“窗体”组中单击【窗体设计】按钮，打开一个空白窗体对象，将其保存为“查询不同类型客户电话信息窗体”对象。

(2)在窗体上单击右键，从中单击“窗体页眉/页脚”命令，在窗体上会出现“页眉”窗格与“页脚”窗格，在“页眉”窗格中插入一个“查询不同类型客户电话信息窗口”文字标签控件，修改文本的字体、大小、颜色与背景，在“设计”选项卡“控件”组中单击【日期与时间】按钮，可在窗体上显示当前日期与时间，结果如图 2.57 所示。

(3)在“设计”选项卡“控件”组单击使用【控件向导】按钮，关闭控件向导(使向导按钮颜色为淡蓝，默认为黄色是打开状态)。然后在“设计”选项卡“控件”组中单击【组合框】控件按钮在窗体“主体”窗格上拖曳鼠标可插入一个组合框控件，如图 2.58 所示。(如果启动了控件向导，可以单击【取消】按钮，关闭向导对话框。)

(4)选择组合框标签文字“Combo3:”，修改为“地区名称”。

(5)选择组合框控件“Combo3”，单击右键选择“属性”命令，打开组合框“属性表”对话框，单击“数据”标签，在“行来源类型”栏选择“表/查询”，在“行来源”框输入“SELECT 地区 . 地区名 FROM 地区；”，如图 2.59 所示。

(6)在属性对话框单击“其他”标签，在“名称”属性框中将控件名称“Combo3”修改为“地区名称”，如图 2.60 所示。控件名称最好与标签文字一致。

同样方式可以添加“城市名称”、“性别”、“电话类型”等组合框。设置“性别”组合框属性时，“属性表”对话框“数据”标签“行来源类型”栏选择“值列表”，在“行来源”框

图 2.57 在页眉窗格中添加文本、日期与时间

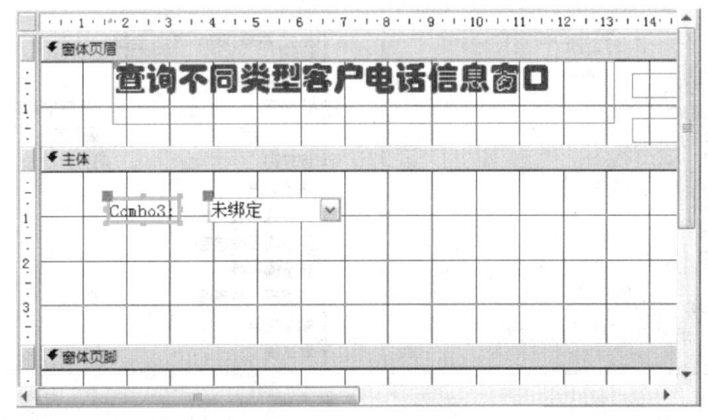

图 2.58 添加组合框控件

输入“男”;“女”,在“默认值”框输入“男”,如图 2.61 所示。“电话类型”的数据属性设置如图 2.62 所示。其他属性按默认值设置。设置数据行来源为“值列表”,组合下拉框给出的列表数据选项由定义的数据给出,不用输入。如果数据行来源为“表/查询”,组合下拉框给出的列表数据选项,是直接来自某个指定的表/查询中的字段数据,也不用输入。

窗体添加控件后,并调整控件位置、文字大小等,结果如图 2.63 所示。在“设计”选项卡“视图”组中单击【视图】下拉按钮中的“窗体视图”命令,可以看到“查询不同类型客户电话信息窗体”运行时的界面,如图 2.64 所示。

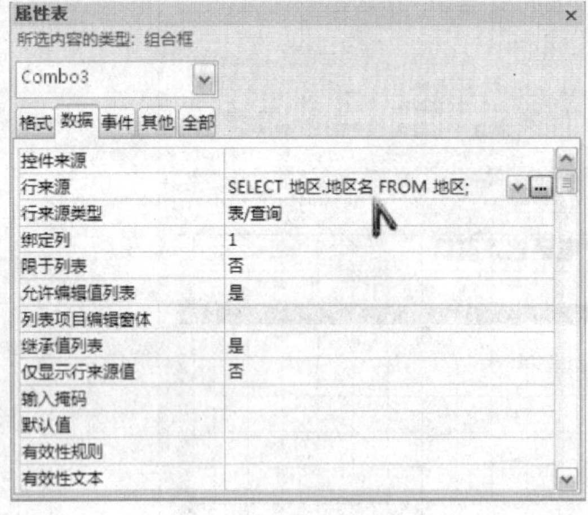

图 2.59　设置控件“行来源”属性

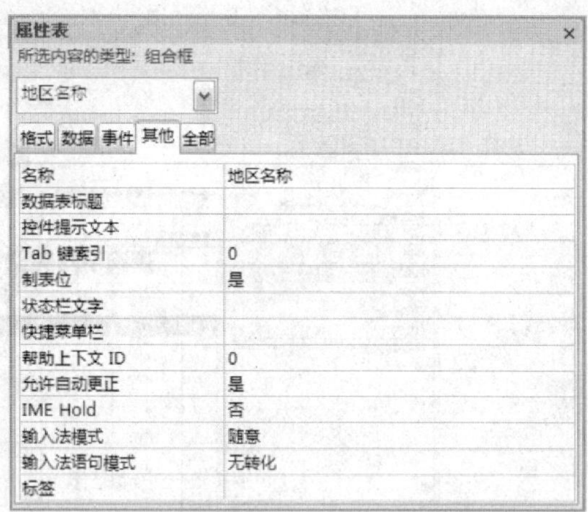

图 2.60　设置控件“名称”属性

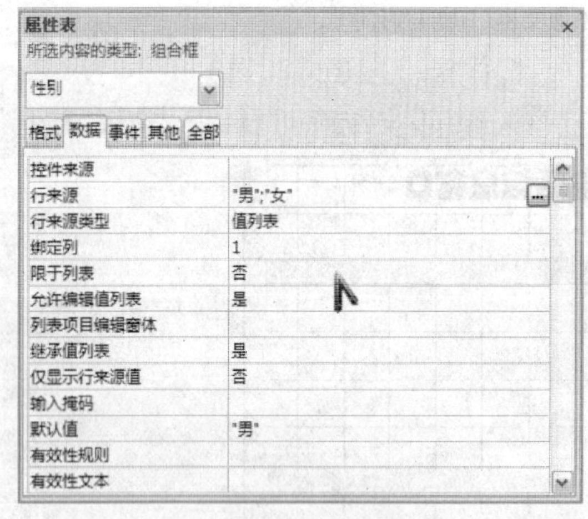

图 2.61　设置“性别”数据行来源为“值列表”

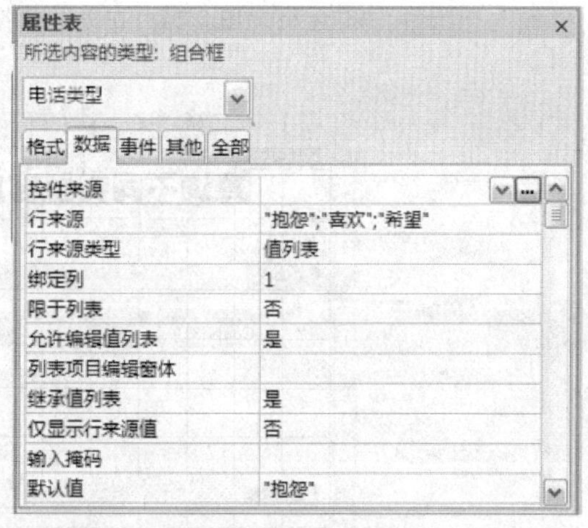

图 2.62　设置“电话类型”数据行来源为“值列表”

3.创建“不同类型客户电话信息查询 1” 对象

(1)在用户界面功能区单击“创建”选项卡“其他”组中的【查询设计】按钮，在设计视图中会打开一个“查询 1”查询对象，同时会出现“显示表”对话框，如图 2.65 所示。

(2)选择查询使用的表“产品”，单击【添加】按钮，该表将添加到查询设计器中，然后依次将其他四个表“城市”、“地区”等都添加到查询设计器中，最后单击【关闭】按钮，在查询设计视图上部将看到添加的各个表，在“设计”选项卡中可以看到与设计查询对象相关的命令按钮，如图 2.66 所示。

(3)保存查询对象为“不同类型客户电话信息查询 1”。

图 2.63 添加控件后的窗体

图 2.64 窗体运行界面

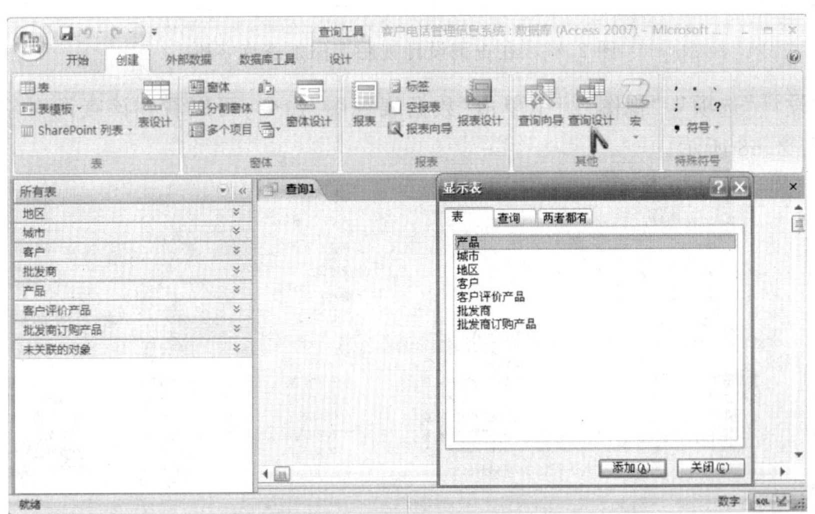

图 2.65 “显示表”对话框

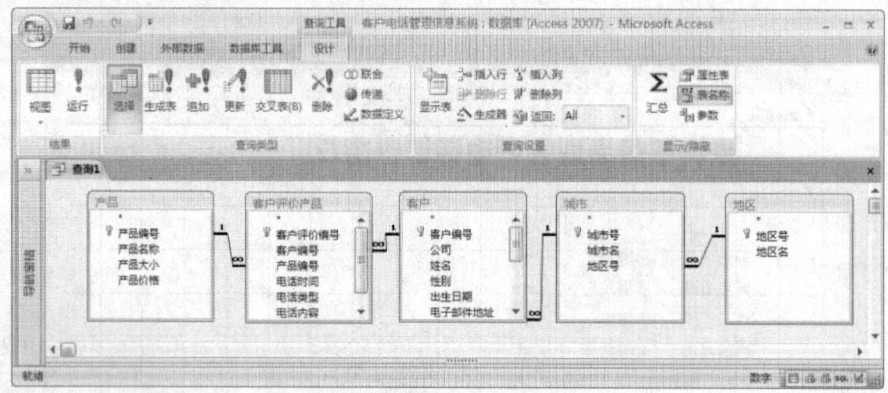

图 2.66　查询设计视图上添加的表

（4）根据需要从不同表中拖动查询字段到查询设计视图下部“字段”栏，如图 2.67 所示。

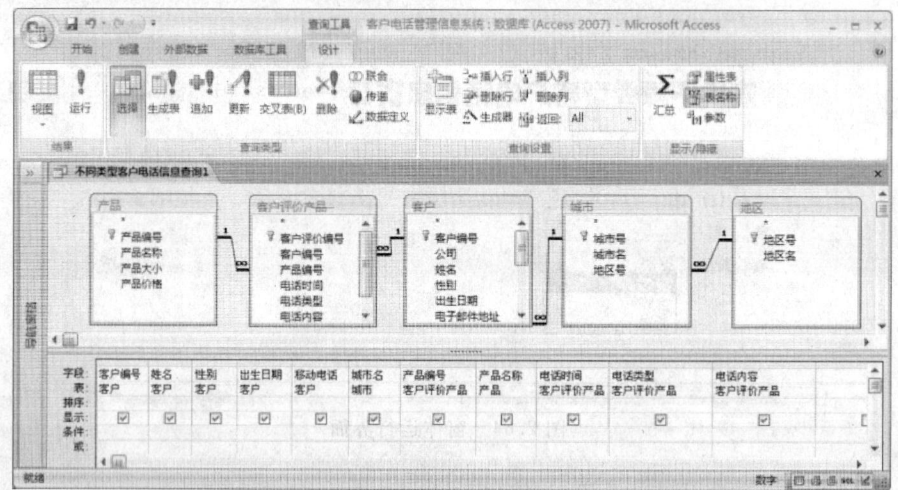

图 2.67　在查询设计视图上添加查询字段

（5）在“设计”选项卡“视图”组中单击“数据表视图”命令，可以看到该查询对象查找到的数据记录，如图 2.68 所示。

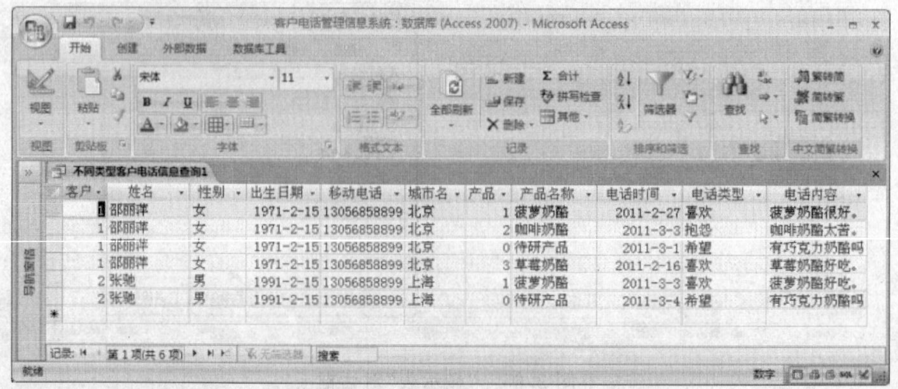

图 2.68　查询结果

4. 创建“不同类型客户电话信息查询 2” 对象

保存查询对象“不同类型客户电话信息查询 1”的设计结果，然后将其另存为“不同类型客户电话信息查询 2”查询对象。

(1)在“条件”栏对应“性别”字段单元格中输入 Like [Forms]! [查询不同类型客户电话信息窗体]! [性别] & “ * ”，该条件用来保证在窗口“性别”组合框为空白时(什么都不输入)会查询到包含所有性别的记录，输入性别“女”，将只显示女性电话记录。

(2)在“条件”栏对应“地区号”字段单元格中输入 Like [Forms]! [查询不同类型客户电话信息窗体]! [地区名称] & “ * ”。

(3)在“条件”栏对应“城市名”字段单元格中输入 Like [Forms]! [查询不同类型客户电话信息窗体]! [城市名称] & “ * ”。

(4)在“条件”栏对应“电话类型”字段单元格中输入 Like [Forms]! [查询不同类型客户电话信息窗体]! [电话类型] & “ * ”。

如果同时输入查询条件，将按组合条件进行查询。指定条件后查询设计结果如图 2.69 所示。

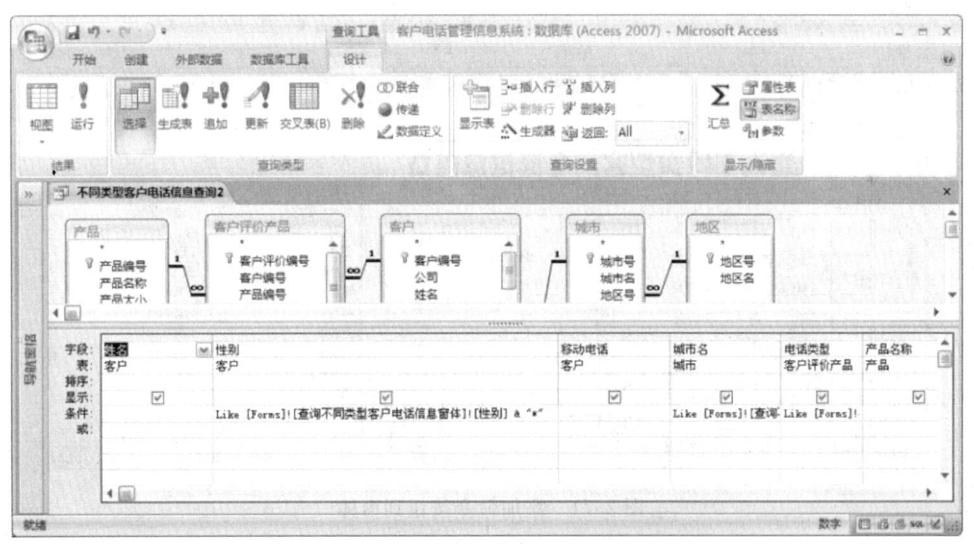

图 2.69　查询设计视图上设置的查询条件

说明：

[Forms]代表窗体类型，[查询不同类型客户电话信息窗体]代表指定的窗体名称，[性别]表示指定窗体中组合框控件的名称，Like 是函数，给出查询的条件，“ * ”表示匹配符，可以是多个字符。

(5)在“显示”栏对应“客户编号”、“地区名”、“出生日期”等字段单元格单击复选框☑，去掉“√”变为□，结果如图 2.70 所示。在显示查询结果时可以不显示该字段。

以上查询条件可以单个使用，也可以同时组合使用。

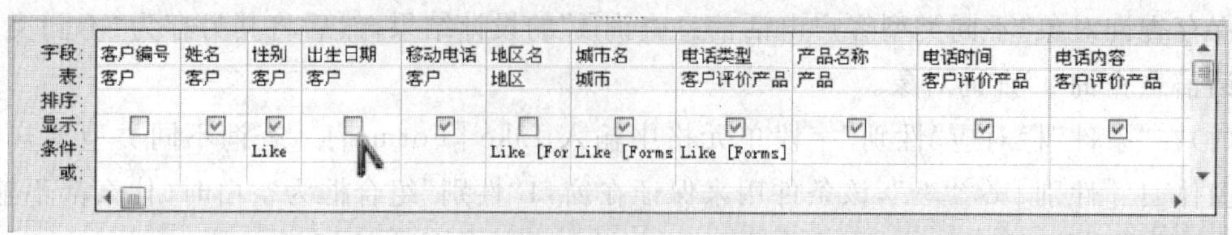

图 2.70　查询设计视图上设置显示字段条件

5. 在窗体上添加命令按钮

切换到窗体设计视图，在“设计”选项卡“控件”组中关闭【控件向导】按钮，直接在“查询不同类型客户电话信息窗体”上添加一个命令按钮控件，在命令按钮控件“属性表”的“格式”标签下输入“标题”为“显示所有记录”，结果如图 2.71 所示，在“其他”标签中定义“名称”属性为 C1。

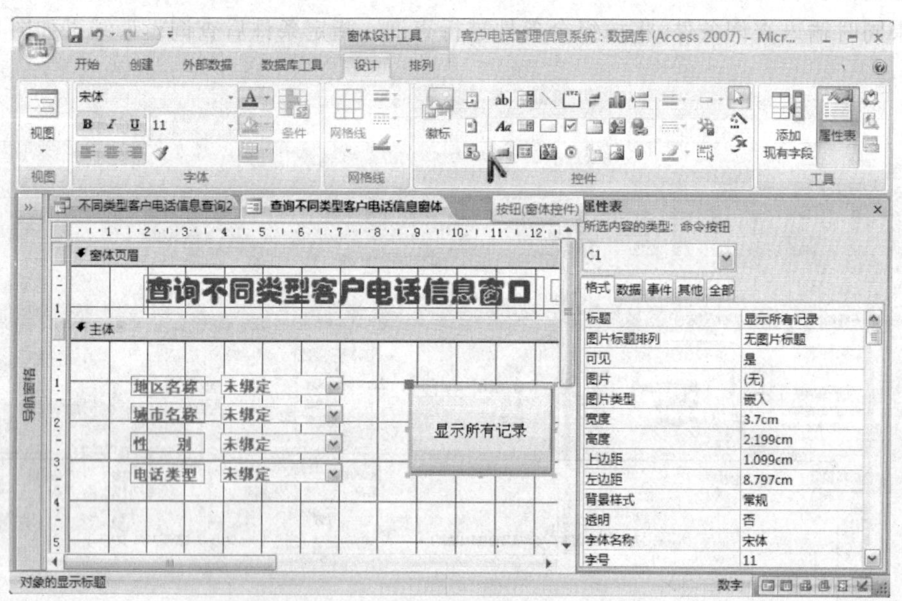

图 2.71　添加命令按钮到窗体

再添加一个命令按钮控件，定义标题为“显示不同类型记录”，“名称”属性为 C2。

6. 创建“打开查询”宏对象

(1)选择“创建”选项卡，在“其他”组中单击【宏】下拉按钮，选择“宏”命令，在设计视图中打开一个“宏 1”对象。

(2)在“设计”选项卡“显示/隐藏”组中单击【宏名】按钮。

(3)保存“宏 1”对象名称为“打开查询”。

(4)在“宏名”列输入“显示所有查询记录”，在“操作”列选择 OpenQuery 操作命令，在“操作参数”区域“查询名称”下拉框中选择“不同类型客户电话信息查询 1”，“数据模式”为“只读”，结果如图 2.72 所示。

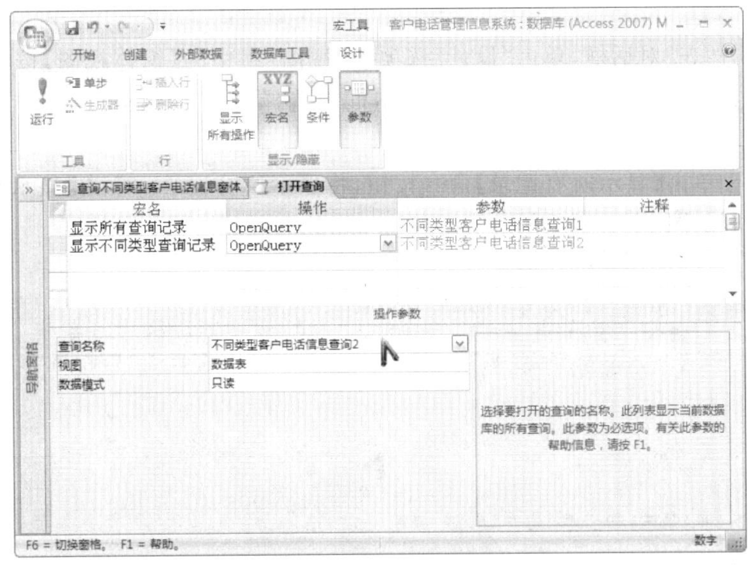

图 2.72 设计宏对象操作命令

(5)在“宏名”列第 2 行输入“显示不同类型查询记录”，选择 OpenQuery 操作命令，执行“不同类型客户电话信息查询 2”，“数据模式”为“只读”。

7. 为命令按钮指定宏

(1)切换到窗体设计视图，选择“查询不同类型客户电话信息窗体”上 C1 命令按钮控件，打开命令按钮“属性表”对话框，单击“事件”标签，在“单击”事件下拉框中选择“打开查询．显示所有查询记录”宏名，如图 2.73 所示。

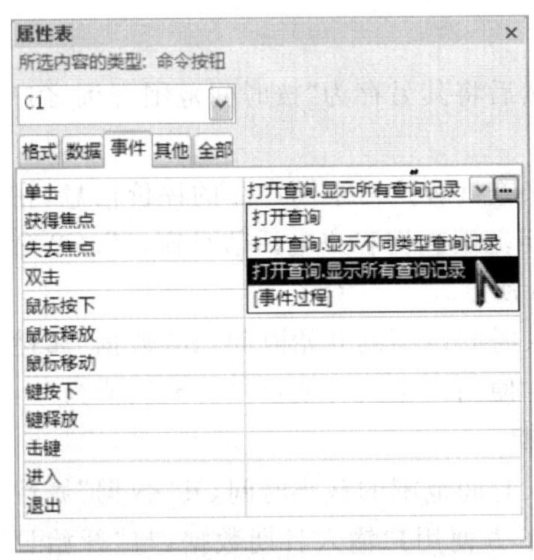

图 2.73 为命令按钮指定单击事件

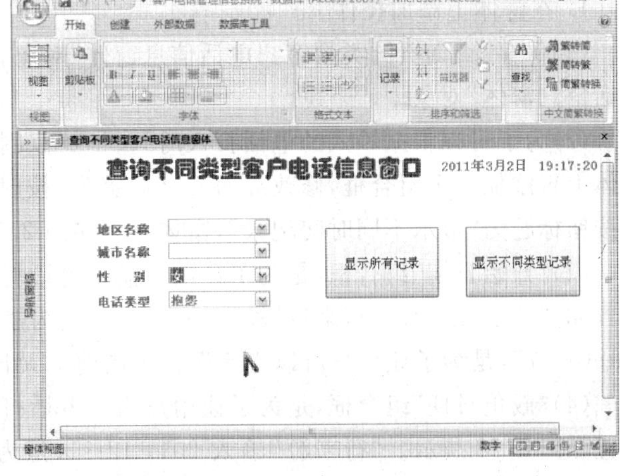

图 2.74 窗体视图下的窗口界面

同样方式，选择 C2 命令按钮，为其“单击”事件指定“打开查询．显示不同类型查询记录”宏名。

(2)关闭“属性表”对话框，单击“设计”选项卡“视图”组中的【窗体视图】按钮，可以看到创建完整的窗口，如图 2.74 所示。在“性别”文本框中选择“女”，在“电话类型”文本框选择“抱怨”。

(3)在窗体上单击【显示所有记录】命令按钮，将显示所有记录。单击【显示不同类型记录】命令按钮，将打开如图 2.75 所示的分类记录。

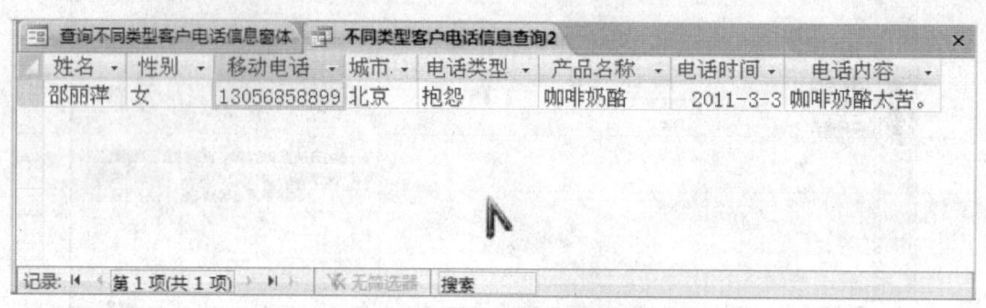

图 2.75　女性抱怨记录

8. 窗体的作用

“查询不同类型客户电话信息窗体”对象主要给管理人员提供查询的处理操作，在窗体界面单击【显示所有记录】命令按钮，可以查询到所有客户对不同口味产品的电话评价内容。

在窗体上先选择地区、城市、电话时间、性别、年龄、电话类型(客户抱怨、喜欢、希望的类型)，然后单击【显示不同类型记录】可以查询到不同类型客户的电话评价内容。

2.5.2 “按时间范围查询客户电话信息窗体”对象

1. 在窗体上添加控件

(1)保存“查询不同类型客户电话信息窗体”对象，然后将其另存为“按时间范围查询客户电话信息窗体”对象。

(2)为了可以根据输入的电话打入时间、年龄范围来查询客户对不同产品的评价信息，在窗体上再添加 3 个组合框，修改界面文字标签为“按时间范围查询客户电话信息窗口”、C2 命令按钮标题为“显示不同时间记录”，窗体界面如图 2.76 所示。

(3)“开始日期”组合框，是为了让用户输入电话打入时间范围的开始时间，其“数据”属性设置如图 2.77 所示。“行来源”输入 2011-1-1，是为了方便用户输入日期数据。默认值为“=Date()－7”，是为了让用户可以直接选择 1 周前 7 天日期。

(4)“截止日期”组合框，是为了让用户输入电话打入时间范围的截止时间，其“数据”属性设置如图 2.78 所示。“行来源”输入 2011-12-31，是为了方便用户输入日期数据，与“开始日期”值列表数据配合一起，可确定 2011 年 1 年的时间段。默认值为“=Date()”，是为了让用户可以直接选择当前日期，与 Date()－7 配合起来可以确定当前一周时间段。

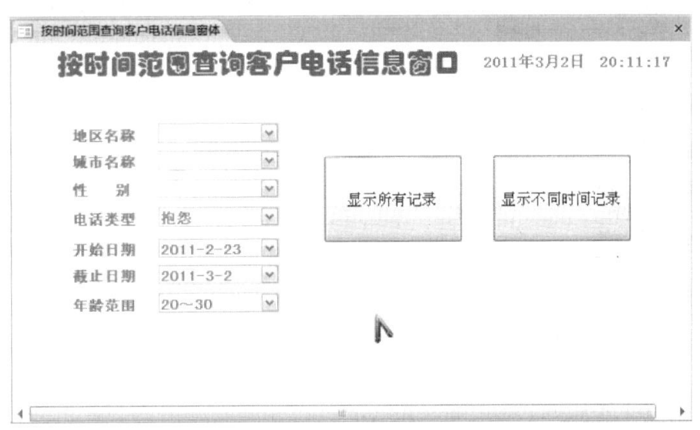

图 2.76 添加控件后的新窗体(一)

图 2.77 添加控件后的新窗体(二)

属性表
所选内容的类型：组合框
截止日期
格式 数据 事件 其他 全部

属性	值
控件来源	
行来源	2011-12-31
行来源类型	值列表
绑定列	1
限于列表	否
允许编辑值列表	是
列表项目编辑窗体	
继承值列表	是
仅显示行来源值	否
输入掩码	
默认值	=Date()
有效性规则	
有效性文本	
可用	是
是否锁定	否

图 2.78 添加控件后的新窗体(三)

(5)“年龄范围”组合框，是为了让用户输入不同年龄段，其“数据”属性设置如图 2.79 所示。“行来源”输入“20～30”;“30～40”;“40～50”;“50～60”;“60～70”;“70～80”，表示不同年龄段。

2. 创建窗体相关的查询对象

(1)保存查询对象“不同类型客户电话信息查询 2”，将其另存为“不同类型客户电话信息查询 3”。

(2)在查询设计视图“字段”行，添加一个“年龄”字段，在文本框中输入“年龄：Year(Date())－Year([客户．出生日期])”，其中符号是西文，如图 2.80 所示。

其中，函数 Year(Date())的值为当前的年份，例如 2011；函数 Year([客户．出生日期])

属性表 ×

所选内容的类型：组合框

年龄范围

格式 数据 事件 其他 全部

属性	值
控件来源	
行来源	"20～30";"30～40";"40～50";"50～60";"60～70";"70～80"
行来源类型	值列表
绑定列	1
限于列表	否
允许编辑值列表	是
列表项目编辑窗体	
继承值列表	是
仅显示行来源值	否
输入掩码	
默认值	"20～30"
有效性规则	
有效性文本	
可用	是
是否锁定	否

图 2.79　添加控件后的新窗体(四)

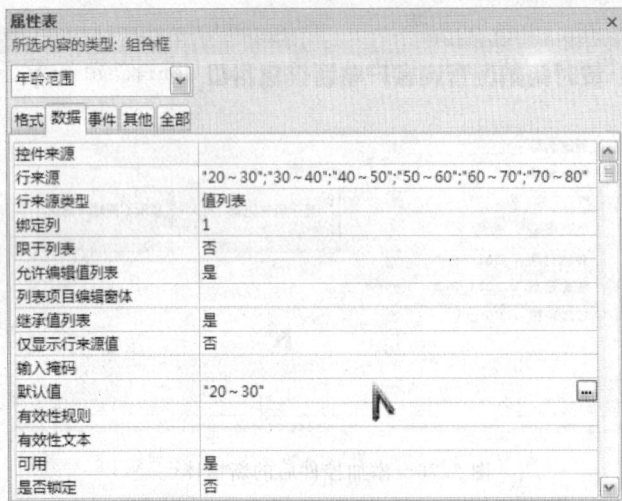

的值为客户出生的年份，例如 1911，Year(Date())－Year([客户 . 出生日期])的值为 2011－1991＝20，就是在 20～30 岁年龄段。

(3)在图 2.80 所示查询设计视图"条件"行，对应"年龄"字段的条件文本框中输入"＞＝Left([Forms]! [按时间范围查询客户电话信息窗体]! [年龄范围],2) And ＜＝Right([Forms]! [按时间范围查询客户电话信息窗体]! [年龄范围],2)"，其中符号是西文。

其中，函数 Left([Forms]! [按时间范围查询客户电话信息窗体]! [年龄范围],2)的值为窗体中输入的年龄范围中字符串，例如 20～30 中的前 2 位字符，就是 20；right()函数取的是字符串的后 2 位，就是 30。整个条件表达式是说"年龄"字段要在(＞＝20 And＜＝30)之间，根据选择的年龄范围不同，取值不同，条件表达式会不断变化。

(4)在图 2.80 所示查询设计视图"条件"行，对应"电话时间"字段的条件文本框中输入"Between [Forms]! [按时间范围查询客户电话信息窗体]! [开始日期] And [Forms]! [按时间范围查询客户电话信息窗体]! [截止日期]"，如图 2.80 所示。

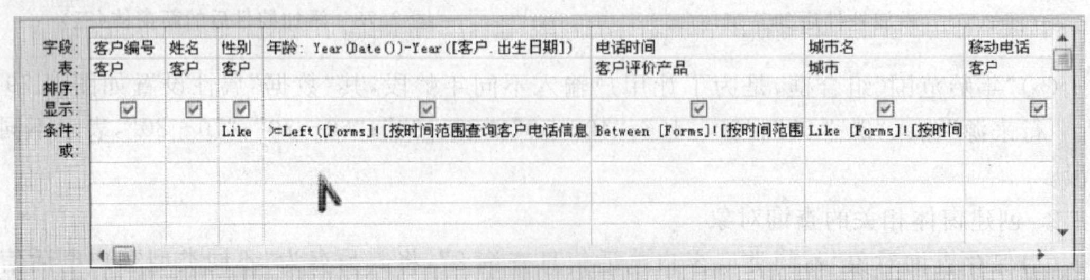

图 2.80　修改后的查询对象

其中，"Between 开始点 And 截止点"表达式用来定义时间或数字范围。例如，Between 2011-2-23 And 2011-3-2 表示从 2011-2-23 开始到 2011-3-2 一周的时间段。

(5)修改查询中其他字段“性别”等条件中的窗体名称，如下所示：

Like [Forms]! [按时间范围查询客户电话信息窗体]! [性别] & "*"

Like [Forms]! [按时间范围查询客户电话信息窗体]! [城市名称] & "*"

Like [Forms]! [按时间范围查询客户电话信息窗体]! [电话类型] & "*"

Like [Forms]! [按时间范围查询客户电话信息窗体]! [地区名称] & "*"

3. 创建打开“不同类型客户电话信息查询 3”对象的宏

在导航窗格中选择“打开查询”宏对象，单击右键从中选择“设计视图”，会直接在设计视图中打开宏对象。在“打开查询”中添加宏名“显示不同时间查询记录”，用来打开“不同类型客户电话信息查询 3”对象，设置结果如图 2.81 所示。

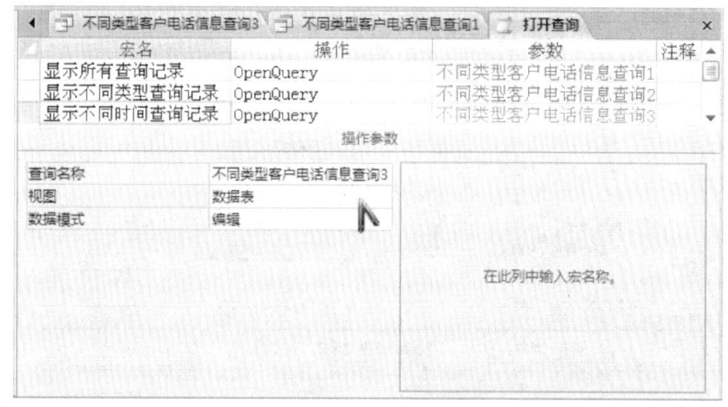

图 2.81 添加的新宏

4. 为命令按钮指定相应的宏对象

切换到“按时间范围查询客户电话信息窗体”设计视图，为“显示不同时间记录”命令按钮重新指定宏对象，在 C2“属性表”对话框中指定其“单击”属性为“打开查询．显示不同时间查询记录”宏。

5. 窗体的作用

“按时间范围查询客户电话信息窗体”对象主要给管理人员提供更精确的查询方式，在窗体界面单击【显示所有记录】命令按钮，可以查询到所有客户对不同口味产品的电话评价内容。

在窗体上输入电话打入的时间段(开始日期与截止日期都要指定)，同时选择客户的年龄段，可以使用界面提供的年龄段，还可以任意输入较大范围的时间段，例如 20～50，单击【显示不同时间记录】命令按钮，可以看到这个年龄段与指定时间范围的记录。

还可以同时选择地区、城市、性别、年龄、电话类型，然后单击【显示不同时间记录】命令按钮，可以查询到不同类型客户在不同时间段、年龄段的电话评价内容。这是更多组合条件的查询方式。

2.5.3 “客户电话信息统计窗体”对象

1. 在窗体上添加控件

(1)保存“按时间范围查询客户电话信息窗体”对象，然后将其另存为“客户电话信息统计窗体"对象。

(2)为了可以在不同的页面输入不同的选项,查询统计的数据,在"设计"选项卡"控件"组中单击【选项卡控件】按钮,在窗体主体上添加一个选项卡控件对象,并在选项卡上添加一个页,在"排列"选项卡"位置"组中单击【置于底层】按钮,将原来窗体中的两个命令按钮通过剪切方式,粘贴到"窗体页脚"窗格中,并修改其标题文字,如图 2.82 所示。

(3)通过"属性表"将"页 1"名称修改为:不同类型统计,将原来窗体中的组合框选项通过剪切方式,粘贴到页中,并添加 5 个命令按钮(可以直接剪切一个命令按钮控件,通过粘贴方式添加 5 个命令按钮控件),如图 2.82 所示。

图 2.82　添加选项卡控件后的新窗体

(4)通过"属性表"将"页 2"名称修改为:年龄段统计,将原来窗体中的组合框选项通过剪切方式,粘贴到页中,并添加 1 个命令按钮,如图 2.83 所示。

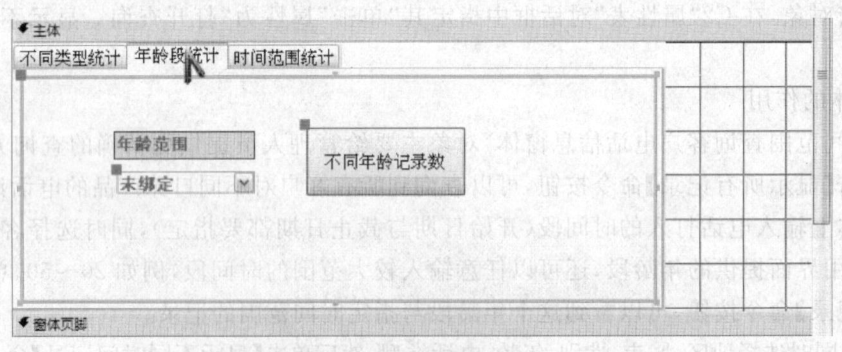

图 2.83　"年龄段统计"页的布局

(5)通过"属性表"将"页 3"名称修改为:时间范围统计,将原来窗体中的组合框选项通过剪切方式,粘贴到页中,并添加 1 个命令按钮,如图 2.84 所示。

2. 创建"统计客户电话信息所有记录数查询"对象

(1)在"创建"选项卡"其他"组中单击【查询设计】按钮,打开一个查询对象,并添加"客户评价产品”表,保存其名称为“统计客户电话信息所有记录数查询”。

(2)在查询设计视图“字段”行,添加一个“客户编号”字段,并在其前面添加一个标题“记录总数”,如图 2.85 所示。注意冒号(:)为西文。“记录总数:客户编号”的含义是为该字段指定一个显示记录时出现的字段标题。

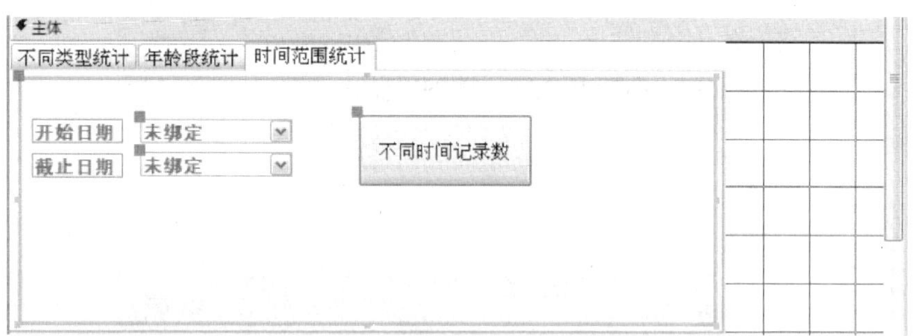

图 2.84　“数据范围统计”页的布局

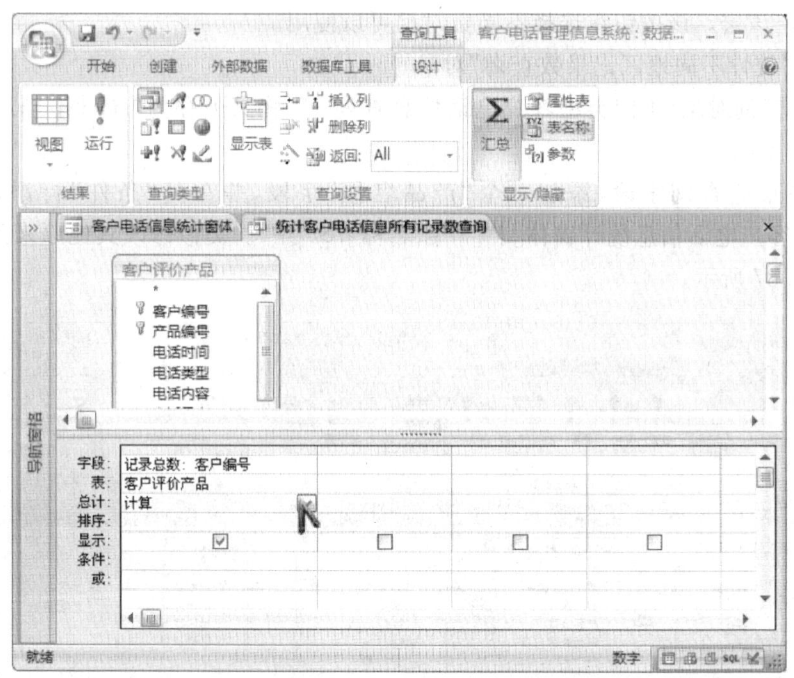

图 2.85　“统计客户电话信息所有记录数查询”对象

(3)在“设计”选项卡“显示/隐藏”组中单击【汇总】按钮,在视图中会新增加一个“总计”行,从“总计”行文本框下拉列表中选择“计算”命令,用来计算查询到的记录数。

(4)在“设计”选项卡“视图”组中单击【视图】下拉按钮,从中选择“数据表视图”命令,可以看到查询的结果,如图 2.86 所示。

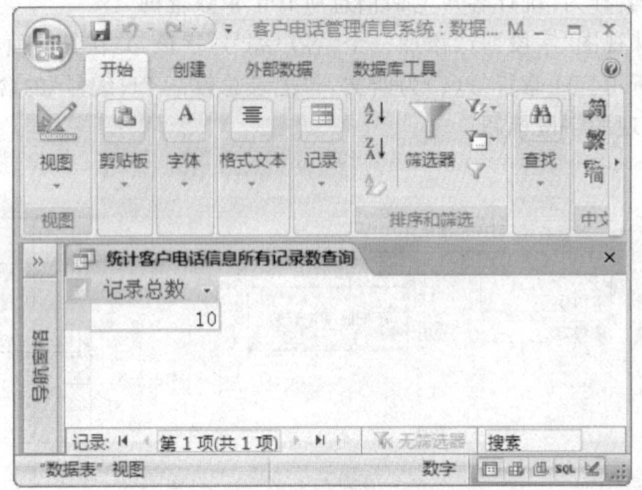

图 2.86 统计的记录总数

(5)创建打开“统计客户电话信息所有记录数查询”的宏,为窗体页脚窗格中“所有记录数”命令按钮指定该宏。该按钮在选择不同页时都可以使用。

3. 创建“统计不同地区记录数查询”对象

(1)打开查询对象“不同类型客户电话信息查询 2”,将其另存为“统计不同地区记录数查询”。

(2)删除某些查询字段,添加一个“产品名称”字段,并在其“条件”行添加条件:Like [Forms]! [客户电话信息统计窗体]! [产品名称] & "*"。类似修改其他原来条件中窗体的名称,如图 2.87 所示。

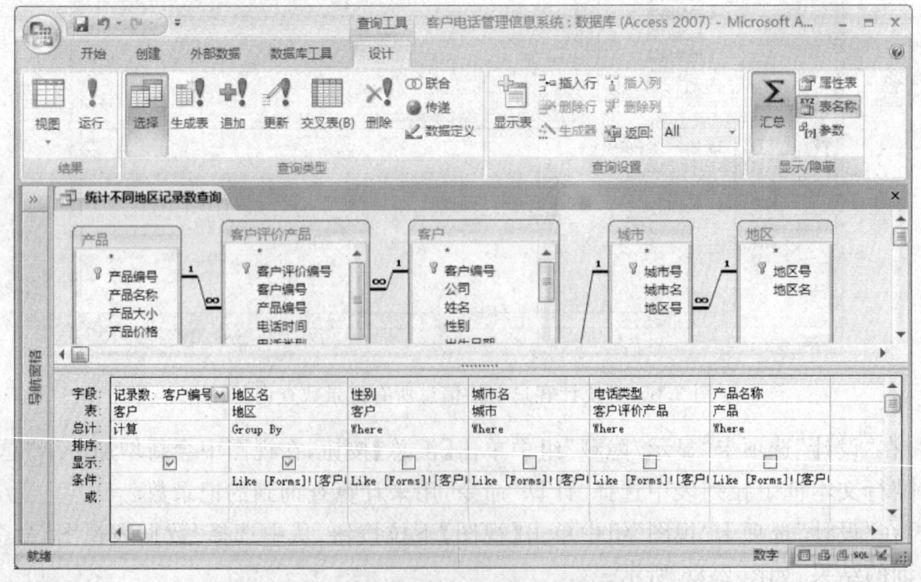

图 2.87 “统计不同地区记录数查询”对象的字段与条件

(3)在“设计”选项卡中单击【汇总】按钮，增加“总计”行，在“记录数:客户编号”字段下的“总计”行文本框下拉列表中选择“计算”命令。

(4)在“性别”等字段下的“总计”行文本框下拉列表中选择“Where”命令，取消显示。他们的条件用来识别选项中的输入。

(5)在“地区名”字段下的“总计”行文本框下拉列表中选择“Group By”命令。该命令用来按地区名分组统计记录数。

(6)在“设计”选项卡中单击【视图】下拉按钮，从中选择“数据表视图”命令，可以看到查询的结果，如图 2.88 所示。

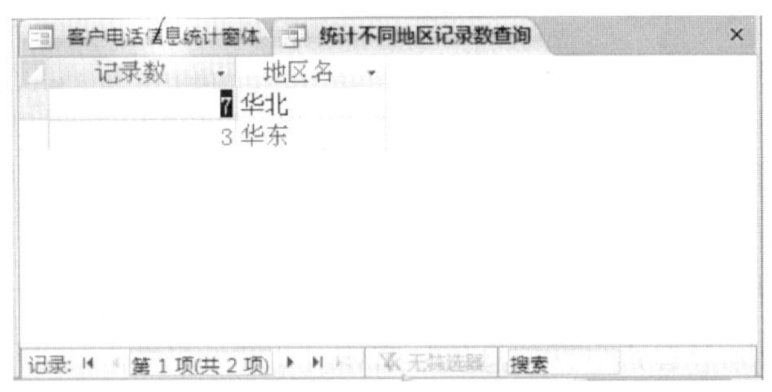

图 2.88　分组统计的记录数

注意，查询结果会随着“客户电话信息统计窗体”界面输入的不同而不同。例如窗体界面中各个选项为空白时，统计的是所有记录的分组记录数，华北地区有 7 条电话记录，华东地区有 3 条电话记录。如果在窗体界面中输入某个选项，例如，输入电话类型为“抱怨”，可统计各地区抱怨电话的记录数。

(7)创建打开“统计不同地区记录数查询”的宏，为“不同地区记录数”命令按钮指定该宏。

通过将“统计不同地区记录数查询”另存为方式可以创建“统计不同城市记录数查询”、“统计不同性别记录数查询”、“统计不同评价记录数查询”、“统计不同产品记录数查询”对象，只要修改总计、字段命令即可。

4. 创建“统计不同年龄段记录数查询”对象

(1)打开查询对象“统计不同地区记录数查询”，将其另存为“统计不同年龄段记录数查询”。

(2)添加一个“年龄: Year(Date())－Year([客户．出生日期])”字段，并在其“条件”行添加条件:

>= Left([Forms]! [客户电话信息统计窗体]! [年龄范围],2) And <= Right([Forms]! [客户电话信息统计窗体]! [年龄范围],2)

(3)在“总计”行进行设计，结果如图 2.89 所示。

(4)创建打开“统计不同年龄段记录数查询”的宏，为“不同年龄记录数”命令按钮指定该宏。

5. 创建“统计不同时间范围记录数查询”对象

(1)保存查询对象“统计不同年龄段记录数查询”，将其另存为“统计不同时间范围记录数查询”。

(2)将“年龄”字段替换为“电话时间”字段，并在其“条件”行添加条件:

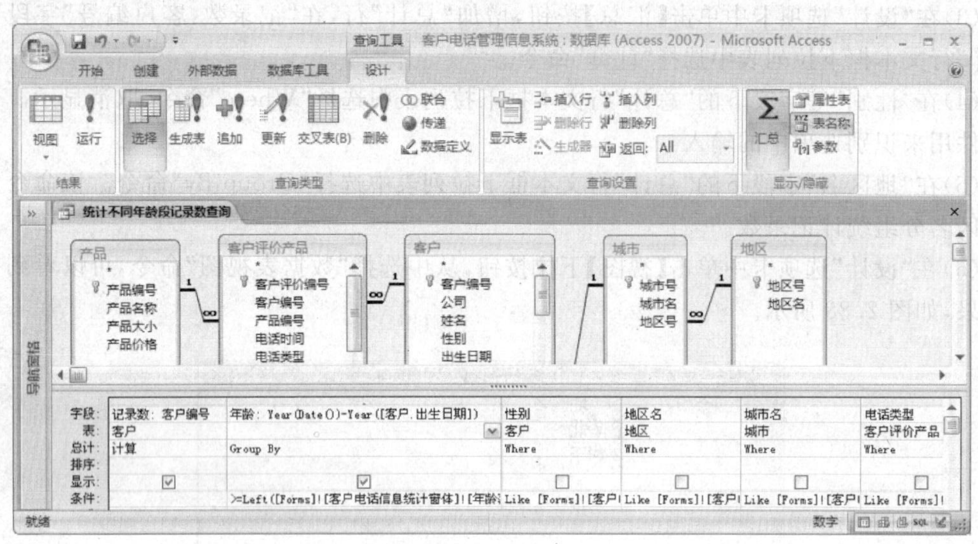

图 2.89 “统计不同年龄段记录数查询”对象的字段与条件

Between [Forms]! [客户电话信息统计窗体]! [开始日期] And [Forms]! [客户电话信息统计窗体]! [截止日期]

(3)在“总计”行进行设计,结果如图 2.90 所示。

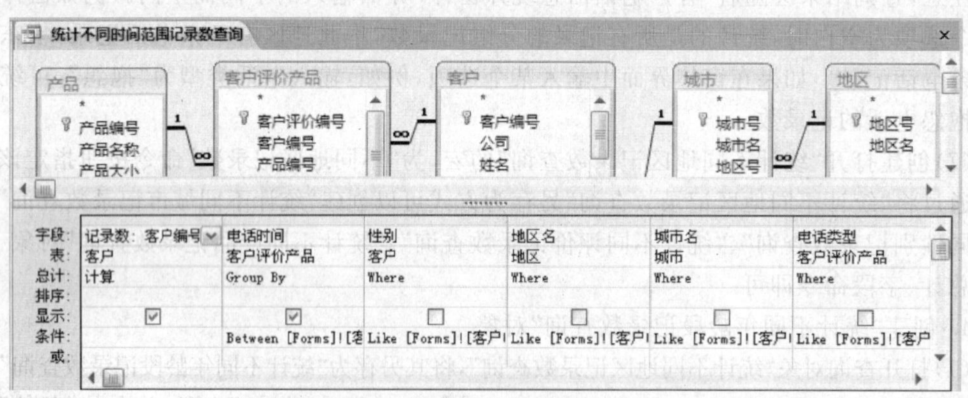

图 2.90 “统计不同时间范围记录数查询”对象的字段与条件

(4)创建打开“统计不同时间范围记录数查询”的宏,为“不同时间记录数”命令按钮指定该宏。该查询将按指定时间段,统计来电日期为同一天的电话记录数。

6. 创建“统计组合条件记录数查询”对象

(1)保存查询对象“统计不同时间范围记录数查询”,将其另存为“统计组合条件记录数查询”。

(2)添加“年龄”字段与条件。

(3)在“总计”行进行设计,结果如图 2.91 所示。

(4)创建打开“统计组合条件记录数查询”的宏,为窗体页脚窗格中的“组合条件记录数”命令按钮指定该宏。在不同页中选择选项输入,然后再单击该按钮,可按组合条件统计记录数,

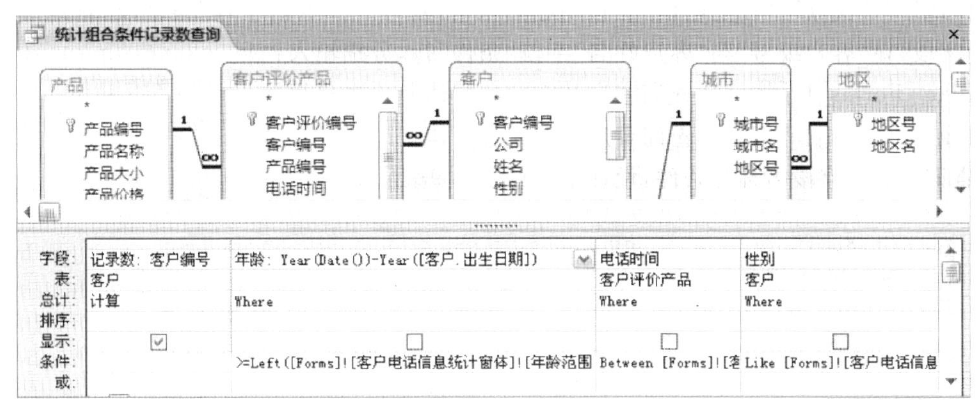

图 2.91 “统计组合条件记录数查询”对象的字段与条件

例如输入某个年龄段、性别与电话时间范围，可以按这三个条件统计记录数。

7. 窗体的作用

“客户电话信息统计窗体”对象主要给管理人员提供不同的客户电话记录统计数据，有多种选择，可以显示不同统计数据。

2.5.4 “按姓名查询客户基本信息窗体”对象

1. 设计“按姓名查询客户基本信息窗体”界面

(1)在导航窗格中选择“查询不同类型客户电话信息窗体”对象，单击右键选择“设计视图”命令，在设计视图中打开该对象，然后将其另存为“按姓名查询客户基本信息窗体”对象。

(2)修改窗体上控件对象的名称、标题，组合框数据行来源选择“客户”表中的“客户编号”与“客户姓名”，添加一个“矩形”控件作为组合框与命令按钮的背景，结果如图 2.92 所示。

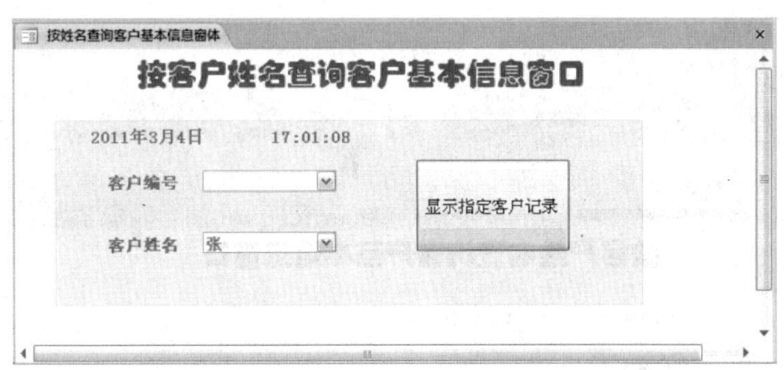

图 2.92 “按姓名查询客户基本信息窗体”界面

2. 设计“按姓名搜索客户基本信息查询”对象字段与条件

(1)在导航窗格中选择“不同类型客户电话信息查询 1”对象，单击右键选择“设计视图”命令，在设计视图中打开该对象，然后将其另存为“按姓名搜索客户基本信息查询”对象。

(2)修改“出生日期”字段为“年龄：Year(Date())－Year([客户．出生日期])”、添加“电子邮件地址”、“民族”、“住宅电话”、“移动电话”、“传真号”与“电话录音”等字段，删除“产品编号”等字段，在“客户编号”与“客户姓名”字段“条件”行，分别输入：

Like [Forms]! [按姓名查询客户基本信息窗体]! [客户编号] & "*"

Like [Forms]! [按姓名查询客户基本信息窗体]! [客户姓名] & "*"

查询对象的字段名称与条件，设计结果如图 2.93 所示。

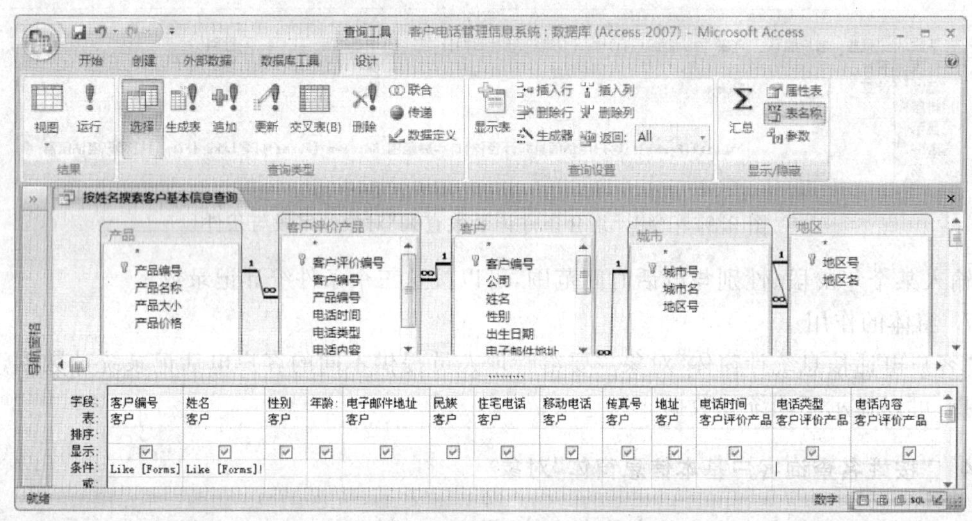

图 2.93 “按姓名搜索客户基本信息查询”对象

3. 打开“报表向导”对话框

在用户界面功能区选择“创建”选项卡，在“报表”组中单击【报表向导】按钮，打开“报表向导”对话框，如图 2.94 所示。

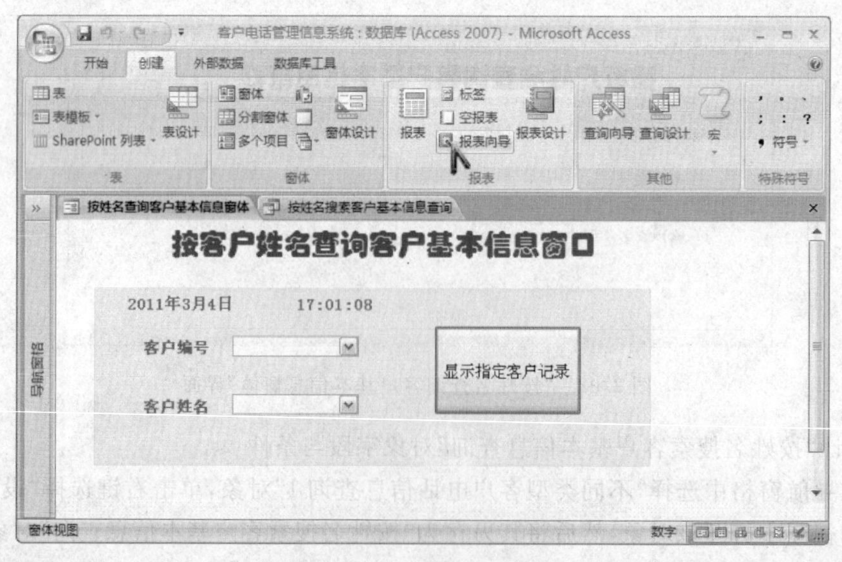

图 2.94 单击“报表向导”按钮

4. 回答报表向导提问

在向导对话框上会连续提出几个问题，让用户确定问题的答案。其提问如下：

(1)确定报表上使用哪些字段

在“表/查询”选项下拉框中选择“按姓名搜索客户基本信息查询”查询对象，在“可用字段”列表中可以看到查询对象中的所有字段，如图 2.95 所示，选中希望在报表中出现的字段，然后单击按钮 > ，将字段添加到“选定字段”列表框，如果要选择所有字段，可以单击按钮 >> ，选定的字段如图 2.96 所示。然后单击【下一步】按钮。

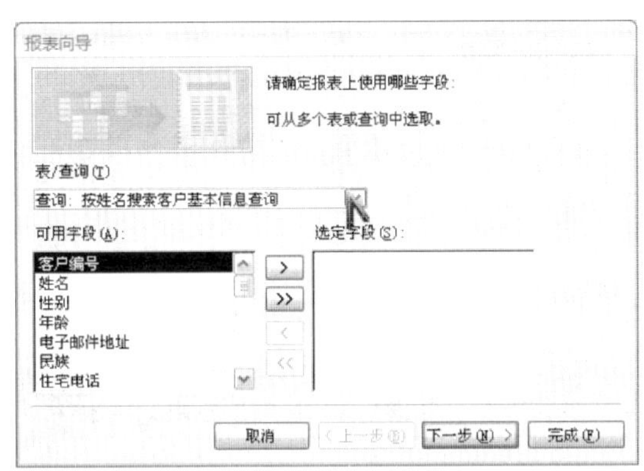

图 2.95　“报表向导”对话框

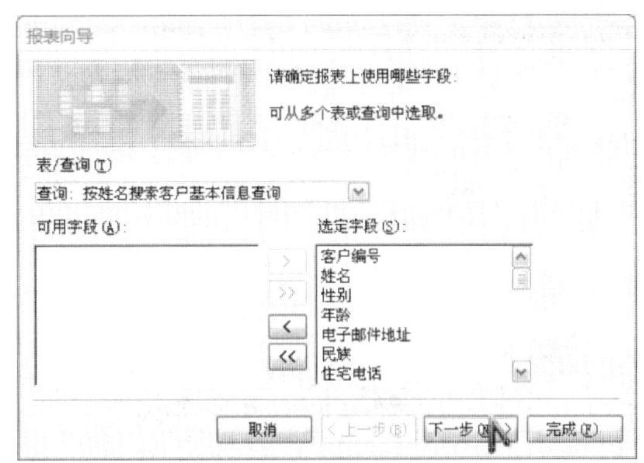

图 2.96　选定在报表中出现的字段

(2)确定报表上查看数据的方式

在向导对话框“请确定查看数据的方式:”栏中选择“通过客户”方式，如图 2.97 所示。然后单击【下一步】按钮。

(3)确定是否添加分组级别

在“是否添加分组级别?”问题上，可以选择不分级别，如图 2.98 所示。直接单击【下一步】按钮。

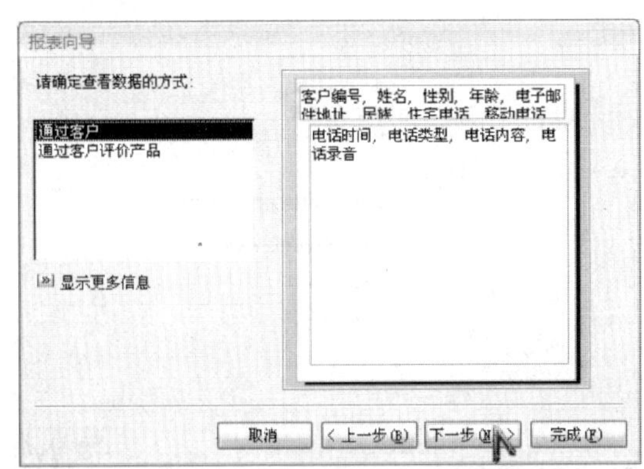

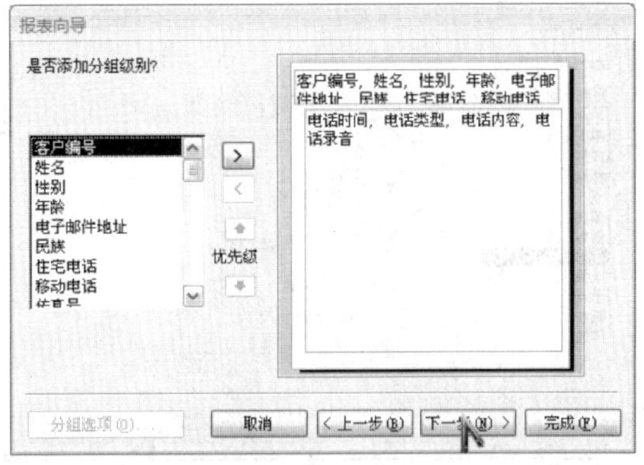

图 2.97　选择报表中查看数据的方式

图 2.98　不添加分组级别

(4)确定记录排序次序

在"请确定明细记录使用的排序次序:"问题上,从"1"下拉列表中选择"电话时间"字段,并单击【升序】按钮,使其变为【降序】,如图 2.99 所示。然后单击【下一步】按钮。

降序的含义是指在报表中的记录会按最近打入电话时间排列记录。

(5)确定报表布局方式

在确定报表布局方式对话框,选择"递阶"布局,"纵向"方向,如图 2.100 所示。然后单击【下一步】按钮。

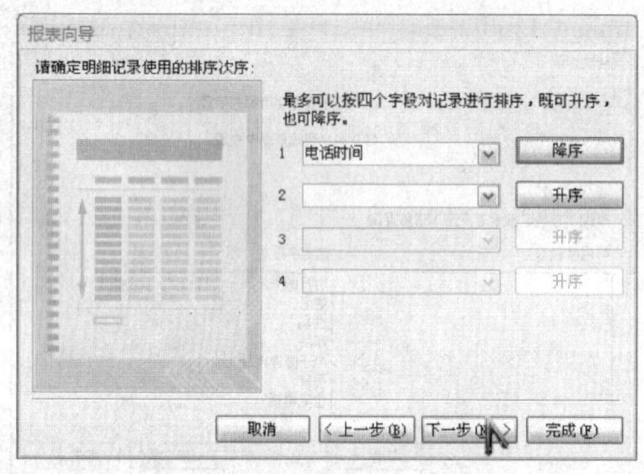

图 2.99　不添加分组级别

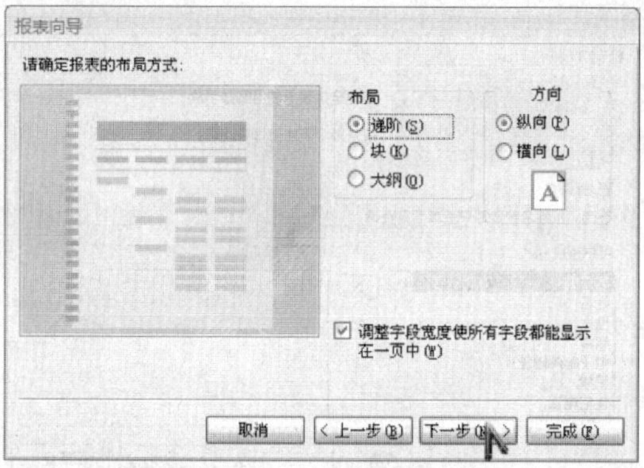

图 2.100　确定报表布局方式

(6)确定报表使用的样式

对话框中提供了多种系统设置好的报表样式,用户可以按自己的喜好进行选择。这里选择"溪流"样式,其样式在右边框中可以直接浏览到,如图 2.101 所示。然后单击【下一步】按钮。

(7)确定使用的标题

对话框"请为报表指定标题:"中显示了系统默认的报表标题,可以重新定义其名称为"搜索的客户基本信息报表",在对话框中选择"修改报表设计",如图 2.102 所示,单击【完成】按钮,结束向导所有提问。

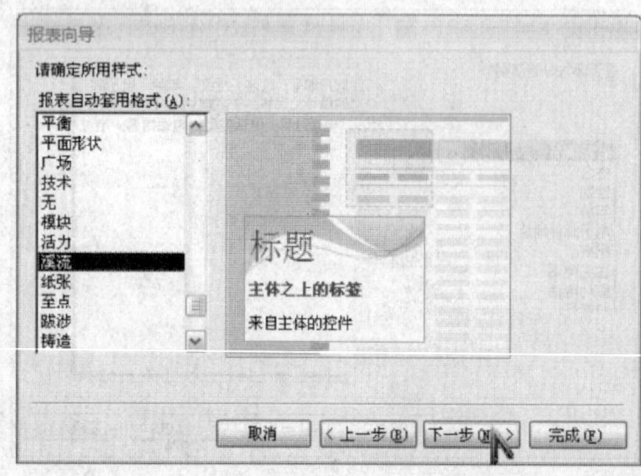

图 2.101　选择报表使用的样式

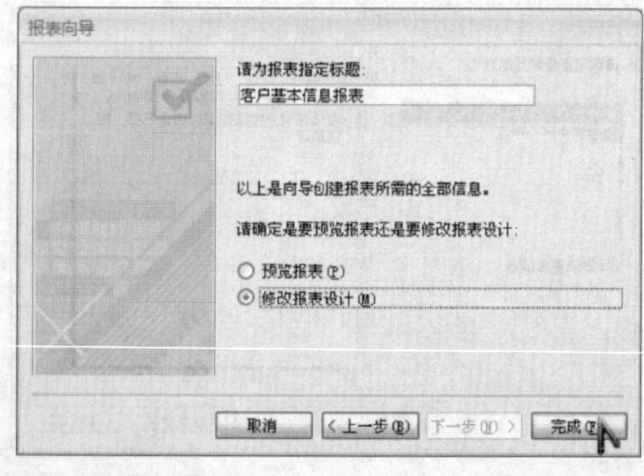

图 2.102　选择报表使用的标题

5. 自动创建报表

"报表向导"在得到上面所有需要的信息后,会自动创建出报表,可在报表设计视图中看到创建的报表,如图 2.103 所示。

图 2.103 设计视图中的报表对象

在报表设计视图中可以调整字段控件的位置与大小。单击"设计"选项卡"视图"组中【视图】下拉按钮,从中选择"报表视图"命令,可以看到运行状态(报表视图)中的报表对象,如图 2.104 所示。

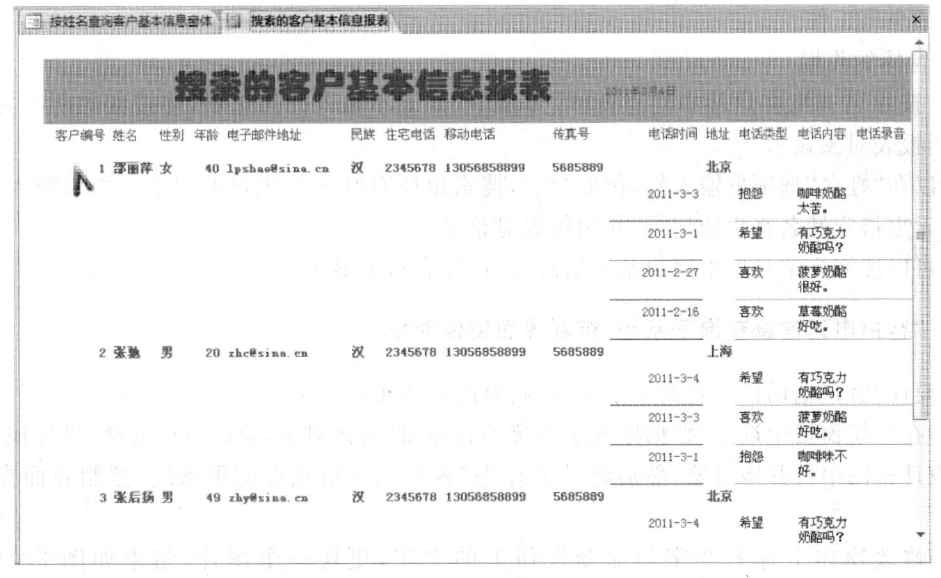

图 2.104 报表视图中的报表对象

6. 创建"打开报表"宏

创建打开"搜索的客户基本信息报表"对象的宏,宏设计结果如图 2.105 所示。

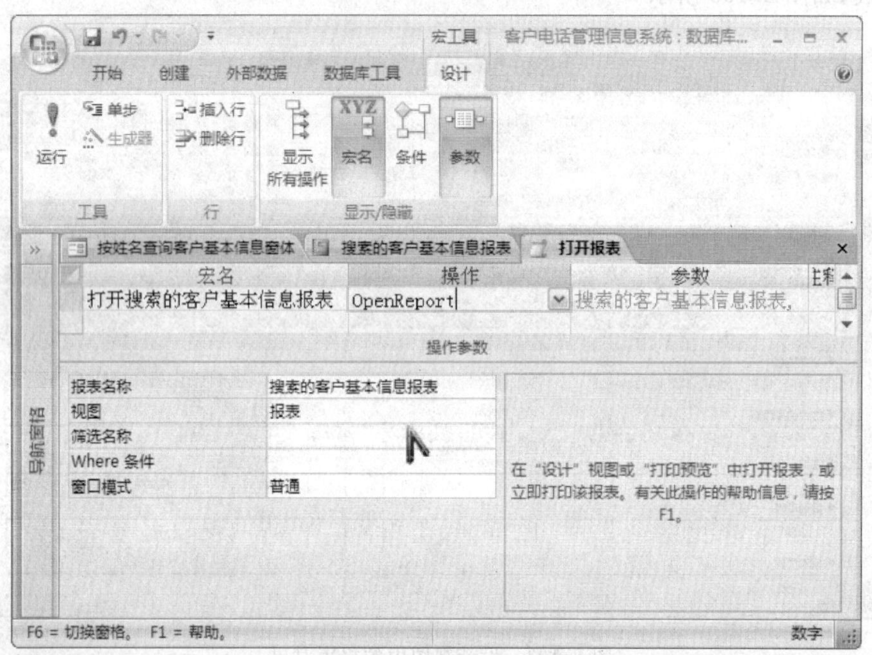

图 2.105　打开报表宏

注意,选择打开报表的操作命令为 OpenReport。

将"打开报表"宏指定到"按姓名查询客户基本信息窗体"命令按钮上,即可完成该窗体对象设计的全部工作。

7. 窗体的作用

在"按姓名查询客户基本信息窗体"界面中,如果不输入任何选项,将搜索出所有客户记录,并用报表对象显示。

可以在"姓名"选项框输入姓,例如"张",搜索出所有姓张的客户的记录。如果输入姓名,可以搜索出指定姓名客户的记录,并用报表对象显示。

还可以按客户编号搜索客户基本信息,并用报表对象显示。

2.5.5 "客户电话信息查询子系统"控制界面窗体对象

1. 设计"客户电话信息查询子系统"控制界面窗体布局

(1)在导航窗格中选择"数据输入子系统控制界面"窗体对象,单击右键选择"设计视图"命令,在设计视图中打开该对象,然后将其另存为"客户电话信息查询子系统"控制界面窗体对象。

(2)修改窗体上标签文字与命令按钮上的文字,更换一个图片,结果如图 2.106 所示。

图 2.106　“客户电话信息查询子系统”控制界面窗体对象

2. 创建“打开窗体”宏

创建“打开窗体”宏，使用操作命令 OpenForm，打开不同的窗体界面，宏设计结果如图 2.107所示。

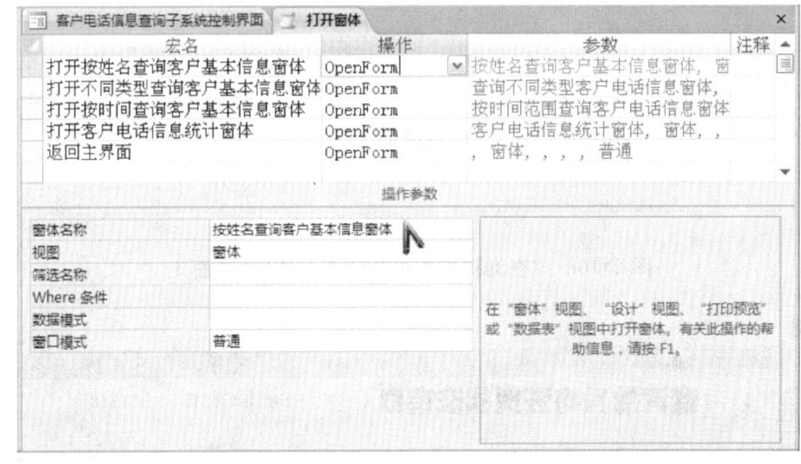

图 2.107　“打开窗体”宏

其中，“返回主界面”宏需要等到主界面窗体对象创建后才能确定其窗体对象名称。

将“打开窗体”宏指定到相应的各个命令按钮对象上，即可完成窗体对象的设计工作。

2.6　创建“批发商进货信息查询子系统”

“批发商进货信息查询子系统”用于对供应商进货信息的分类与统计，可以帮助管理者快速查找各种想要的供应商进货信息。

2.6.1　“查询批发商进货状态窗体”对象

1. 窗体作用

“查询批发商进货状态窗体”对象用来查询所有批发商进货或不进货的信息，并可以按地区、城市、商店名、产品名称查询批发商进货或不进货信息。

2. 窗体布局

(1)打开“客户电话信息统计窗体”对象，将其另存为“查询批发商进货状态窗体”。

(2)修改命令按钮上的显示文字。修改组合框标题、名称，在“属性表”对话框中选择“商店名称”行数据来源来自“批发商”表，“产品名称”行数据来源来自“产品”表。“查询批发商进货状态窗体”界面如图 2.108、图 2.109、图 2.110 所示。

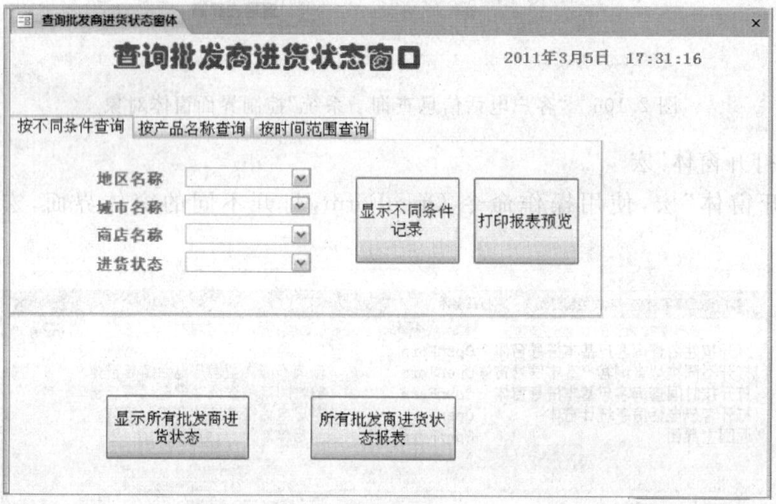

图 2.108 “查询批发商进货状态窗体”页界面 1

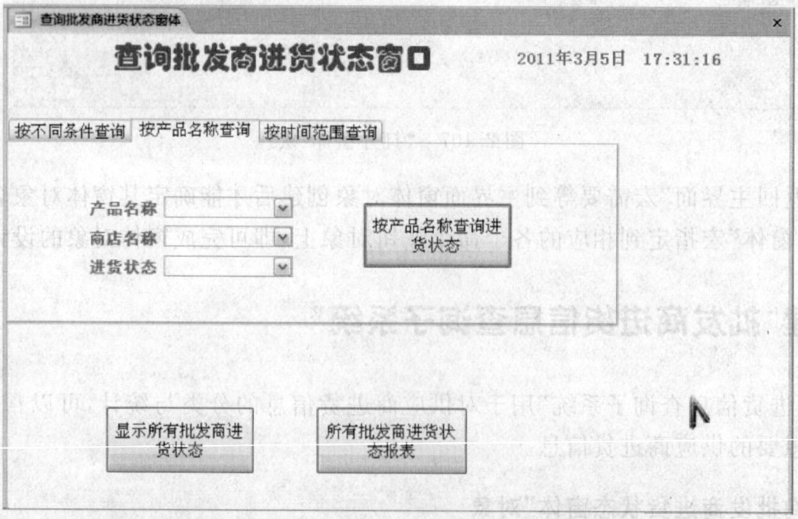

图 2.109 “查询批发商进货状态窗体”页界面 2

图 2.110 “查询批发商进货状态窗体”页界面 3

3. 创建“所有批发商进货状态查询”

(1)打开查询设计视图,在其上添加“产品”、“批发商订购产品”、“批发商”、“城市”与“地区”表,保存为“所有批发商进货状态查询”对象。

(2)在查询设计视图上部“批发商订购产品”与“批发商”联接线上右击,在菜单列表中选择“联接属性”命令,如图 2.111 所示,打开“联接属性”对话框,从中选择“2”,如图 2.112 所示。

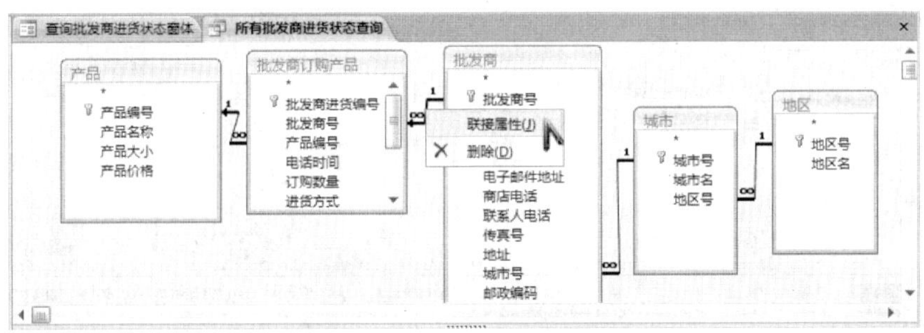

图 2.111 选择表联接线

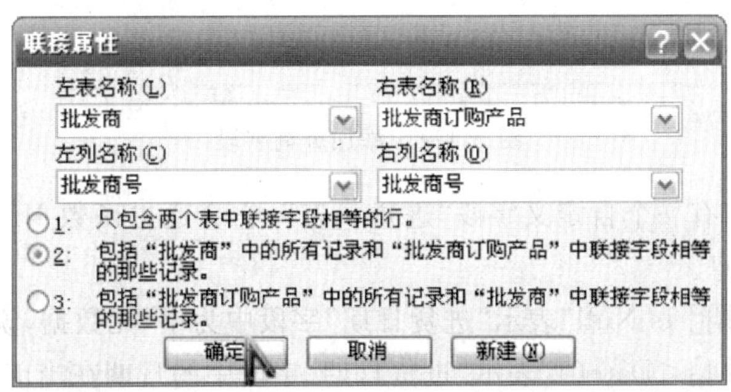

图 2.112 在“联接属性”对话框选择“2”

在“联接属性”对话框中选择“2”的含义为在查询到的记录中，显示“批发商”表中所有记录和“批发商订购产品”中和“批发商”表的“批发商号”相同的记录。其目的是显示出不进货的批发商记录。

(3)在“批发商订购产品”与“产品”联接线上右击，菜单列表中选择“联接属性”命令，在“联接属性”对话框中选择“3”，如图 2.113 所示。

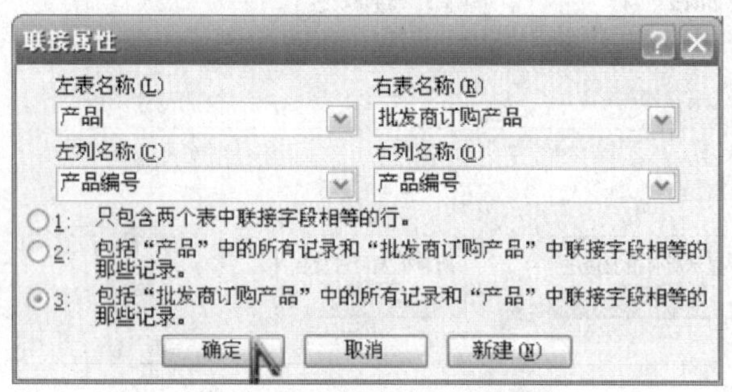

图 2.113　在“联接属性”对话框中选择“3”

在“联接属性”对话框中选择“3”的含义为在查询到的记录中，显示“批发商订购产品”表中所有记录和“产品”中和“批发商订购产品”表的“产品编号”相同的记录。其目的是显示出批发商订购产品的产品名称。

(4)在查询设计视图下部添加查询字段，结果如图 2.114 所示。

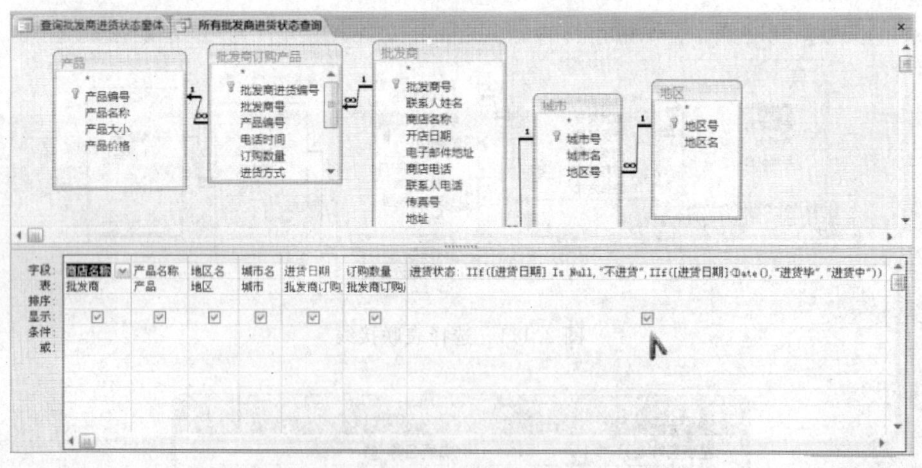

图 2.114　添加查询字段

其中，查询字段中有一个自定义字段“进货状态”，它会通过函数 IIf()根据“进货日期”的信息给出不同状态信息。

表达式“[进货日期] Is Null”表示“进货日期”字段中为空，无数据，说明没有进货。

表达式“[进货日期]＜Date()”表示“进货日期”字段中的日期在当前日期之前，即已进货。

函数“IIf([进货日期] Is Null,“不进货”,IIf([进货日期]＜Date(),“进货毕”,“进货

中"))"表示"进货日期"字段中为空，值为"不进货"；否则为 IIf([进货日期]<Date(),"进货毕","进货中")的结果。

函数"IIf([进货日期]<Date(),"进货毕","进货中")"表示"进货日期"字段中的日期在当前日期之前，值为"进货毕"，否则为"进货中"。

在数据表视图中可以看到查询到的记录(当前日期为 2011-3-5)，如图 2.115 所示。

查询批发商进货状态窗体 | 所有批发商进货状态查询

商店名称	产品名称	地区名	城市名	进货日期	订购数量	进货状态
无名居	菠萝奶酪	华北	北京	2011-2-10	100	进货毕
无名居	菠萝奶酪	华北	北京	2011-3-10	100	进货中
蟹老宋	草莓奶酪	华北	北京	2011-3-10	100	进货中
海底捞	菠萝奶酪	华北	北京	2011-2-10	100	进货毕
海底捞	草莓奶酪	华北	北京	2011-3-10	100	进货中
豫园商城		华东	上海			不进货
火锅城		华西	成都			不进货

图 2.115　查询结果

4. 创建"不同条件批发商进货状态查询"

(1)保存"所有批发商进货状态查询"对象，将其另存为"不同条件批发商进货状态查询"对象。

(2)在"地区名"、"城市名"、"商店名称"与"进货状态"字段条件行分别输入条件：

Like [Forms]! [查询批发商进货状态窗体]! [地区名称] & "*"

Like [Forms]! [查询批发商进货状态窗体]! [城市名称] & "*"

Like [Forms]! [查询批发商进货状态窗体]! [商店名称] & "*"

Like Left([Forms]! [查询批发商进货状态窗体]! [进货状态],2) & "*"

"不同条件批发商进货状态查询"对象设计结果如图 2.116 所示。

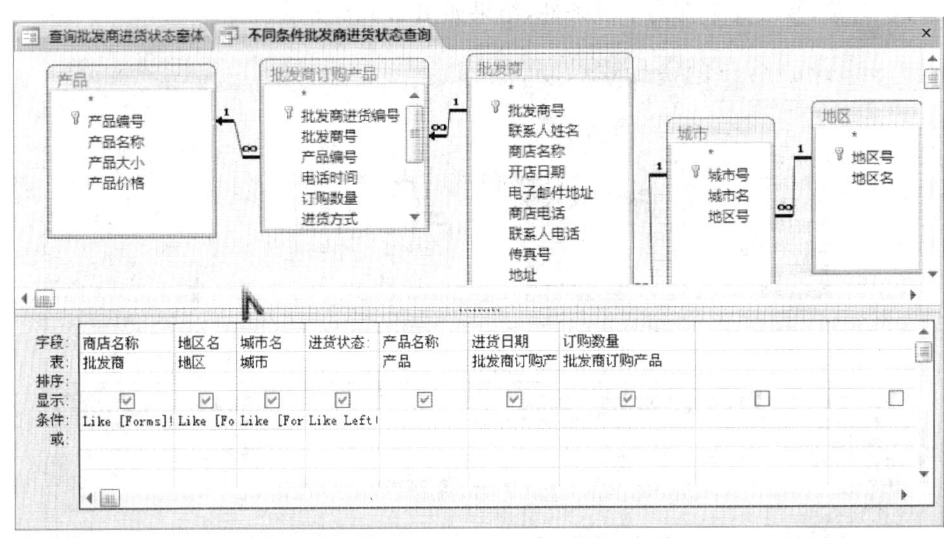

图 2.116　查询结果

5. 创建“按产品名称搜索批发商进货状态查询”

(1)以“批发商”、“产品”与“批发商订购产品”表来创建“按产品名称搜索批发商进货状态查询”对象,设计结果如图 2.117 所示。

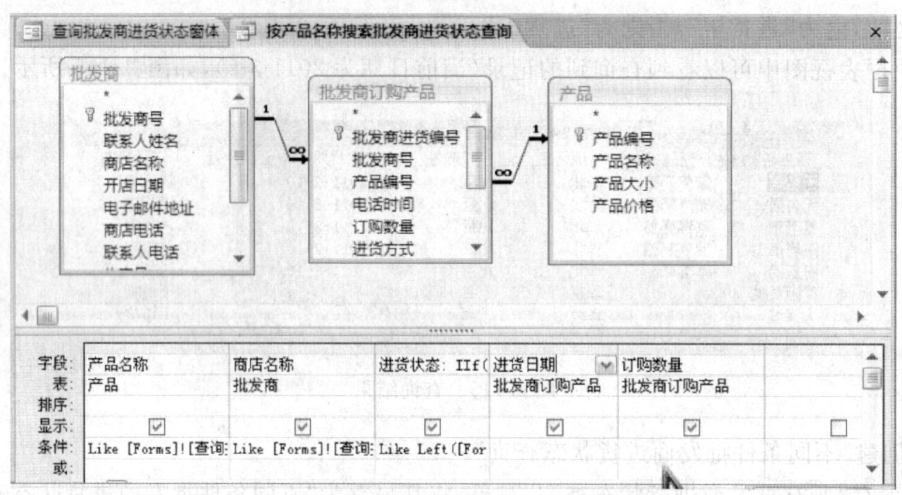

图 2.117 “按产品名称搜索批发商进货状态查询”对象

(2)在“进货状态”字段条件行输入下列条件:

Like Left([Forms]! [查询批发商进货状态窗体]! [进货状态 1],2) & "*"

其中,[进货状态 1]为输入“进货状态”的组合框名称,因为窗体中不同页上都有“进货状态”组合框,在名称上一定要区别开,这是页 2 上的组合框。

6. 创建“按时间搜索批发商进货状态查询”

(1)保存“按产品名称搜索批发商进货状态查询”对象,将其另存为“按时间搜索批发商进货状态查询”对象,修改其中查询字段条件,结果如图 2.118 所示。

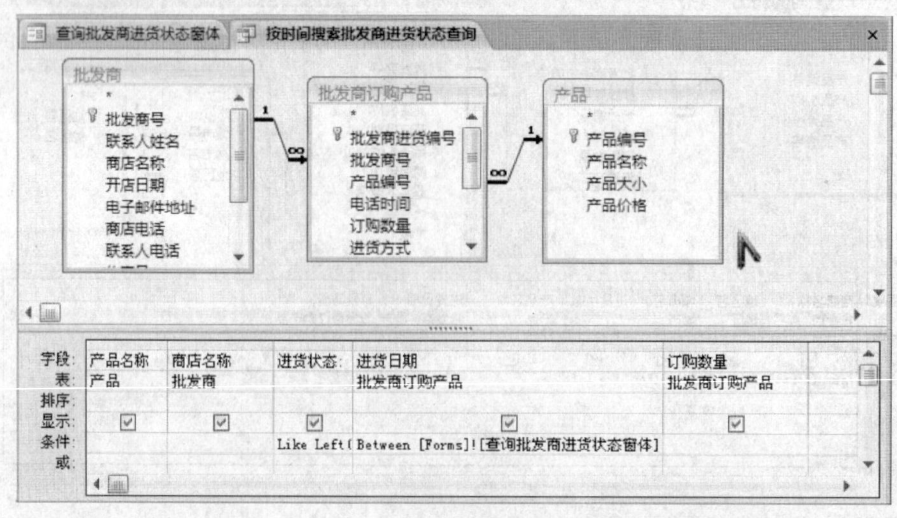

图 2.118 “按时间搜索批发商进货状态查询”对象

(2)在“进货状态”字段条件行输入下列条件：

Like Left([Forms]! [查询批发商进货状态窗体]! [进货状态 2],2) & "*"

其中,[进货状态 2]为页 3 上的组合框。

(3)在“进货日期”字段条件行输入下列条件：

Between [Forms]! [查询批发商进货状态窗体]! [开始日期] And [Forms]! [查询批发商进货状态窗体]! [截止日期]

7. 创建“所有批发商进货状态报表”对象

报表对象更清晰地描述数据与信息。下面将“所有批发商进货状态查询”对象查询的结果用报表对象来显示,而且可以直接将显示结果打印出来。

(1)在导航窗格中选择“所有批发商进货状态查询”对象,在“创建”选项卡“报表”组中单击【报表】按钮。系统将根据选择的查询对象在布局视图中自动创建一个报表对象,如图 2.119 所示。

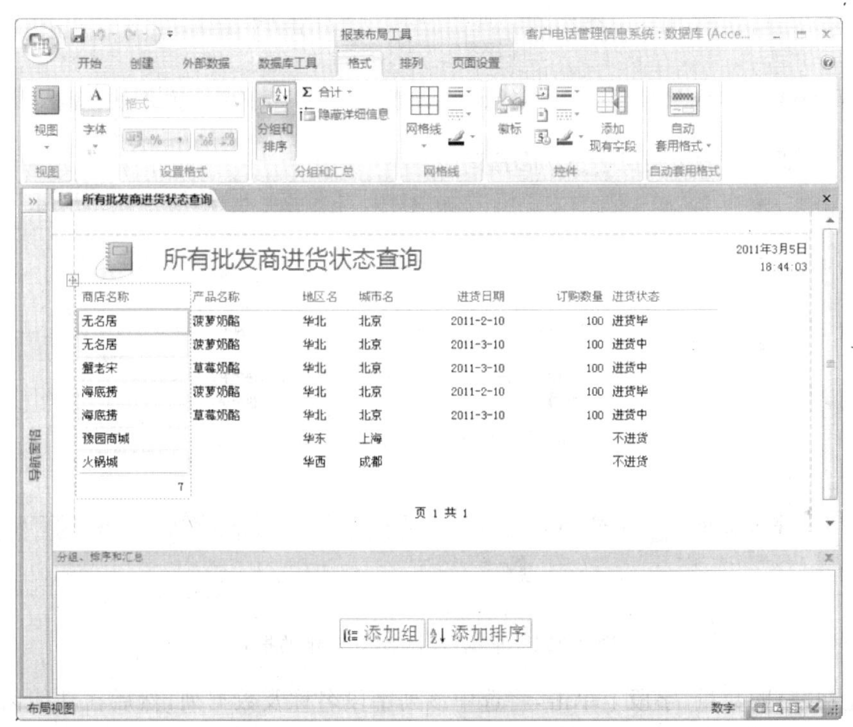

图 2.119 根据选择的查询自动创建的报表对象

(2)保存该报表对象为“所有批发商进货状态报表”。

(3)在“分组、排序和汇总”框中单击【添加组】按钮,将出现“分组形式”及“选择字段”下拉列表,从中可选择“地区名”,如图 2.120 所示;再单击【添加组】按钮,从“选择字段”下拉列表中选择“城市名”;再单击【添加组】按钮,从“选择字段”下拉列表中选择“商店名称”,可以直接在报表布局视图中看到分组的结果,如图 2.121 所示。在功能区“格式”选项卡“分组和汇总”组中单击【分组和排序】按钮,报表中的“分组、排序和汇总”框将消失。

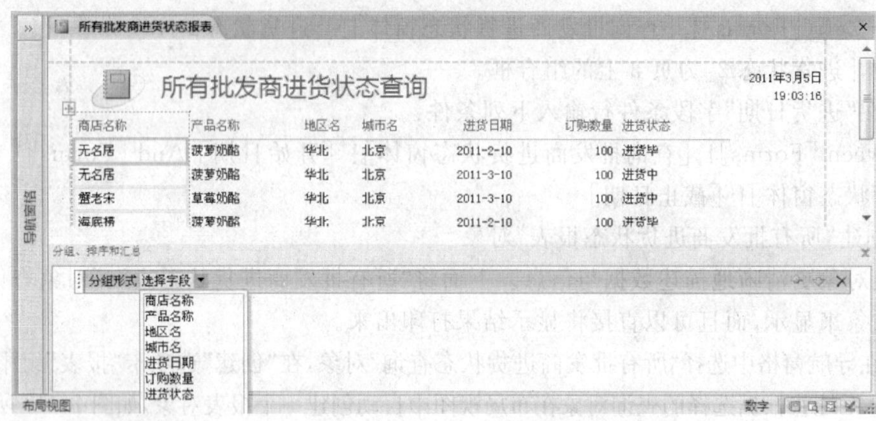

图 2.120　根据“选择字段”进行分组

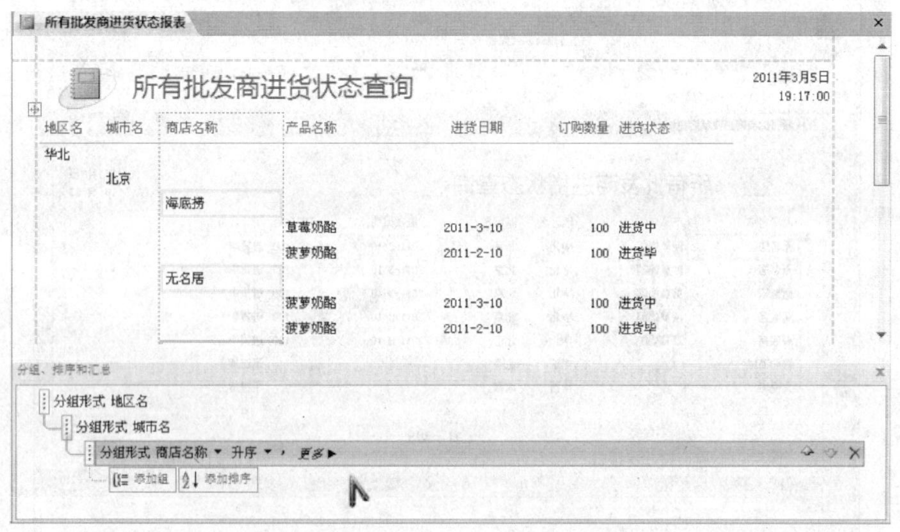

图 2.121　根据“选择字段”分组的报表

(4)先在“订购数量”字段上单击,将选中该列字段名称及数据列,然后在功能区“格式”选项卡“分组和汇总”组中单击【合计】下拉列表按钮。从中选择“求和”命令,在报表上将看到订货数量的小计与总计数,如图 2.122 所示。

(5)在功能区“格式”选项卡中单击【视图】下拉列表按钮,从中选择“设计视图”命令,可以进入报表设计视图,如图 2.123 所示。可在其中添加文字标签、线条、函数等控件对象,也可以修改已经存在的对象,如同在窗体设计视图一样,可以随意设计、修改、添加控件。完善报表的结果如图 2.124 所示。

同样方式,可以由“不同条件批发商进货状态查询”对象自动创建报表对象,即“不同条件批发商进货状态报表”,结果如图 2.125 所示。

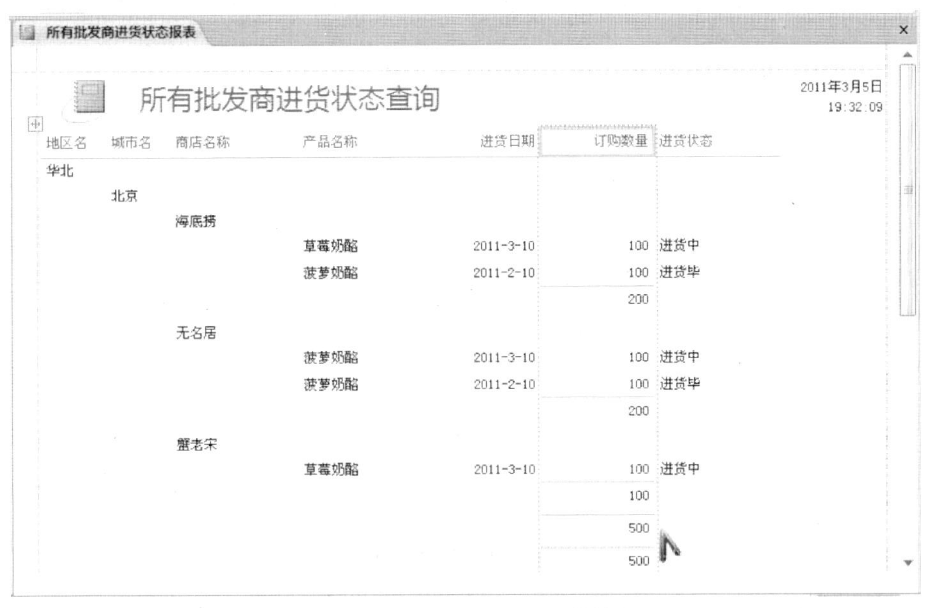

图 2.122　根据"订购数量"合计的报表

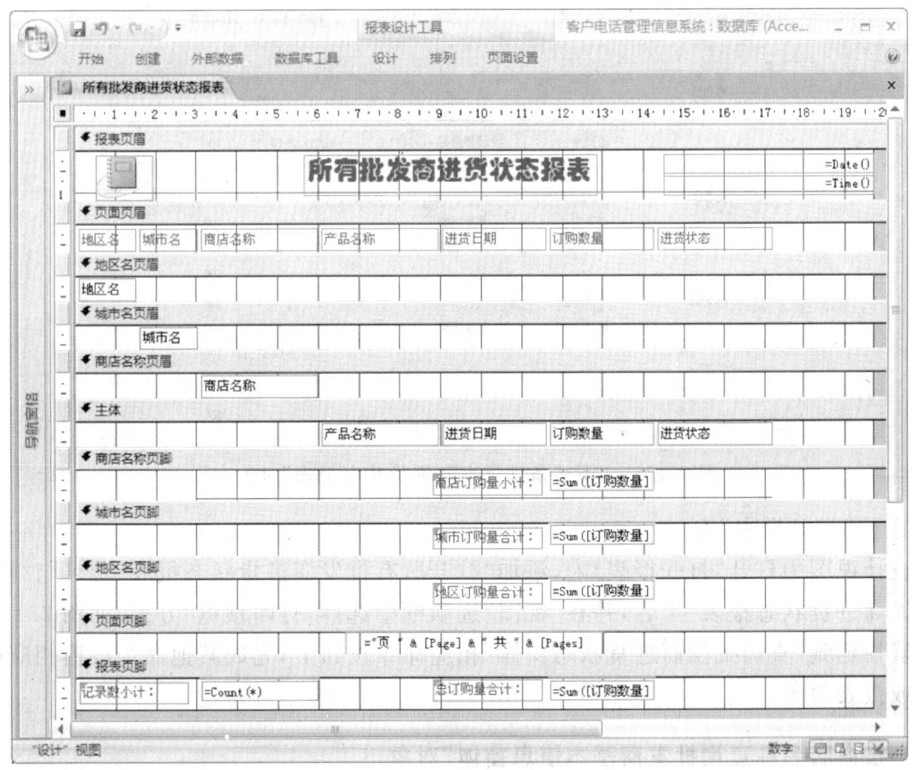

图 2.123　在"设计视图"完善报表

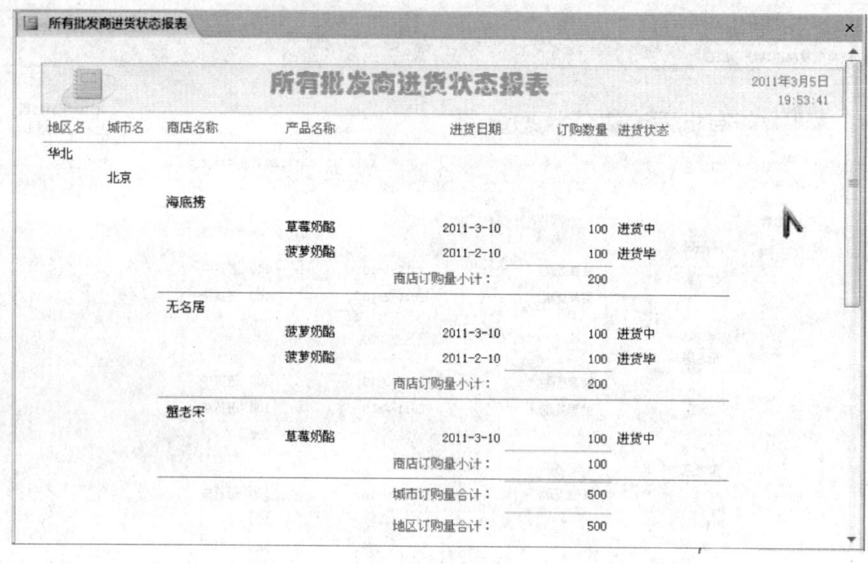

图 2.124 在“报表视图”中的报表

查询批发商进货状态窗体 不同条件批发商进货状态报表

不同条件批发商进货状态报表

2011年3月5日
20:13:10

地区名	城市名	商店名称	进货状态	产品名称	进货日期	订购数量
华北						
	北京					
		海底捞				
			进货中	草莓奶酪	2011-3-10	100
			进货毕	菠萝奶酪	2011-2-10	100
					小计：	200
		无名居				
			进货中	菠萝奶酪	2011-3-10	100
			进货毕	菠萝奶酪	2011-2-10	100
					小计：	200
		蟹老宋				
			进货中	草莓奶酪	2011-3-10	100
					小计：	100
					合计：	500
					合计：	500

图 2.125 “不同条件批发商进货状态报表”对象布局

8. 创建“打开报表”宏

在设计视图中打开“打开报表”宏，添加“打开所有批发商进货状态报表”宏名与“打开不同条件批发商进货状态报表”宏名，并在“视图”选项框中选择“打印预览”方式，如图 2.126 所示。

将宏指定到“查询批发商进货状态窗体”相应命令按钮上，完成其他命令按钮相应的宏，打开查询或报表对象。

2.6.2 “按商店名称查询批发商基本信息窗体”对象

1. 设计“按商店名称查询批发商基本信息窗体”界面

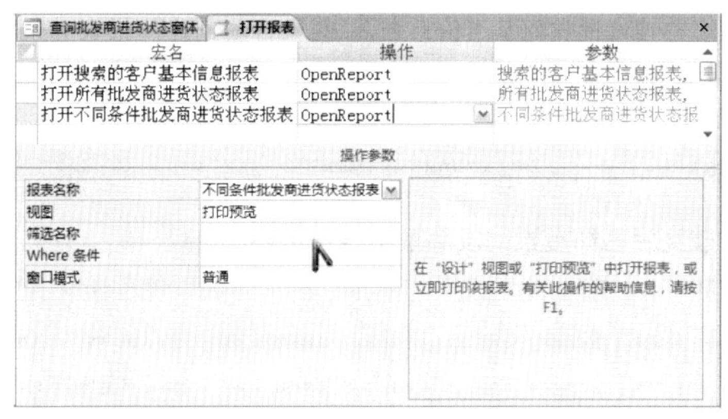

图 2.126　设计"打开报表"宏

(1)在导航窗格中选择"按姓名查询客户基本信息窗体"对象，单击右键选择"设计视图"命令，在设计视图中打开该对象，然后将其另存为"按商店名称查询批发商基本信息窗体"对象。

(2)修改窗体上控件对象的名称、标题，组合框数据行来源等，窗体界面结果如图 2.127 所示。

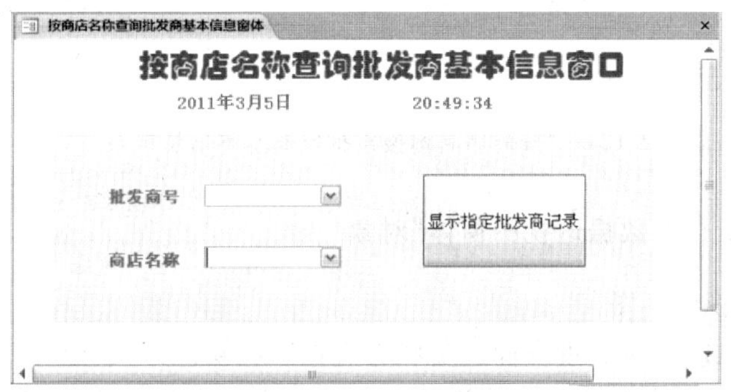

图 2.127　"按商店名称查询批发商基本信息窗体"界面

2. 设计"按商店名称搜索批发商基本信息查询"对象字段与条件

"按商店名称搜索批发商基本信息查询"对象设计结果如图 2.128 所示。

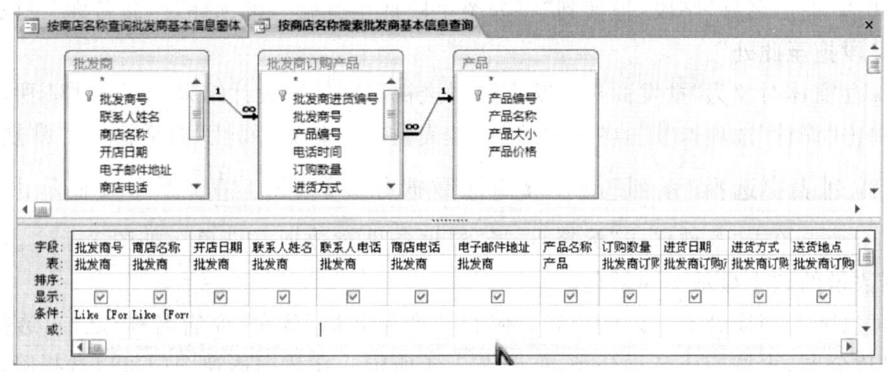

图 2.128　"按商店名称搜索批发商基本信息查询"对象

根据“按商店名称搜索批发商基本信息查询”对象自动创建的报表对象“按商店名称搜索批发商基本信息报表”如图 2.129 所示。

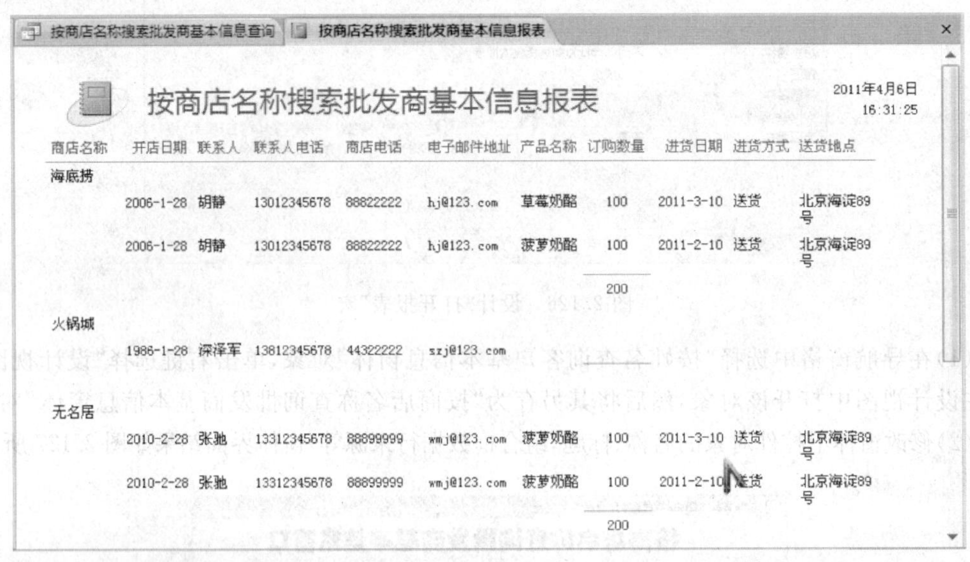

商店名称	开店日期	联系人	联系人电话	商店电话	电子邮件地址	产品名称	订购数量	进货日期	进货方式	送货地点
海底捞										
	2006-1-28	胡静	13012345678	88822222	hj@123.com	草莓奶酪	100	2011-3-10	送货	北京海淀89号
	2006-1-28	胡静	13012345678	88822222	hj@123.com	菠萝奶酪	100	2011-2-10	送货	北京海淀89号
							200			
火锅城										
	1986-1-28	深泽军	13812345678	44322222	szj@123.com					
无名居										
	2010-2-28	张驰	13312345678	88899999	wmj@123.com	菠萝奶酪	100	2011-3-10	送货	北京海淀89号
	2010-2-28	张驰	13312345678	88899999	wmj@123.com	菠萝奶酪	100	2011-2-10	送货	北京海淀89号
							200			

图 2.129 “按商店名称搜索批发商基本信息报表”对象

2.6.3 “批发商进货信息数据透视图窗体”对象

1. 打开数据透视图视图

(1)在导航窗格选择“所有批发商进货状态查询”，在功能区“创建”选项卡“窗体”组中单击【数据透视图】按钮，将在数据透视图视图中打开一个窗体对象，如图 2.130 所示。

(2)在“图表字段列表”框中选择“地区名”字段，然后将其拖拽到“将筛选字段拖至此处”，再选择“城市名”字段，拖拽到“将筛选字段拖至此处”。

(3)选择“订购数量”字段，拖拽到“将数据字段拖至此处”。

(4)选择“商店名称”字段，拖拽到“将分类字段拖至此处”，再选择“产品名称”字段，拖拽到“将分类字段拖至此处”。

(5)保存窗体对象为“批发商进货状态数据透视图窗体”，设计结果如图 2.131 所示。

(6)单击“设计”选项卡“工具”组中的【属性表】按钮，打开“属性”对话框，在“常规”标签下“选择”下拉列表中选择“系列”，单击【添加数据标签】按钮，图上会显示出数据，如图 2.132 所示。单击“条件格式”标签，选择“根据条件对数据点染色”，如图 2.133 所示，数据柱会根据数量的大小显示不同颜色。

(7)可以随时调换分类字段的位置，例如将“产品名称”放在“商店名称”之前，透视图将先按产品名称分类，再按商店名称分类，如图 2.134 所示。在数据透视图中可以选择筛选字段中的值，以及分类字段中的值，数据透视图会根据选择显示不同的的图形数据。

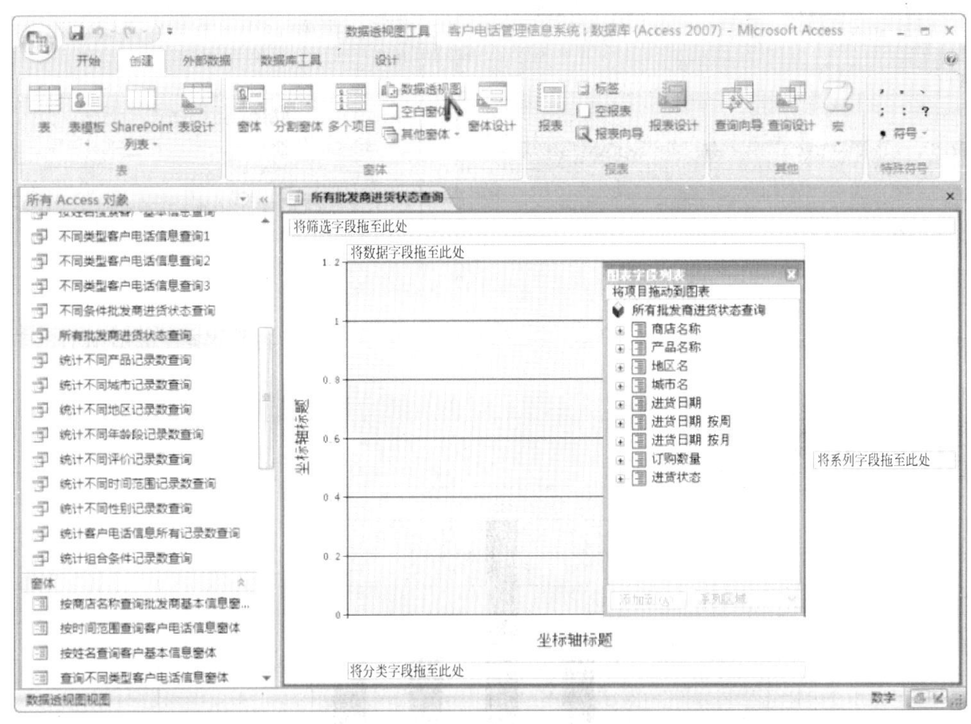

图 2.130 “数据透视图”视图下的窗体对象

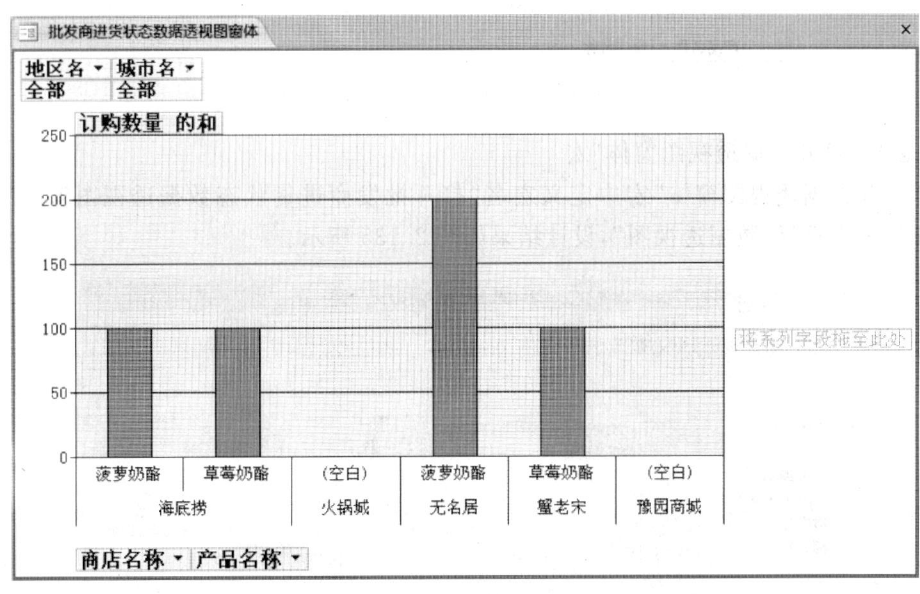

图 2.131 创建出的“数据透视图”窗体对象

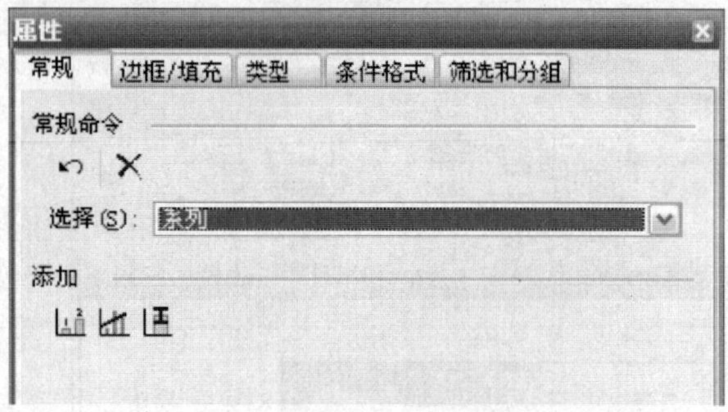

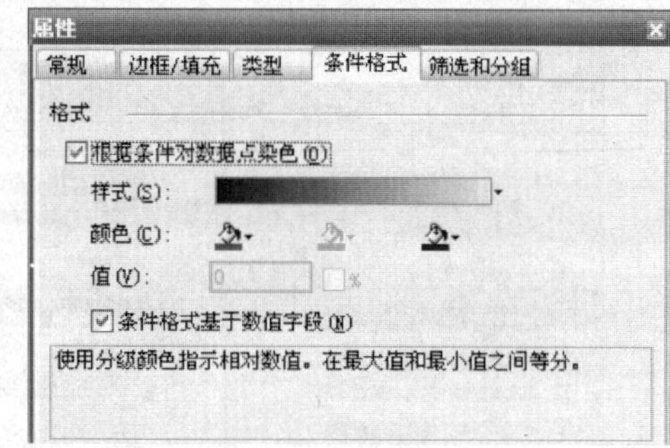

图 2.132 “属性”对话框

图 2.133 “条件格式”属性

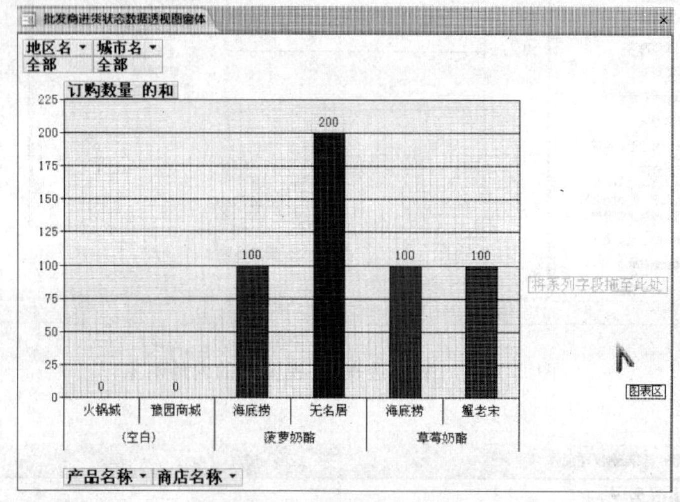

图 2.134 调整透视图中分类字段顺序

2. 创建“打开数据透视图窗体”宏

在“打开数据透视图窗体”宏中定义宏名“打开批发商进货状态数据透视图窗体”，在“视图”下拉列表中选择“数据透视图”，设计结果如图 2.135 所示。

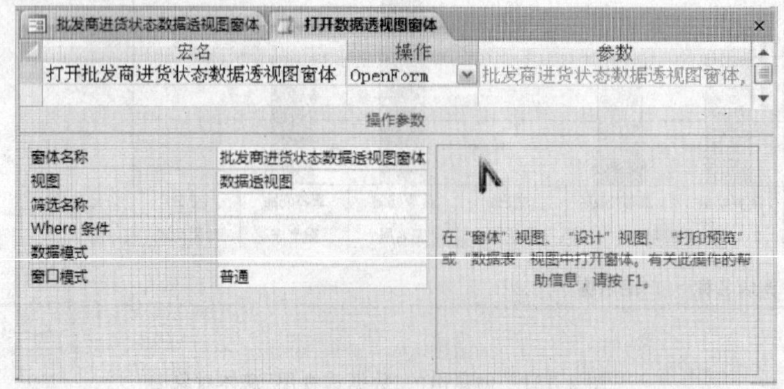

图 2.135 定义打开数据透视图窗体的宏

2.6.4 “批发商进货信息数据透视表窗体”对象

1. 打开数据透视表视图

(1)在导航窗格中选择“所有批发商进货状态查询”,在功能区“创建”选项卡“窗体”组中单击【其他窗体】下拉列表按钮,从中选择“数据透视表”命令,将在数据透视表视图中打开一个窗体对象。

(2)在“图表字段列表”框中选择“地区名”字段,然后将其拖动到“将筛选字段拖至此处”,再选择“城市名”字段,拖动到“将筛选字段拖至此处”。

(3)选择“订购数量”、“进货日期”与“进货状态”字段,拖动到“将汇总或明细字段拖至此处”。

(4)选择“商店名称”字段,拖动到“将行字段拖至此处”,再选择“产品名称”字段,拖动到“将列字段拖至此处”。设计结果如图 2.136 所示。

图 2.136 创建出的“数据透视表”窗体对象

(5)保存窗体对象为“批发商进货状态数据透视表窗体”。

(6)在数据透视表上选中“产品名称”列字段,单击“设计”选项卡“工具”组中的【自动计算】下拉列表按钮,从中选择“计数”命令,在“总计”列会出现“产品名称 的计数”字段,显示每个商店进货的产品类数,如图 2.137 所示。

地区名 ▾ 城市名 ▾
全部 全部

	产品名称 ▾										
	(空白)			菠萝奶酪			草莓奶酪			总计	
商店名称 ▾	订购数量 ▾	进货日期 ▾	进货状态 ▾	订购数量 ▾	进货日期 ▾	进货状态 ▾	订购数量 ▾	进货日期 ▾	进货状态 ▾	产品名称 的计数	订购数量 的和
海底捞				100	2011-2-10	进货毕	100	2011-3-10	进货中	2	200
				100			100				
火锅城			不进货							0	0
	0										
无名居				100	2011-2-10	进货毕				2	200
				100	2011-3-10	进货中					
				200							
蟹老宋							100	2011-3-10	进货中	1	100
							100				
豫园商城			不进货							0	0
	0										
总计	0			300			200			5	500

图 2.137 添加“自动计算”数据

(7)选中“订购数量”字段,单击【自动计算】下拉列表按钮,从中选择“合计”命令,在“总计”列会出现“订购数量的和”字段,显示每个商店订购数量的总数。

(8)选中“订购数量”字段,单击“设计”选项卡“工具”组中的【小计】命令按钮,每个商店将增加1行,对应不同产品名称在“订购数量”字段列下会出现该商店进不同产品的数量。

(9)单击“设计”选项卡“工具”组中的【属性表】按钮,打开“属性”对话框,在数据表上选择不同字段、标题修改其格式、字体大小、添加填充色,美化数据表,结果如图 2.138 所示。

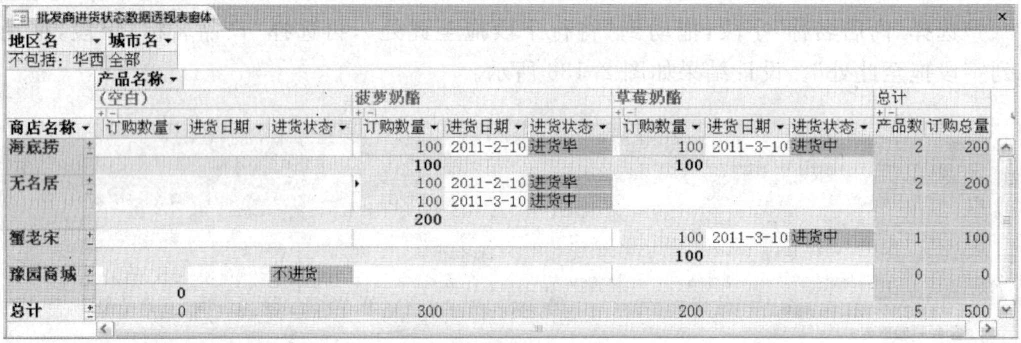

批发商进货状态数据透视表窗体

地区名：不包括：华西　城市名：全部

产品名称	(空白)			菠萝奶酪			草莓奶酪			总计	
商店名称	订购数量	进货日期	进货状态	订购数量	进货日期	进货状态	订购数量	进货日期	进货状态	产品数	订购总量
海底捞				100	2011-2-10	进货毕	100	2011-3-10	进货中	2	200
				100			**100**				
无名居				100	2011-2-10	进货毕				2	200
				100	2011-3-10	进货中					
				200							
蟹老宋							100	2011-3-10	进货中	1	100
							100				
豫园商城			不进货							0	0
	0										
总计	0			300			200			5	500

图 2.138　美化的数据透视表窗体

与数据透视图类似,可以随时调换行字段与列字段的位置。在数据透视表中可以选择筛选字段中的值,数据透视表会根据选择显示不同的图形数据。

2. 创建“打开数据透视表窗体”宏

在“打开数据透视表窗体”宏中定义宏名“打开批发商进货状态数据透视表窗体”,在“视图”下拉列表中选择“数据透视表”,设计结果如图 2.139 所示。

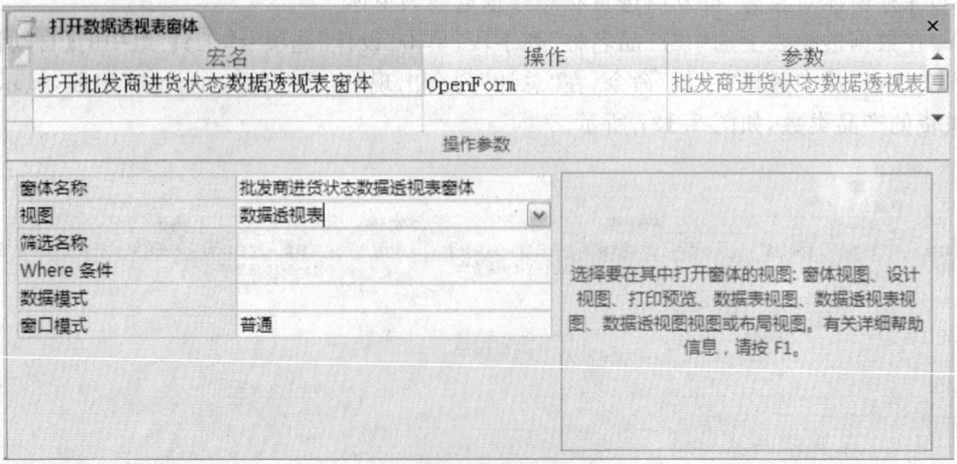

打开数据透视表窗体

宏名	操作	参数
打开批发商进货状态数据透视表窗体	OpenForm	批发商进货状态数据透视表

操作参数

窗体名称	批发商进货状态数据透视表窗体
视图	数据透视表
筛选名称	
Where 条件	
数据模式	
窗口模式	普通

选择要在其中打开窗体的视图:窗体视图、设计视图、打印预览、数据表视图、数据透视表视图、数据透视图视图或布局视图。有关详细帮助信息,请按 F1。

图 2.139　定义打开数据透视表窗体的宏

2.6.5 “批发商进货信息查询子系统”控制界面窗体对象

“批发商进货信息查询子系统”控制界面窗体对象的创建方式与“客户电话信息查询子系统”控制界面窗体对象创建方式类似，窗体界面如图 2.140 所示。

图 2.140　“批发商进货信息查询子系统”控制界面窗体对象

2.7 “客户电话管理信息系统”的控制

“客户电话管理信息系统”可以通过创建一个主控窗口窗体来控制，通过该窗口界面可以打开每个子系统控制窗口，再通过子系统控制窗口调用执行不同功能的数据库对象，例如窗体、查询、表与报表对象，来完成不同的系统操作任务。

本节的任务是创建主控窗口及系统设置。

2.7.1 “客户电话管理信息系统”主控窗体对象

1. 创建“客户电话管理信息系统”主控窗体对象

“客户电话管理信息系统”主控窗体包含三个不同的子系统控制界面，以及一个“退出系统”命令按钮控件，窗体界面如图 2.141 所示。

2. 创建主控窗体使用的宏

在设计视图中打开“打开窗体”宏，添加新宏名结果如图 2.142 所示。为“退出系统”宏指定的操作命令是 Quit。

图 2.141　主控窗体界面

2.7.2 “客户电话管理信息系统”设置

1. 设置数据库启动时界面并隐藏导航窗格

(1)在数据库用户界面左上角，单击 Office 按钮图标，在打开的命令选

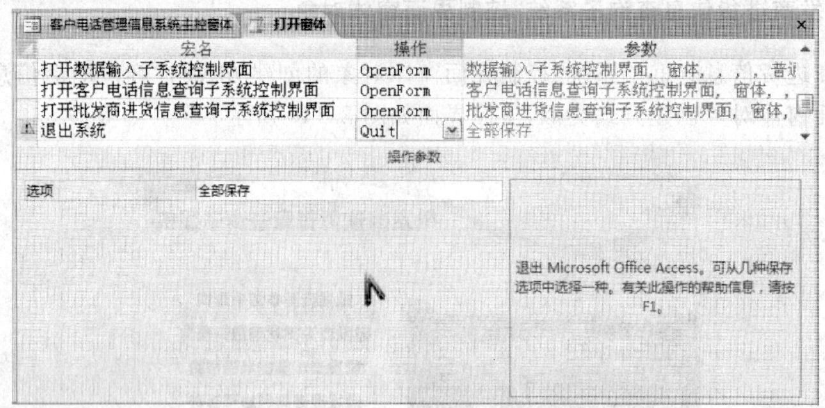

图 2.142　主控窗体使用的宏

项卡最下方，单击【Access 选项】按钮，将弹出"Access 选项"对话框，如图 2.143 所示。

图 2.143　"Access 选项"对话框

(2)在对话框中单击【当前数据库】按钮，在“应用程序选项”栏下“应用程序标题”文本框中输入“客户电话管理信息系统”。在“显示窗体”下拉列表框中选择“客户电话管理信息系统主控窗体”。在“关闭时压缩”选项上打“√”。

(3)在“导航”栏下单击“显示导航窗格”单选框，将“√”取消，设置后结果如图 2.143 所示。

(4)单击【确定】按钮，结束系统设置操作。再次打开“客户电话管理信息系统”数据库时会直接打开不出现导航窗格的“客户电话管理信息系统主控窗体”。

如果需要导航窗格出现，再重新设置。

2. 设置数据库密码

若想保护数据库不被别人使用、修改及窃用，用户可以给数据库设置密码。其操作步骤如下：

(1)重新在 Windows 操作系统桌面上单击“开始”→“所有程序”→“Microsoft Office”→“Microsoft Office Access 2007”命令，启动 Access，单击 Office 按钮图标，单击“打开”命令，弹出“打开”对话框，如图 2.144 所示。

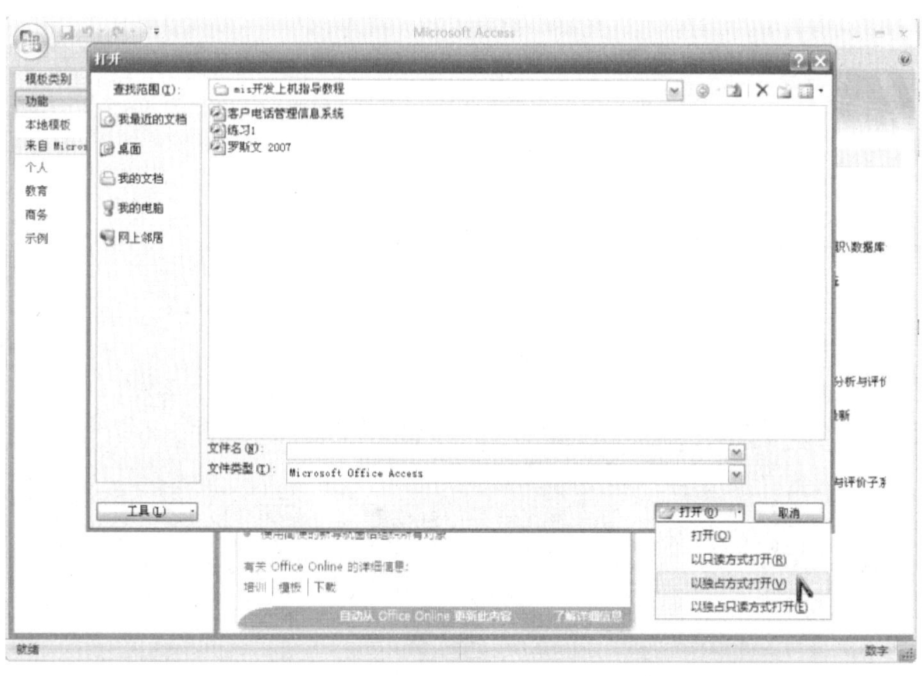

图 2.144 以独占方式打开数据库

(2)在“打开”对话框中，先选择数据库文件，然后在对话框【打开】按钮旁的下拉栏中选择“以独占方式打开”选项，最后单击【打开】按钮，打开数据库。

(3)在用户界面功能区选择“数据库工具”选项卡，在“数据库工具”组中单击【用密码进行加密】按钮，打开“设置数据库密码”对话框，如图 2.145 所示，输入自己的密码即可，例如 1234。如果要取消密码，单击【数据库解密】按钮，重新设置。

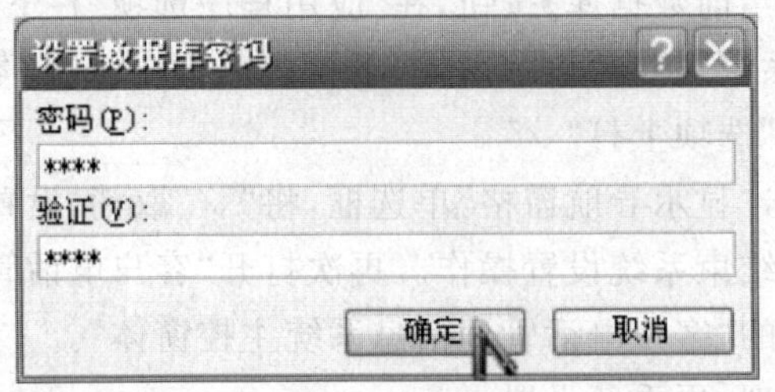

图 2.145 设置数据库密码

注 意

密码使用字母时会区分大小写。另外，密码一定要记牢，一旦忘记，就无法打开数据库。

提 高 篇

本篇通过8章内容完整介绍使用Access数据库开发"汇科公司管理信息系统"的工作流程，该系统是针对一个典型的中小型计算机公司在组装与销售计算机过程中对销售、生产、采购与库存等信息管理的需要而设计的，系统使用对象是一般的企业经营管理人员，便于读者理解。

本篇包括以下8章：

第3章　"汇科公司管理信息系统"分析与设计；

第4章　创建数据库及表；

第5章　创建"基本数据维护子系统"；

第6章　创建"销售管理子系统"；

第7章　创建"生产管理子系统"；

第8章　创建"采购管理子系统"；

第9章　创建"库存管理子系统"；

第10章　创建系统控制界面。

按照书中介绍亲自上机实践，读者可以非常熟练地掌握使用Access开发信息系统的方法。本篇8章内容相互联系，需要按章的顺序上机实践。本篇各章内容先详后略，数据处理技术比基础篇内容稍难，需要读者花费更多的时间实践。

3 “汇科公司管理信息系统”分析与设计

本章的任务是进行创建“汇科公司管理信息系统”前的准备工作。

3.1 系统调查与用户需求

每一个企业都必然有一个现行系统支撑企业业务部门工作的运行。现行系统可能是已经老化、不能适应新的业务需求的计算机管理系统，也可能是人工管理系统。不管是何种系统，都需要不断更新完善系统功能或开发新的信息系统，在更新、完善或开发系统之前，都需要对现行系统进行认真的调查。

3.1.1 系统调查目的与任务

1. 调查的目的

系统调查的主要目的：

(1)了解系统开发背景。

(2)理解企业业务流程，加深对业务流程的理解。

(3)分析现行系统的优缺点，从而逐渐理解新系统开发的目标。

(4)对现行系统做出延用分析，即是否有部分子系统可用，现行系统的数据资料是否可用。

(5)为开发新系统打下基础。

2. 系统调查的任务

系统调查的任务是在确定的系统范围内，对现行系统目前的状况、存在的问题、组织结构、业务流程、业务功能、数据(捕捉、存储、输出的数据及数据量)、接口等进行详尽、深入的调查。

3. 系统调查的内容

(1)组织结构的调查。

(2)组织功能体系的调查。

(3)业务流程的调查。

(4)数据(计划、单据和报表)的调查。

(5)接口的调查。

(6)薄弱环节的调查。

4. 系统调查方式

对现行系统的调查方法，主要依靠总体规划人员采用现场调研、座谈会、业务跟踪、发放调查表、深入实际（参加业务实践）等方式进行。

3.1.2 系统调查主要成果

1. 系统开发背景

由于汇科电脑公司的销售量增长很快，公司考虑扩展其业务获取更大的利润。由于销量的增大以及业务的扩大会产生大量的数据，同时管理也需要各种及时的信息支持公司销售、采购、生产等活动，为此公司管理层决定由内部相关人员自行开发一个支持全公司活动的信息系统，对公司的销售、采购、生产、库存等管理活动中的数据进行集成管理，并能及时提供销售、采购、生产、库存等管理活动中需要的各种信息。

2. 目前组装与销售的计算机产品数据

公司目前生产并销售5种型号的计算机：入门级PC、家用PC、小企业PC、高能PC和超强PC，并采用标准配件组装这些计算机，其中一些配件如键盘、鼠标、主板及电源对所有型号的计算机都是一样的。

另外一些配件像CPU，不同型号的计算机有不同的配置，入门级和家用PC使用的是Celeron系列产品，而其他型号则使用不同速度的Pentium系列产品。还有一些配件包括硬盘、显示器和声卡对不同型号的计算机有不同的配置。在某些计算机中可能有一个特别的配件，另外一些则可能有多个特别的配件。例如，一些计算机中配置多条内存，另一些则配置多个硬盘。

3. 不同型号计算机的配件及配置数据

汇科公司的仓库里存放着装配公司五种计算机的全部配件，一共有38个品种，每组装一台计算机，会使用15～20种配件。

下面使用表格给出每种计算机及配件的详细情况（注意，这些表格含有大量的重复和冗余，这种格式是不宜用做数据库表的。其中数据为模拟数据，不要与当前市场价格相比较）。

（1）入门PC及配件资料。

产品代码“P4-E”，产品名称“入门PC”，价格“￥3 600”，现有库存“23”，其使用的配件见表3.1。

表3.1 入门PC及配件

配件代码	配件名称	型号	数量	成本
C-S	机箱	标准	1	￥80
PS240	电源	240 V	1	￥95
MB	主板	标准	1	￥430
MP	鼠标	标准	1	￥20
OS7	操作系统	Windows 7	1	￥380
KB	键盘	标准	1	￥25
CD48	光驱	标准	1	￥200

续上表

配件代码	配件名称	型号	数量	成本
HD500	硬盘	500 GB	1	¥200
SP	音箱	豪华立体声	1	¥80
P4-500	Intel Celeron	500 MHz	1	¥185
RAM1G	内存	1 G	1	¥130
M17	显示器	17″	1	¥1 230

(2)家用 PC 计算机及配件资料。产品代码“P4-F”，产品名称“家用 PC”，价格“¥4 300”，现有库存“18”，其使用的配件见表 3.2。

表 3.2　家用 PC 及配件

配件代码	配件名称	型号	数量	成本
C-S	机箱	标准	1	¥40
PS240	电源	240 V	1	¥95
MB	主板	标准	1	¥530
MP	鼠标	标准	1	¥25
OS7	操作系统	Windows 7	1	¥380
CP	线包	标准	1	¥35
KB	键盘	标准	1	¥25
CD-RW	刻录机	标准	1	¥200
DVD	DVD 光驱	高速	1	¥260
HD120	硬盘	120 GB	1	¥240
SP	音箱	豪华立体声	1	¥180
P4-500	Intel Celeron	500 MHz	1	¥185
RAM1G	内存	1 G	1	¥130
M19	显示器	19″	1	¥1 530
INS-F	铭牌	家用 PC	1	¥15

(3)小企业 PC 及配件资料。产品代码“P4-SB”，产品名称“小企业 PC”，价格“¥5 790”，现有库存“5”，其使用的配件见表 3.3。

表 3.3　小企业 PC 及配件资料

配件代码	配件名称	型号	数量	成本
C-T	机箱	塔式	1	¥52
PS240	电源	240 V	1	¥95
MB	主板	标准	1	¥630

续上表

配件代码	配件名称	型号	数量	成本
MP	鼠标	标准	1	¥20
OS7	操作系统	Windows 7	1	¥380
CP	线包	标准	1	¥35
KB	键盘	标准	1	¥25
CD-RW	刻录机	标准	1	¥200
HD120	硬盘	120 GB	1	¥240
SP	音箱	豪华立体声	1	¥80
P4-800	Intel Pentium 4	800 MHz	1	¥425
RAM1G	内存	1 G	1	¥130
M21	显示器	21″	1	¥1 690
ZIP100	ZIP 驱动器	100 MB	1	¥125
NC100	网卡	NC100	1	¥65
INS-SB	铭牌	小企业 PC	1	¥15

(4)高能 PC 及配件资料。

产品代码“P4-P”，产品名称“高能 PC”，价格“¥7 500”，现有库存“8”，其使用的配件见表 3.4。

表 3.4 高能 PC 及配件

配件代码	配件名称	型号	数量	成本
C-T	机箱	塔式	1	¥52
PS240	电源	240 V	1	¥95
MB	主板	标准	1	¥930
MP	鼠标	标准	1	¥20
OS7	操作系统	Windows 7	1	¥380
KB	键盘	标准	1	¥25
CD-RW	刻录机	标准	1	¥200
DVD	DVD 光驱	高速	1	¥260
HD80	硬盘	80 GB	1	¥350
P4-866	Intel Pentium 4	866 MHz	1	¥525
RAM1G	内存	1 G	2	¥130
M23	显示器	23″多媒体	1	¥2 180
INS-P	铭牌	高能 PC	1	¥15

(5)超强 PC 及配件资料。

产品代码“P4-PP”，产品名称“超强 PC”，价格“¥8 995”，现有库存“4”，其使用的配件见表 3.5。

表 3.5 超强 PC 及配件

配件代码	配件名称	型号	数量	成本
C-T	机箱	塔式	1	¥52
PS240	电源	240 V	1	¥95
MB	主板	标准	1	¥1 230
MP	鼠标	标准	1	¥20
OS7	操作系统	Windows 7	1	¥380
CP	线包	标准	1	¥35
KB	键盘	标准	1	¥25
HD80	硬盘	80 GB	1	¥350
SP	音箱	豪华立体声	1	¥80
P4-14	Intel Pentium Ⅳ	1.4 GHz	1	¥1 650
RAM1G	内存	1 G	2	¥260
M23	显示器	23″	1	¥2 150
ZIP100	ZIP 驱动器	10CMB	1	¥125
DVD	DVD 光驱	高速	1	¥260
INS-PP	铭牌	超强 PC	1	¥15

4. 不同型号电脑外部设备数据

电脑外部设备零售价格的计算依赖于 7%～20%的成本加价率和 10%的税率，即成本价乘以成本加价率为税前价格，税前价格乘以税率为零售价格，零售价格如果有小数则四舍五入。表 3.6 为公司部分外设的数据清单。

表 3.6 外设数据清单

商品编号	商品名称	成本价	成本加价率	税前价格	零售价格
HP2100	HP Laserjet Printer 2100	1 075.00	0.12	1 203.00	1 323.00
HP6390C	HP Scanjet 6390C Scanner	970.00	0.12	1 086.40	1 195.00
HP1100	HP Laserjet Printer 1100	693.00	0.10	763.40	840.00
HP6350C	HP Scanjet 6350C Scanner	645.00	0.12	721.40	795.00
HP990C	HP Deskjet 990C Printer	636.00	0.10	699.60	770.00
HP970C	HP Deskjet 970C Printer	520.00	0.10	571.00	629.00
HP5300C	HP Scanjet 5300C Scanner	350.00	0.10	385.00	423.00
ES720	Epson Stylus 720 Printer	268.00	0.10	293.80	323.00
E640U	Epson Scanner	227.00	0.10	249.70	275.00
HP840C	HP Deskjet 840C Printer	206.00	0.08	221.48	245.00
CBJ3000	Canon Bubble Jet 3000 Printer	203.00	0.07	218.28	240.00
HP3400C	HP Scanjet 3400C Scanner	163.00	0.08	177.12	195.00
ES580	Epson Stylus 580 Printer	146.00	0.07	156.22	171.00

续上表

商品编号	商品名称	成本价	成本加价率	税前价格	零售价格
HP640C	HP Deskjet 640C Printer	135.00	0.08	145.80	160.00
CBJ2100	Canon Bubble Jet 2100	123.00	0.07	131.61	145.00
C640P	Canon 640P Scanner	118.00	0.08	127.44	140.00
C340P	Canon 340P Scanner	93.00	0.08	100.44	110.00
CL56M	Creative Labs 56KB MODEM	76.00	0.20	91.20	100.00
M56M	Mitsubishi 56KB MODEM	75.00	0.15	86.25	95.00

3.1.3 用户需求

经过开发人员与用户的交流，了解到用户对汇科电脑公司管理信息系统有以下基本功能要求：

1. 能够方便地维护与管理数据

(1)系统应能被那些没有数据库知识的人方便操作，进行输入、修改、删除、添加、查询数据。

(2)能够将生产、库存、销售、采购等业务使用的数据存储在合适的数据库表中，所有的表要具备最小的冗余和参照完整性。

2. 能快速查询各种管理使用的信息

(1)可查询计算机产品销售、生产及库存等信息。

(2)可查询计算机外设销售、库存、采购等信息。

(3)可查询计算机配件库存、采购等信息。

(4)可查询计算机及使用的所有配件的信息。

3. 能够自动生成生产计划、采购计划报告

(1)可根据销售需求及库存信息制定生产电脑的计划。

(2)可根据生产需求及库存信息制定采购配件计划。

(3)可根据销售需求制定外设采购计划。

4. 能够支持数据规范化管理

(1)能够生成并打印销售订单。

(2)能够生成并打印采购订单。

(3)能够生成并打印入库单。

(4)能够生成并打印出库单。

(5)能够生成并打印销售发票。

(6)能够生成并打印采购发票。

3.2 系统分析

3.2.1 划分子系统与子系统功能模块

根据对用户需求的分析，“汇科电脑管理信息系统”可以按职能初步划分为5个子系统：基

本数据维护子系统、销售管理子系统、生产管理子系统、采购管理子系统与库存管理子系统。

1. 基本数据维护子系统主要功能

(1)能够将需要的数据存储在合适的数据库表中,所有的表都要具备最小的冗余和参照完整性。

(2)能够方便地输入、修改、删除、添加数据库表中的数据。

(3)要对物品(其中主要包含外部设备、电脑产品、配件等物品)表、配件表(也称物料清单BOM表,说明电脑产品与配件的配置关系)、电脑(父类产品)表、采购员、计划员、销售员、供应商信息表、客户信息表等提供专门的信息维护窗口。

2. 销售管理子系统主要功能

(1)销售产品查询——能够方便查询外部设备和电脑产品的销售信息,包括成本价、销售价、库存量等。

(2)客户资料管理。

(3)销售员资料管理。

(4)订单管理——订单输入(方便销售员填写购买的商品,包括名称、数量、用户姓名、要货日期、地址、联系方式等),订单修改,订单查询。

(5)制定销售需求计划——不同销售订单产生销售需求计划。

3. 生产管理子系统主要功能

(1)生产产品查询——可根据电脑编号查询生产产品的信息。

(2)产品及配件查询——可根据电脑编号查询该机所涉及的配件信息。

(3)电脑产品生产计划——根据电脑产品销售需求及库存情况制定生产电脑产品计划。

(4)配件采购计划——根据生产产品计划及配件库存情况制定采购电脑配件计划。

4. 采购管理子系统主要功能

(1)采购产品查询。

(2)采购物品计划——根据销售、生产及库存信息自动生成采购计划报表,包括产品编号、名称、采购数量,采购日期。

(3)供应商资料查询与维护。

(4)采购员资料查询与维护。

(5)采购单管理。

5. 库存管理子系统主要功能

(1)物品入库管理——对库存不足的商品要进行采购,采购到货的物品要入库,其信息要保存在入库单里,包括物品编号、购买日期、购买人、购买价格、购买数量、供应商名称等。

(2)物品出库管理——对销售的物品要进行送货,送货的物品要出库,其信息保存在出库单里,包括物品编号、送货日期、送货人、销售价格、销售数量、客户地址、客户名称等。

(3)库存信息查询——可查询当前物品的库存量等各种库存信息。

3.2.2 系统体系结构与功能模块图

由上面所述的子系统划分与功能模块划分,可得到系统体系结构图如图 3.1 所示。子系统包含的功能模块使用功能模块图描述，如图 3.2 至图 3.6 所示。

图 3.1 系统体系结构图

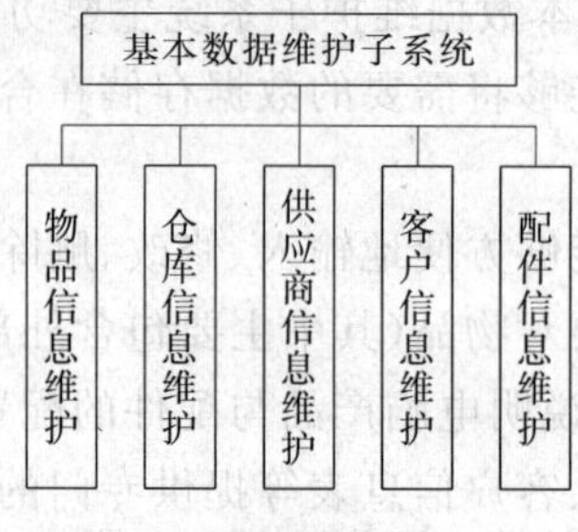

图 3.2 基本数据维护子系统功能模块图

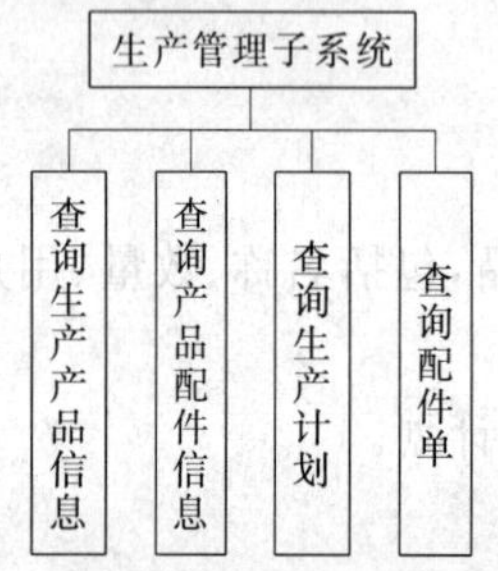

图 3.3 生产管理子系统功能模块图

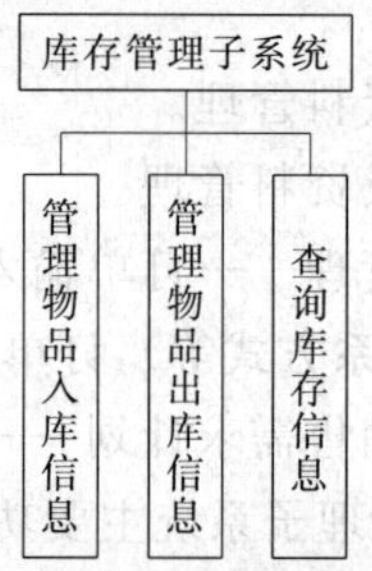

图 3.4 库存管理子系统功能模块图

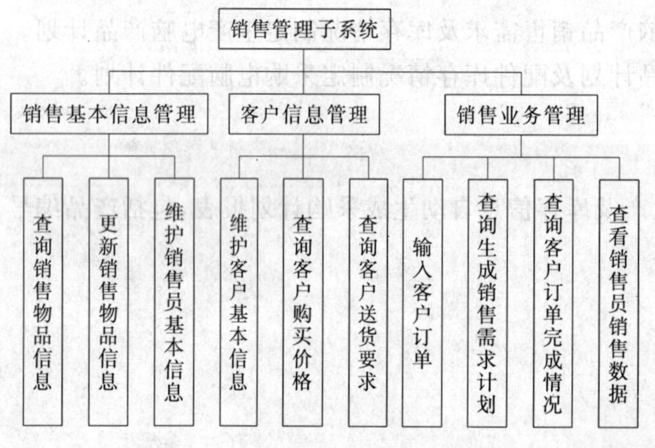

图 3.5 销售管理子系统功能模块图

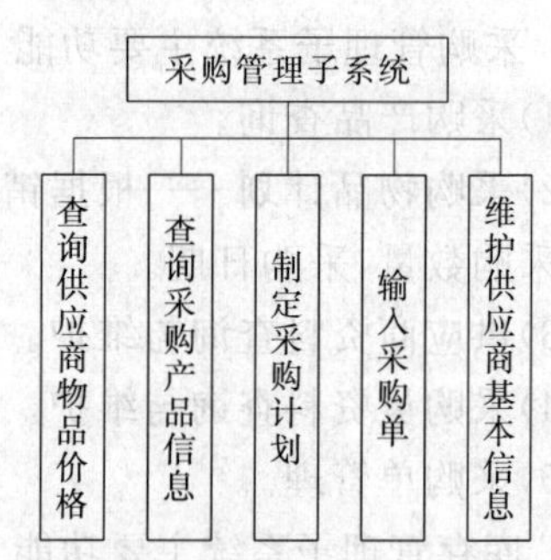

图 3.6 采购管理子系统功能模块图

3.3 数据库设计

3.3.1 概念模型设计

1. 确定“汇科电脑公司管理信息系统”中包含的实体对象

根据系统调查可知，“汇科电脑公司管理信息系统”主要涉及物品、电脑产品、配件、供应商、客户、采购员、销售员、生产计划员、采购单、销售订单、仓库等实体。其中物品包含电脑产品、配件、外设三种物品或公司的其他物品4种类型。

2. 确定各个实体的属性

根据系统功能的需要,确定实体及实体的属性。

(1)物品:物品编号、名称、物品类型、制购类型、提前期、批量、图片等。

(2)电脑产品(父类):电脑物品编号。(名称、类型等属性可在物品中定义)

(3)配件(子类):配件物品编号。

(4)供应商:供应商编号、单位名称、联系人、电话、E-mail 地址、邮编、地址等。

(5)客户:客户编号、单位名称、联系人、电话、E-mail 地址、邮编、地址等。

(6)不同管理人员:管理员编号、姓名等。

(7)仓库:仓库编号、仓库名称。

3. 确定实体间的联系与联系类型

一个电脑可以由多个配件组成,一个配件只能装配在一个电脑上。所以,电脑产品与配件之间存在 1∶N 的装配联系。其装配联系具有使用配件数量的属性。因为电脑是公司生产的主要产品,因此,特别将其列出进行分析。

一个电脑对应一个物品,一个物品只能对应一个电脑。所以,电脑产品与物品之间存在1∶1 的对应关系。

仓库与物品存在 1∶N 的存放联系。一个仓库可以存放多个物品,一个物品只能存放在一个仓库中。其存放联系具有物品当前库存数量、最小库存量、最大库存量的属性。

供应商与物品之间存在 M∶N 联系。一个供应商可以提供多个物品,一个物品可由多个供应商分别提供。

管理人员(采购员、营销员等)与物品之间存在 M∶N 联系。例如,一个采购员可以采购多个物品,一个物品可由多个采购员来采购。

同理可以分析其他实体之间的关系。

4. 设计 E-R 图

(1)局部 E-R 图

实体联系的局部 E-R 图,如图 3.7、图 3.8 所示。

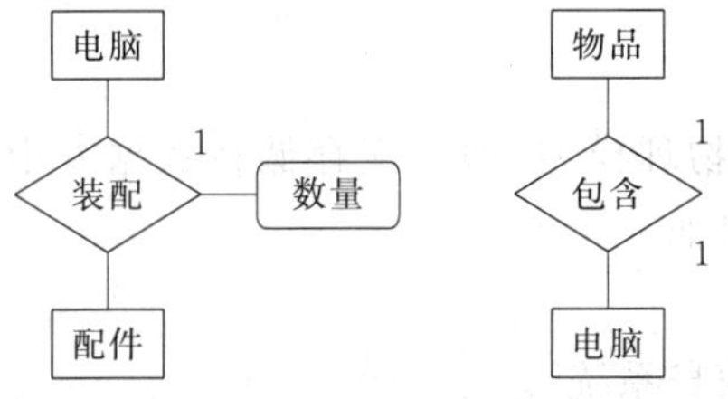

图 3.7 电脑与配件的局部 E-R 图

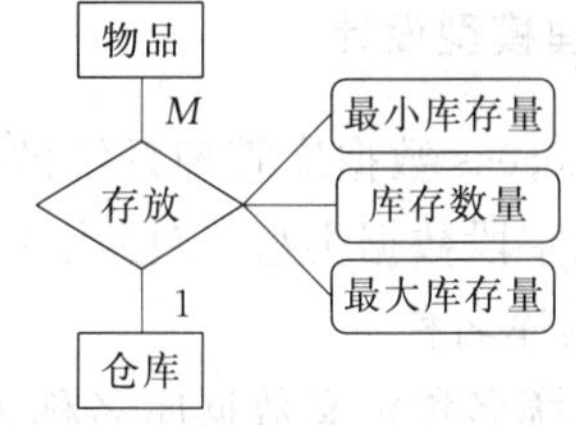

图 3.8 物品与仓库的局部 E-R 图

(2)集成多个实体的 E-R 图

在 E-R 图中相同的实体可以合并得到集成多个实体的 E-R 图,如图 3.9 所示。

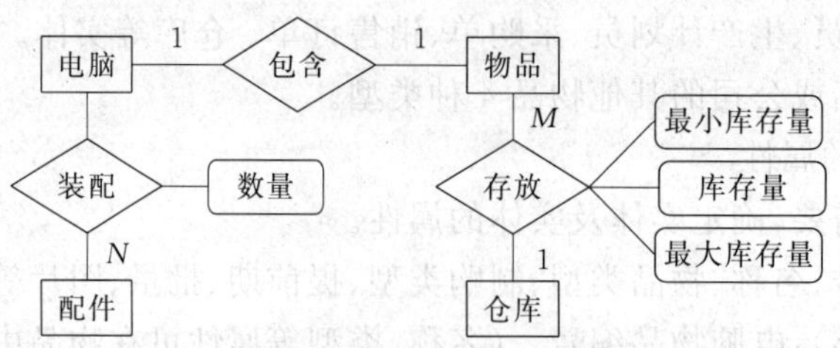

图 3.9　多个实体的 E-R 图

注　意

这里仅画出了部分实体的 E-R 图。

3.3.2　逻辑模型设计

根据 E-R 模型及实体属性，可以得到如下关系模式：

(1)物品(物品编号，名称，物品类型，制购类型，提前期，批量，图像，仓库编号，库存量，最大库存量，最小库存量)。

(2)电脑(电脑物品编号)。

(3)配件(电脑物品编号，配件物品编号，配件数量)。

(4)仓库(仓库编号，仓库名称)。

(5)供应商(供应商编号，供应商名称，联系人，电话，电子邮件地址，邮编，通信地址)。

因为物品与供应商为多对多联系，一个供应商可以提供多种物品，一种物品可以由多个供应商提供，不同供应商可以提供不同价格的物品。所以，还要创建一个物品与供应商的联系表：

供应商与物品(供应商提供物品编号，供应商编号，物品编号，物品价格，供给时间)。

其中，带下划线的属性为关键字(主属性)。

注　意

这里仅列出了部分实体的关系模式，以后根据需要可以继续添加。

3.3.3　物理模型设计

根据 Access 数据库管理系统的特点，设计系统的物理模型，即定义存储在数据库中的表名、字段名、字段数据类型、字段大小、主键等，设计结果如下所示。

1. 数据库名称

根据系统名称定义数据库名称为“汇科公司管理信息系统”。

2. 数据表名称

“汇科电脑公司数据库”中包含如下多个表的物理结构：

(1)物品〔物品编号(文本，10，主键)，名称(文本，20)，物品类型(文本，10)，制购类型(文本，4)，提前期(整型)，批量(整型)，图像(附件)，仓库编号(查阅向导，10)，库存量(整型)，最大

库存量(整型),最小库存量(整型)〕。

(2)电脑〔电脑物品编号(查阅向导,主键)〕。

(3)配件〔电脑物品编号(查阅向导,主键),配件物品编号(查阅向导,主键),配件数量(长整型)〕。

(4)仓库〔仓库编号(文本,10,主键),仓库名称(文本,10)〕。

(5) 供应商〔供应商 ID(自动编号,长整型,主键)、供应商名称(文本,50),联系人姓名(文本,10),电话号码(文本,30),电子邮件地址(超链接),邮编(文本,20),通信地址(文本,50)〕。

(6)供应商与物品〔供应商提供物品编号(自动编号,主键),供应商 ID(查阅向导),物品编号(查阅向导),物品价格(货币),供给时间(日期/时间)〕。

其他表的物理结构可模仿设计。

4 创建数据库及表

从本章开始介绍使用 Access 数据库创建“汇科公司管理信息系统”的方法。

本章的任务是在 Access 系统中创建存放“汇科公司管理信息系统”相关数据的数据库与表。

4.1 创建数据库对象

Access 数据库对象是后缀名为 accdb 或 mdb 格式的文件，它可以用来存放系统使用的数据，还可以通过执行不同操作任务的 Access 对象，完成数据输入、数据处理与信息输出的任务。

本节的任务是在 Access 系统中创建“汇科公司管理信息系统”数据库对象。

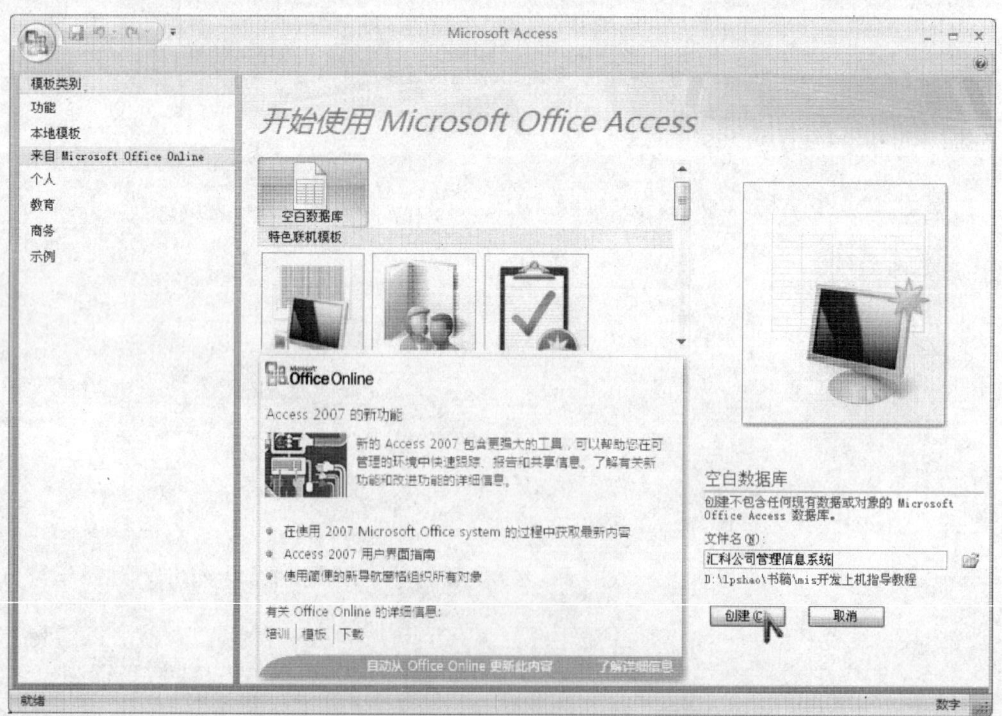

图 4.1 输入数据库文件名称与保存路径

"开始使用 Access"窗体界面中上部"新建空白数据库"框下单击"空白数据库"图标，窗体界面右边将显示"空白数据库"窗格，在"文件名"文本框中输入数据库名称"汇科公司管理信息系统"，如图 4.1 所示，选择数据库文件保存的路径，最后单击【创建】按钮，将打开"汇科公司管理信息系统"数据库用户界面，如图 4.2 所示。

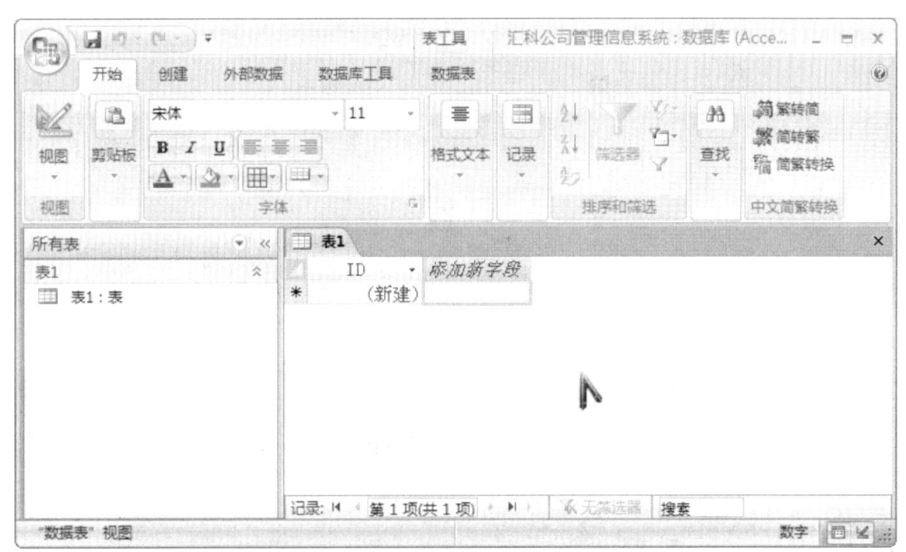

图 4.2　"汇科公司管理信息系统"数据库用户界面

4.2　在数据库中创建表对象

表是 Access 数据库最重要的数据库对象，它们用来存放一个应用系统使用的数据，他们是系统输出信息的数据来源。

本节的任务是在"汇科公司管理信息系统"数据库中创建表对象。

4.2.1　创建"物品"表

1. 创建"物品"表结构

(1)在功能区"开始"选项卡"视图"组中单击【视图】下拉命令按钮，从中选择"设计视图"命令，将打开"另存为"对话框，从中修改"表 1"为"物品"，将在数据库中创建一个"物品"表对象。单击【确定】按钮，将在设计视图打开"物品"表对象，如图 4.3 所示。

(2)在设计视图上方"字段名称"下修改 ID 字段为"物品编号"，修改"数据类型"为文本，在设计器下方"字段属性"区域"常规"标签下设置"字段大小"属性为 10，如图 4.4 所示。单击"物品编号"字段左边字段选择器，然后在"设计"选项卡"工具"组中单击【主键】按钮，可确定或取消该字段为主键，有 图标为主键。在导航窗格可以看到已经创建的名称为"物品"的表对象。

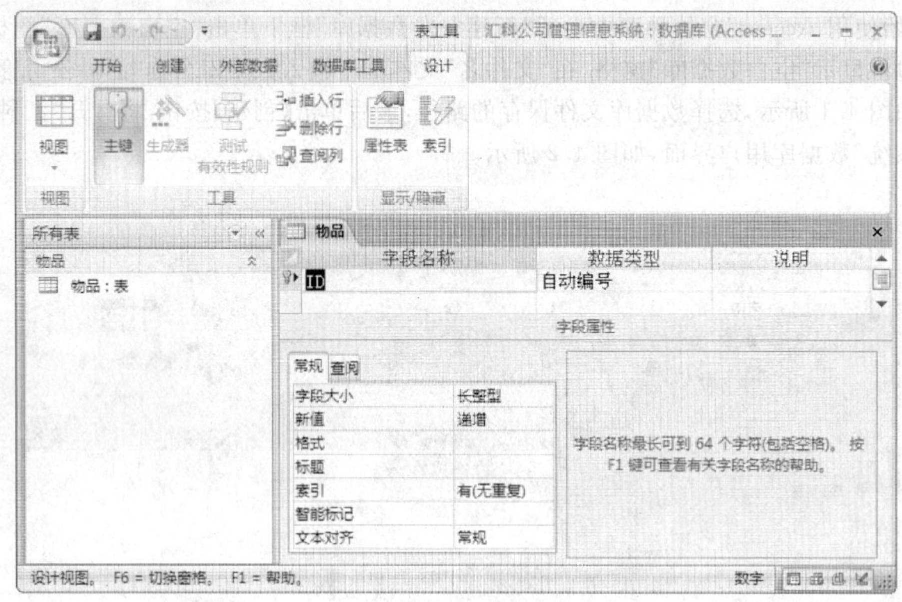

图 4.3　表设计视图

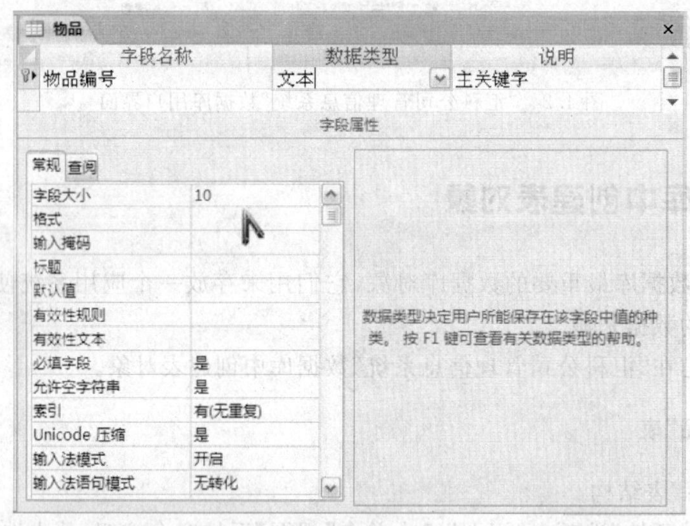

图 4.4　表设计视图下输入字段名称与字段属性

(3)按照数据库物理模型设计结果，输入“物品” 表的其他字段名称，并定义其数据类型与字段属性，结果如图 4.5 所示。

2. 在表中输入相应数据

单击【视图】下拉按钮选择“数据表视图”命令，将在数据表视图中打开“物品”表，按收集到的物品数据输入“物品”表的具体数据(如果无具体数据资料，可输入模拟数据)，结果如图 4.6 所示。

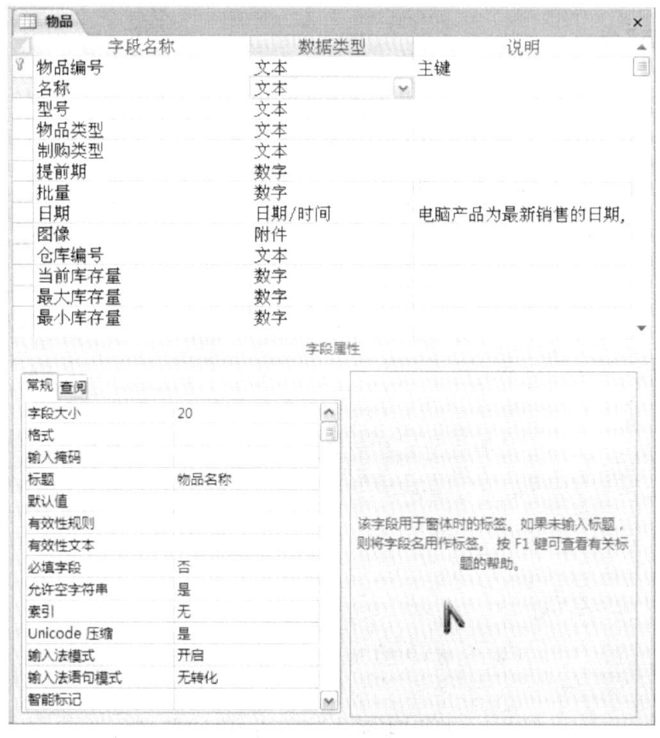

图 4.5 “物品”表结构

物品编号	物品名称	物品类型	制购类型	日期	仓库编	当前库存	最大库存	最小库存量	附件
1001	入门级PC	电脑产品	1	2011-1-1		13	20	5	(1)
1002	家用PC	电脑产品	1	2011-1-1	chp	12	20	5	(0)
1003	小企业PC	电脑产品	1	2011-1-1	chp	12	20	5	(0)
1004	高能PC	电脑产品	1	2011-1-1	chp	11	20	5	(0)
1005	超强PC	电脑产品	1	2011-1-1	chp	8	20	5	(0)
240PS	电源	配件	2	2011-1-1	pj	10	20	5	(0)
3001M	56K MODEL	外设	2	2011-3-1	ws	4	20	5	(0)
3002C-S	机箱	配件	2	2011-1-1	pj	8	20	5	(0)
3003P	打印机	外设	2	2011-3-1		5	20	5	(0)
3004S	扫描仪	外设	2	2011-3-2	ws	0	20	5	(0)
A1212U	Agfa Scanner	外设	2	2011-3-3	ws	0	20	5	(0)
BJC2100	Canon Bubble jet 210	外设	2	2011-3-3	ws	0	20	5	(0)
BJC3000	Canon Bubble jet 300	外设	2	2011-3-3	ws	0	20	5	(0)
C340P	Canon 340P Scanner	外设	2	2011-3-3	ws	0	20	5	(0)
C640P	Canon 640P Scanner	外设	2	2011-3-3	ws	0	20	5	(0)
CD48	光驱	配件	2	2011-1-1	pj	9	20	5	(0)
CM56	Creative Labs 56k Mo	外设	2	2011-3-3	ws	0	20	5	(0)
CP	线包	配件	2	2011-3-4	pj	200	20	5	(0)
C-S	机箱	配件	2	2011-3-4	pj	20	20	5	(0)
C-T	机箱	配件	2	2011-3-4	pj	20	20	5	(0)
DVD	DVD光驱	配件	2	2011-3-4	pj	20	20	5	(0)
E640U	Epson Scanner	外设	2	2011-3-3	ws	0	20	5	(0)
ES580	Epson Stylus 580 Pri	外设	2	2011-3-3	ws	0	20	5	(0)
ES720	Epson Stylus 720 Pri	外设	2	2011-3-3	ws	0	20	5	(0)
FD35	软驱	配件	2	2011-3-4	pj	14	20	5	(0)
HD10	硬盘	配件	2	2011-3-4	pj	10	20	5	(0)
HD20	硬盘	配件	2	2011-3-4	pj	20	20	5	(0)
HD30	硬盘	配件	2	2011-3-4	pj	20	20	5	(0)
HP1100	HP Laserjet Printer	外设	2	2011-3-3	ws	0	20	5	(0)
HP2100	HP Laserjet Printer	外设	2	2011-3-3	ws	0	20	5	(0)
HP3400C	HP Scanjet 3400c Sca	外设	2	2011-3-3	ws	0	20	5	(0)

记录: 第 9 项(共 63 项　无筛选器　搜索

图 4.6 物品表中的数据

4.2.2 创建“供应商”表

1. 在表模板中挑选示例表

(1)在功能区选择“创建”选项卡“表”组中单击“表模板”下拉列表,从中选中“联系人”模板,将在数据表视图打开一个基于该模板的“表1”对象,如图4.7所示。

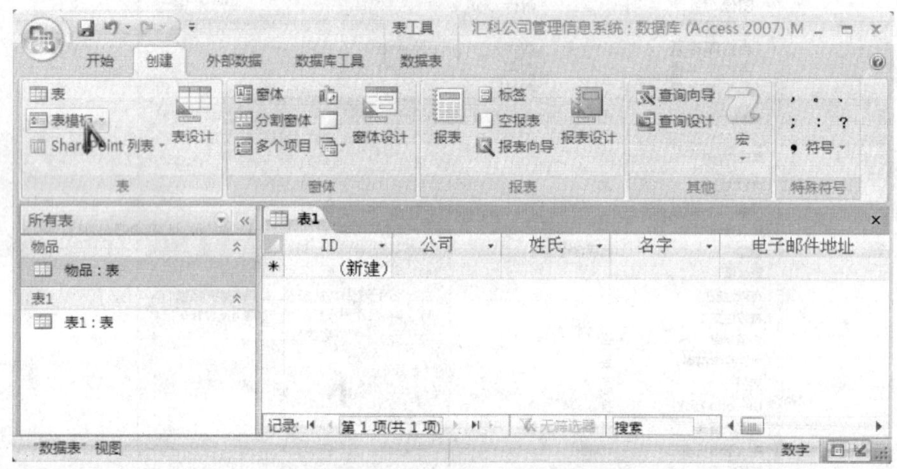

图4.7 基于“联系人”模板生成的“表1”

(2)保存“表1”为“供应商”表。

2. 选择需要的字段修改字段名称与字段属性

切换到表设计视图,根据物理模型中“供应商”表的定义,选择需要的字段、修改字段名称、数据类型、字段大小等属性,修改后结果如图4.8所示。

由表模板创建的表结构一般不能满足实际要求,通常要使用设计器对该表做进一步的修改。主要是修改字段大小,因为表向导创建的文本型字段几乎都定义为255个字符,数字字段都定义为长整型。

如果不需要表结构中的某个字段,可选中该字段然后按Delete键即可删除该字段。在表设计器可以直接向表中添加字段。

4.2.3 创建“电脑”表

1. 打开表设计视图

在功能区“创建”选项卡“表”组中单击【表设计】按钮,打开表设计视图。

2. 添加字段并设置字段的常规属性

根据“电脑”物理模型定义,在表设计视图中添加“电脑物品编号”字段、数据类型为“文本”、字段大小10,如图4.9所示。

3. 设置字段的查阅属性

在表设计视图“字段属性”区域单击“查阅”标签,从“显示控件”属性框右边下拉箭头中选择“组合框”选项,在“行来源类型”属性框中选择“表/查询”选项,在“行来源”属性框中输入

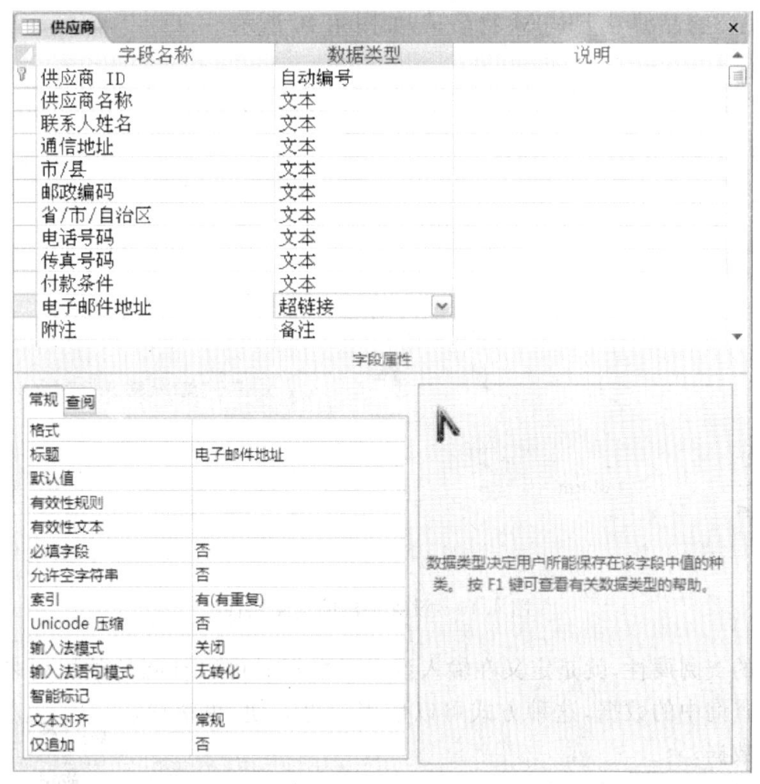

图 4.8　基于表模板创建的“供应商”表结构

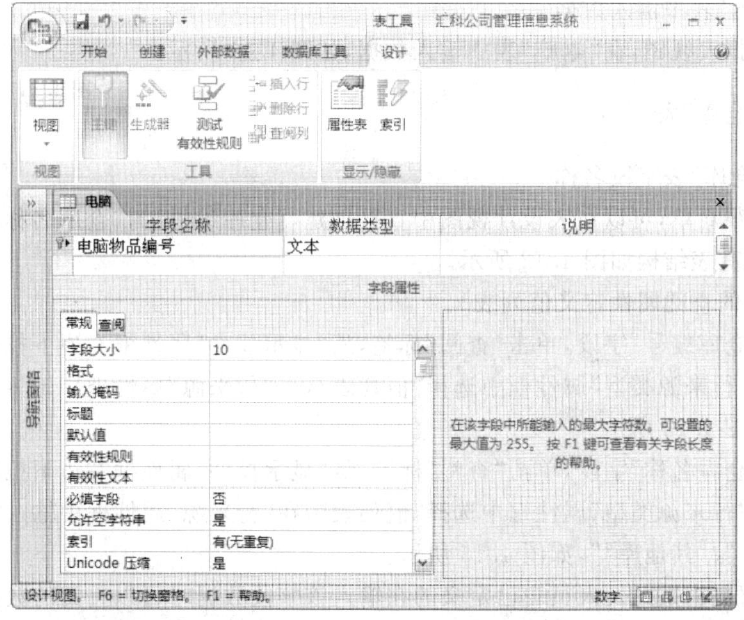

图 4.9　添加字段设置字段的常规属性

“SELECT 物品 . 物品编号 FROM 物品;”,如图 4.10 所示。

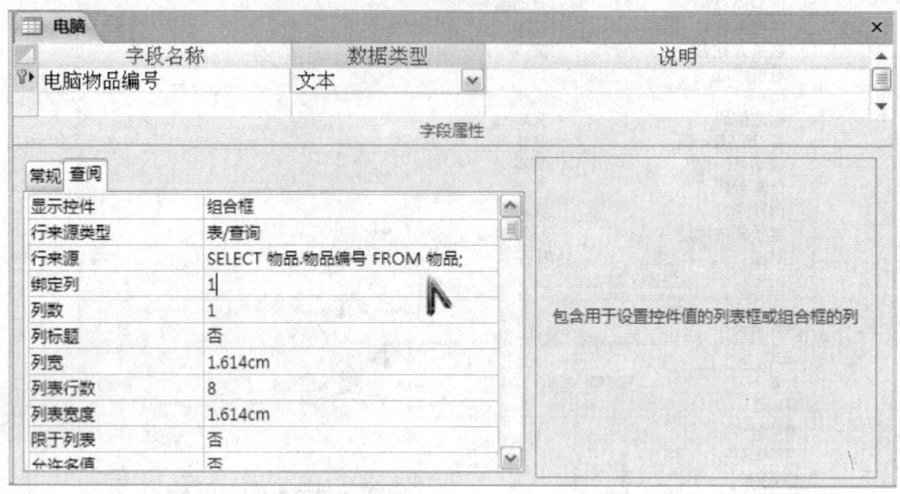

图 4.10　设置字段的查阅属性

定义字段的查阅属性,就是定义在输入该字段数据时可以查阅的数据列表。数据列表可以用其他表或查询中的数据,这种方式可以使用户更方便、更快捷、更准确地输入数据。

在输入字段数据类型时如果选择“查阅向导”数据类型,会打开“查阅向导”对话框,也可以根据其提示来定义字段的查阅属性。

4. 在“电脑”表中输入数据

切换到数据表视图,在“电脑”表中输入数据,如图 4.11 所示。

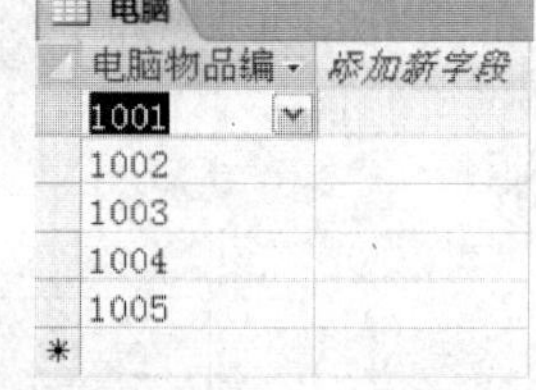

图 4.11　“电脑”表数据

4.2.4　创建“仓库”表

1. 定义“仓库”表字段名称

“仓库”表很简单,可以在表设计视图中直接创建,“仓库编号”与“仓库名称”字段为文本数据类型,10 位,其表结构如图 4.12 所示。

2. 为字段的查阅属性定义值列表

(1)选择“仓库编号”字段,单击“查阅”标签,从“显示控件”属性框右边下拉箭头中选择“组合框”选项,在“行来源类型”属性框中选择“值列表”,在“行来源”属性框中输入“"chp";"pj";"ws";"qt"”,如图 4.12 所示。

(2)选择“仓库名称”字段,单击“查阅”标签,从“显示控件”属性框右边下拉箭头中选择“组合框”选项,在“行来源类型”属性框中选择“值列表”,在“行来源”属性框中输入“"产品库";"配件库";"外设库";"其他库"”,如图 4.13 所示。

查阅的值列表,是开发人员自己定义的在输入该字段数据时可以查阅的数据列表,会出现在组合框的下拉列表中。

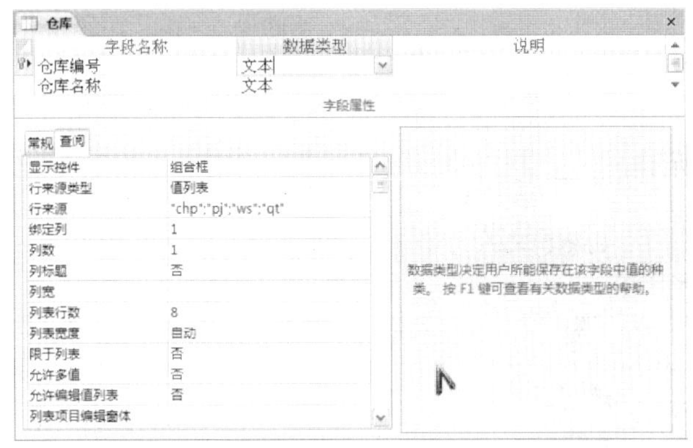

图 4.12 “仓库”表结构与查阅“值列表”属性

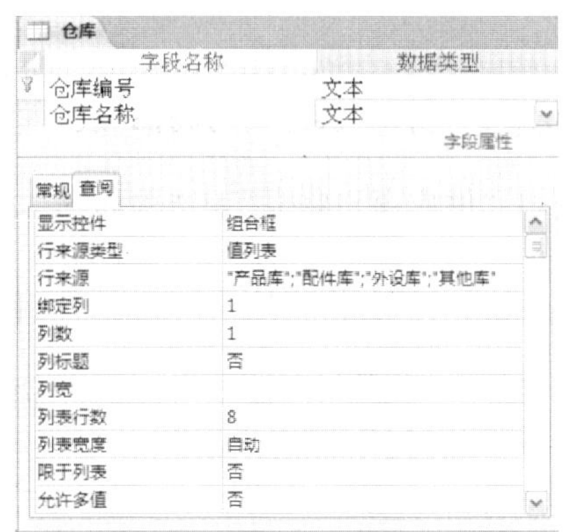

图 4.13 “仓库名称”的查阅属性

4.2.5 创建“配件”表

“配件”表结构如图 4.14 所示。

其中，在“电脑物品编号”字段查阅“行来源”文本框输入“SELECT 电脑 . 电脑物品编号 FROM 电脑;”。在“配件物品编号”字段查阅“行来源”文本框输入“SELECT 配件 . 配件物品编号 FROM 配件;”。

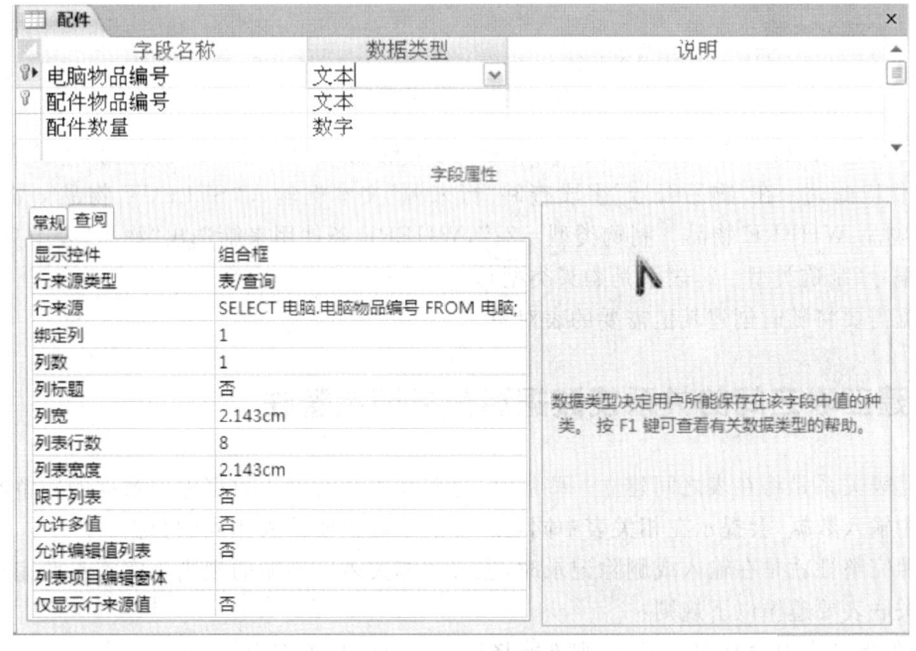

图 4.14 “配件”表结构

另外，“配件”表是由“电脑物品编号”字段与“配件物品编号”字段共同作主键的，先按住 Shift 键然后选择两个字段名称，再单击【主键】按钮，就可将两个字段名称同时选为主键了。

4.2.6 创建“供应商与物品”表

“供应商与物品”表结构如图 4.15 所示。

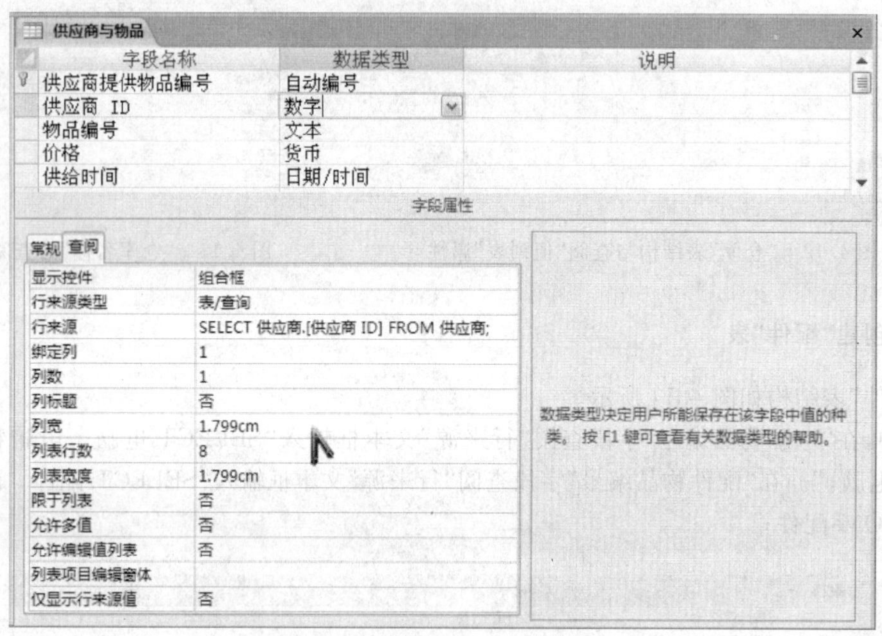

图 4.15 “供应商与物品”表结构

其中，在“供应商 ID”字段查阅“行来源”文本框输入“SELECT 供应商 .[供应商 ID] FROM 供应商;”。在“物品编号”字段查阅“行来源”文本框输入“SELECT 物品 . 物品编号 FROM 物品 WHERE 物品 . 制购类型＝2;”，WHERE 条件用来筛选出“物品”表中只是购买的物品编号(制购类型＝2，表示是购买类型)。

根据需要将随时创建其他需要的表对象。

4.3 建立表之间的关系使数据具有参照完整性

创建表关系是将在表之间建立一些规则，这些规则会有助于数据库中数据的完整性，例如在主表中输入数据，会提示在相关表中同名属性的字段也要输入相同的数据。

参照完整性就是在输入或删除记录时，主表和相关表应遵循的规则。实施参照完整性后，主表和关联表要遵循以下规则：

(1)如果主表中没有相关记录，则不能将记录添加到相关表中。

(2)如果相关表中存在匹配的记录，不能删除主表中的记录。

(3)如果相关表中有相关记录时，不能更改主表中主键的值。

如果违背参照完整性的规则，系统会自动强制执行参照完整性，拒绝对数据的操作。

4.3.1　建立表关系

1. 打开关系视图窗口

在功能区选择“数据库工具”选项卡“显示/隐藏”组中单击【关系】按钮，将在视图区打开“关系”视图窗口，同时弹出“显示表”对话框，如图 4.16 所示。

图 4.16　“关系”视图

2. 添加表

在窗口空白处单击右键，在出现的快捷菜单中选择“显示表”菜单项，会弹出“显示表”对话框（在功能区“设计”选项卡“关系”组中单击【显示表】按钮，会随时弹出“显示表”对话框），从中选择需要的表，然后单击【添加】按钮，选择的表会出现在关系视图中，如图 4.17 所示。

4.3.2　定义数据参照完整性

1. 打开“编辑关系”对话框

选中“电脑”表的关键字“电脑物品编号”拖拉到“配件”表中同名字段“电脑物品编号”上，会弹出“编辑关系”对话框（以后可以在连线双击也可以打开该对话框），如图 4.18 所示。

2. 选择“实施参照完整性”选项

（1）选择“实施参照完整性”选项，可看到“级联更新相关字段”（如果更新该字段属性，必须同时更新两个表中的字段属性）和“级联删除相关字段”（如果删除该字段记录，将同时删除两个表中的记录）两个选项变为可用，如图 4.19 所示。

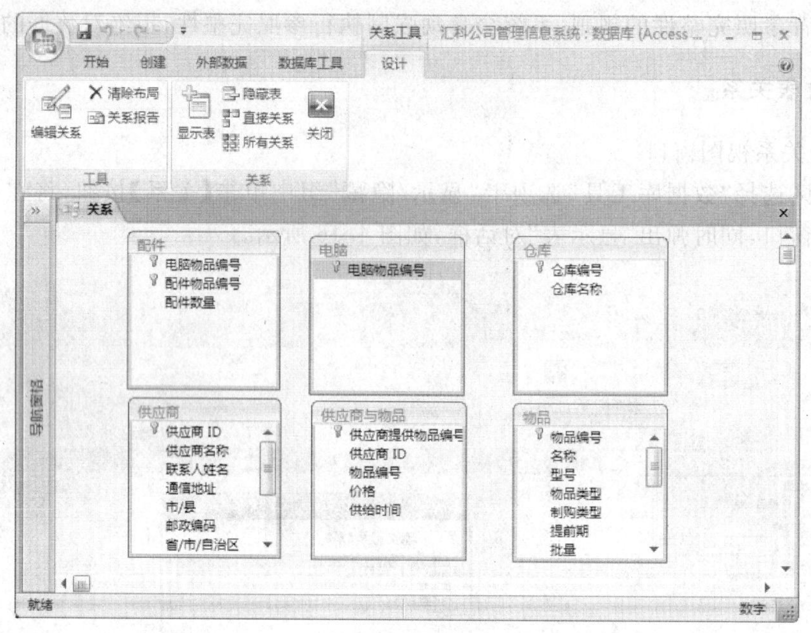

图 4.17　添加表到“关系”视图中

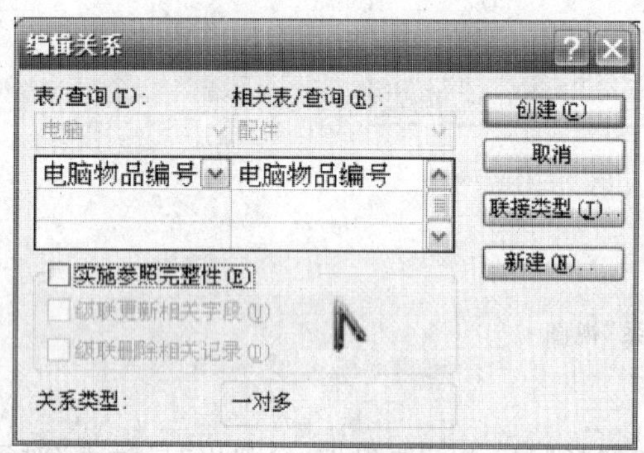

图 4.18　“编辑关系”对话框

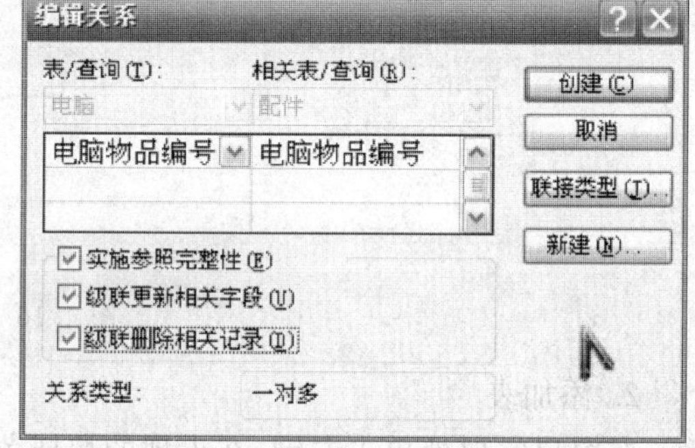

图 4.19　选择“实施参照完整性”选项

(2)在“编辑关系”对话框中选择“级联更新相关字段”与“级联删除相关字段”选项。

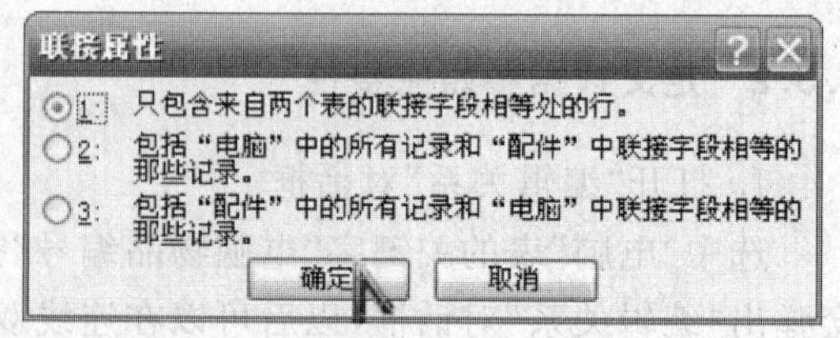

图 4.20　选择“实施参照完整性”选项

(3)在“编辑关系”对话框中单击【联接类型】按钮，可以打开“联接属性”对话框，如图 4.20 所示。其中，默认为选项 1，表示联接两个表联接字段相等处的记录行。选项 2 可以包含“电脑”中所有记录和“配件”中联接字段相等的那些记录。选项 3 可以包含“配件”中所有记录和“电脑”中联接字段相等的那些记录。这里，取选项 1 默认设置。

(4)单击【确定】按钮，返回“编辑关系”对话框，单击【创建】按钮，可看到“电脑”与“配件”表之间建立了 1 对多关系，如图 4.21 所示。

图 4.21 "电脑"与"配件"表的 1 对多关系

同理编辑其他关系，最后创建的关系视图如图 4.22 所示。建立关系后将方便窗体对象与查询对象的使用，通过关系可以联接不同表之间的数据一起使用。

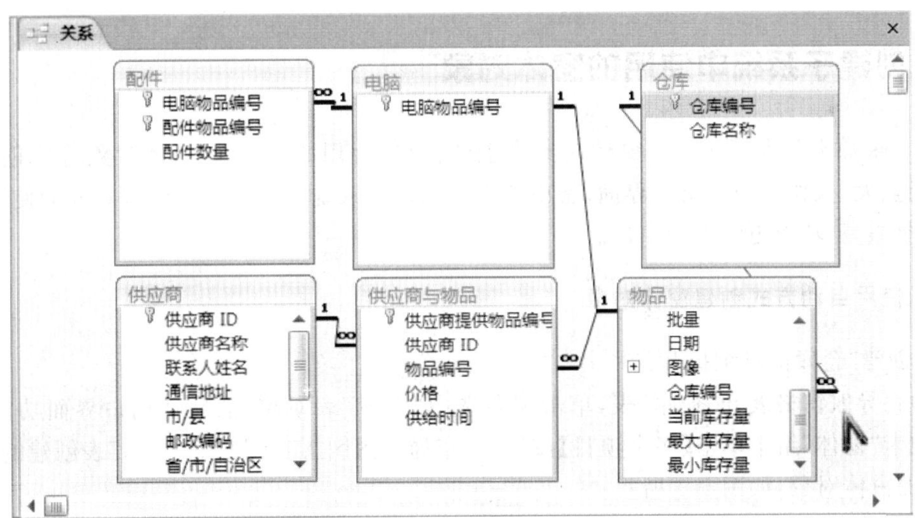

图 4.22 所有表的关系视图

5 创建“基本数据维护子系统”

不同的子系统具有不同的功能操作，不同的功能操作对应不同的功能处理模块，在系统实现时，一般将一个完整的处理操作流程捆绑在一个窗口界面中，根据操作任务的需要在窗口界面中完成指定的操作任务。创建子系统的主要任务是根据需要创建不同的功能操作窗口界面。

“基本数据维护子系统”的主要功能是对数据库中的表进行维护工作，创建“基本数据维护子系统”的主要任务就是根据不同的表创建其维护窗口，使数据库中对表中数据的输入、修改、删除等操作更加方便、安全与有效。

本章的任务是创建实现“基本数据维护子系统”功能的各种数据库对象。

5.1 创建子系统中使用的窗体对象

Access 数据库专门设计了窗体对象来创建窗口，使用 Access 的窗体对象可以创建出美观、功能强大、操作方便的窗口界面，希望读者在创建子系统的同时掌握窗体对象的使用方法，设计出更漂亮、功能更强大的窗口。

5.1.1 使用自动方式创建窗体对象

1. 创建“仓库信息维护”窗口

(1)在导航窗格展开“仓库”表，单击表名选中“仓库”表对象，然后从用户界面功能区“创建”选项卡“窗体”组中单击【多个项目】按钮，在布局视图区将看到根据“仓库”表创建的显示多个项目的窗体对象，如图 5.1 所示。

(2)在快速访问工具栏单击【保存】按钮，保存该窗体对象为“仓库数据维护窗口”，就完成了一个窗体对象的创建任务，在导航窗格会看到新出现的窗体对象，如图 5.2 所示。还可以在布局视图下修改文字标签，例如，将“仓库”标题修改为“仓库数据维护窗口”，如图 5.2 所示。

2. 创建“计划员信息维护窗口”

同样方式，可以先创建“采购员”、“计划员”与“销售员”表，然后自动创建“采购员信息维护窗口”、“计划员信息维护窗口”与“销售员信息维护窗口”如图 5.3、图 5.4 所示。

3. 创建“物品信息维护窗口”

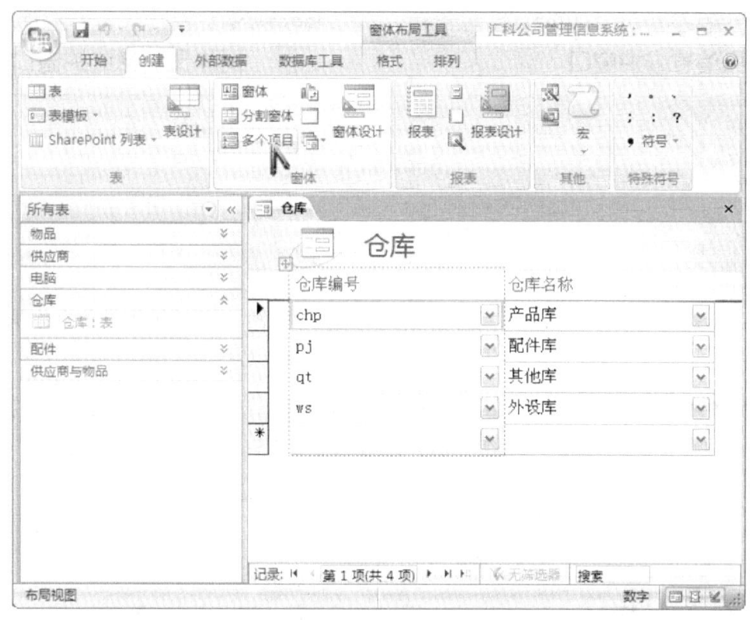

图 5.1　“多个项目”窗体

图 5.2　“仓库信息维护”窗口

(1)在导航窗格展开“产品”表，单击表名选中“物品”表对象，然后在用户界面功能区“创建”选项卡“窗体”组中单击【分割窗体】按钮，在布局视图区将看到根据“物品”表创建的上面显示单个记录，下面显示多条记录的窗体对象，如图 5.5 所示。

(2)保存窗体对象为“物品信息维护窗口”，可在导航窗格看到生成的分割窗体对象。

在输入“图像”字段时，因为是“附件”数据类型，可以添加多个图片文件，在浏览时可以通

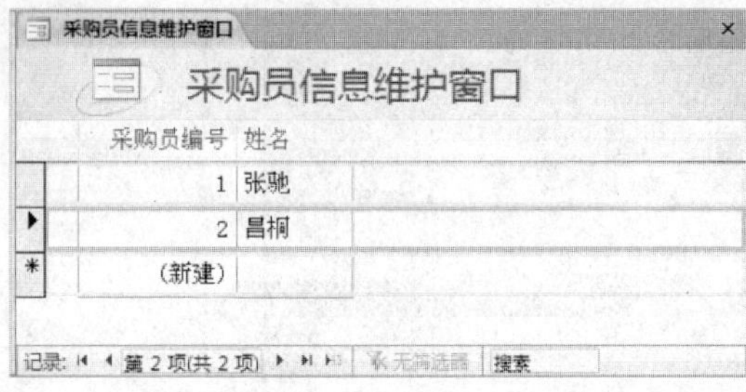

图 5.3 “采购员信息维护窗口”

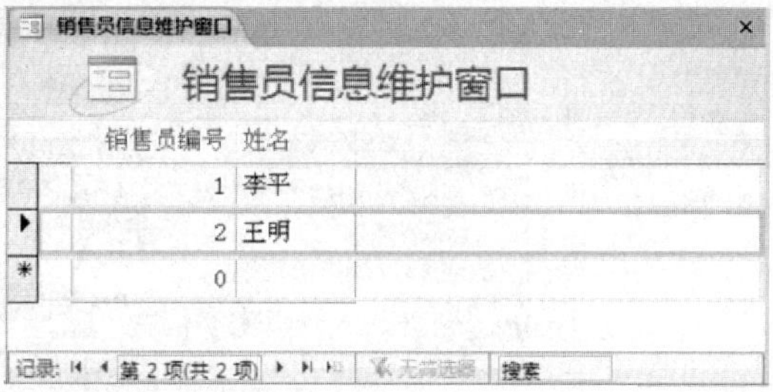

图 5.4 “销售员信息维护窗口”

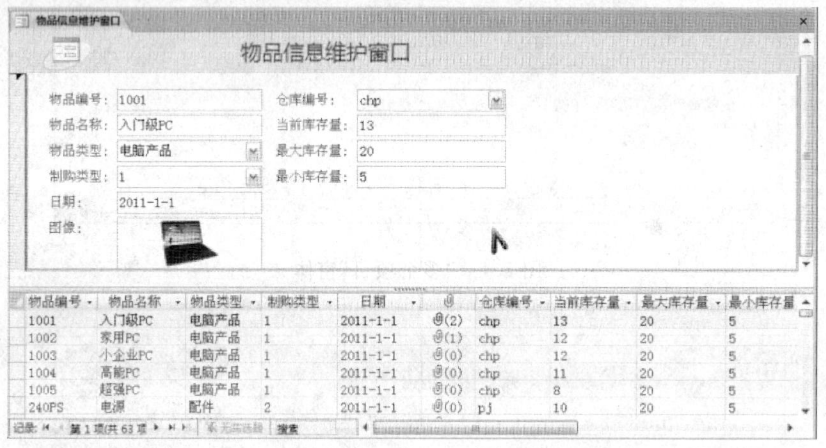

图 5.5 “物品信息维护窗口”

过←→箭头来查看不同图片。

类似方式可建“供应商信息维护窗口”,如图 5.6 所示。

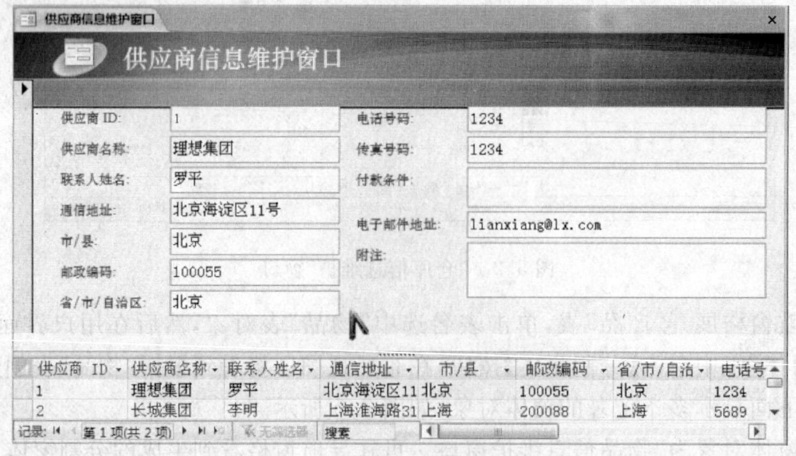

图 5.6 “供应商信息维护窗口”

4. 使用自动套用格式美化窗口

在设计视图下，单击“排列”选项卡中的【自动套用格式】按钮，如图 5.7 所示，可以按定义好的格式来美化窗口，套用“模块”格式美化的 “供应商信息维护窗口”窗体。

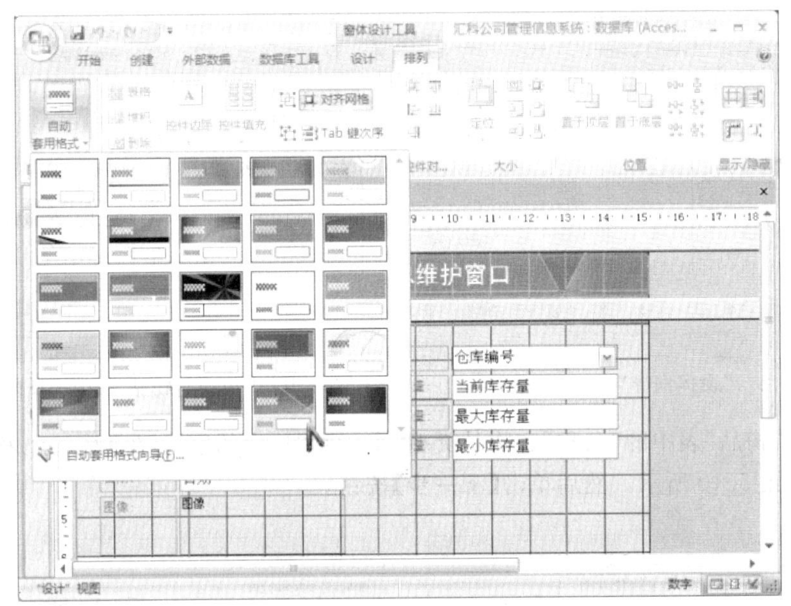

图 5.7 美化“供应商信息维护窗口”

5.1.2 通过向导创建“供应商物品价格维护窗口”主/子窗体对象

因为一个供应商可以提供多种物品，不同的供应商对同一种物品可以提供不同的价格，所以，可以创建一个主/子窗体，在主窗口显示供应商的信息，在子窗口输入或修改该供应商提供的物品编号与价格数据。

下面基于表“供应商”、“物品”和“供应商与物品”3 个表来创建不同供应商提供的物品数据的主/子窗体“供应商物品价格维护窗口”。

1. 启动窗体向导

在功能区“创建”选项卡“窗体”组中单击“其他窗体”下拉列表，从中选择“窗体向导”命令，打开“窗体向导”对话框，如图 5.8 所示。

2. 回答向导提问

在下面会连续出现向导对话框，提出几个问题，让用户确定问题的答案。其提问如下：

(1)确定窗体上使用哪些字段

①在“表/查询”下拉列表框中选择“供应商”表。

②在“可用字段”列表框选择字段“供应商 ID”，单击按钮 > ，将“供应商 ID”字段添加到“选定的字段”框。同样添加“供应商名称”到“选定的字段”框。

③再返回①步从“表/查询”下拉列表框中选择“供应商与物品”表。

④将“供应商与物品”表中除了“供应商 ID”的其他字段添加到“选定的字段”框中，如图 5.9 所示。

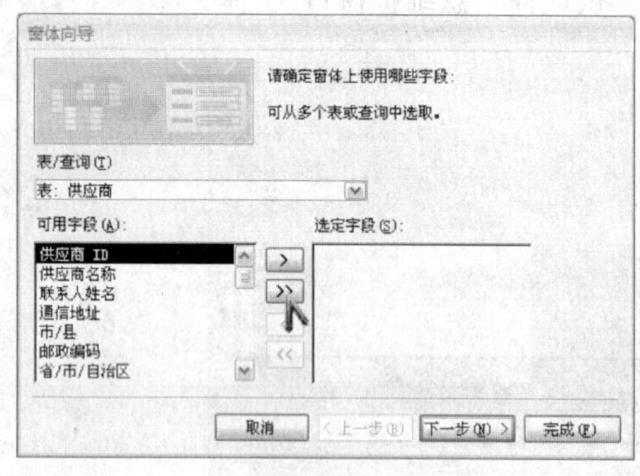

图 5.8 “窗体向导”对话框

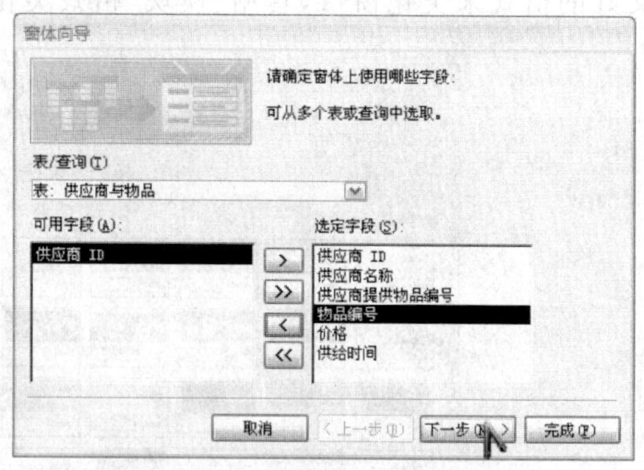

图 5.9 从“供应商与物品”表中选择窗体使用的字段

⑤再选择“物品”表中的“名称”、“物品类型”字段到“选定的字段”框，从三个表选定的窗体使用的字段如图 5.10 所示。然后单击【下一步】按钮。

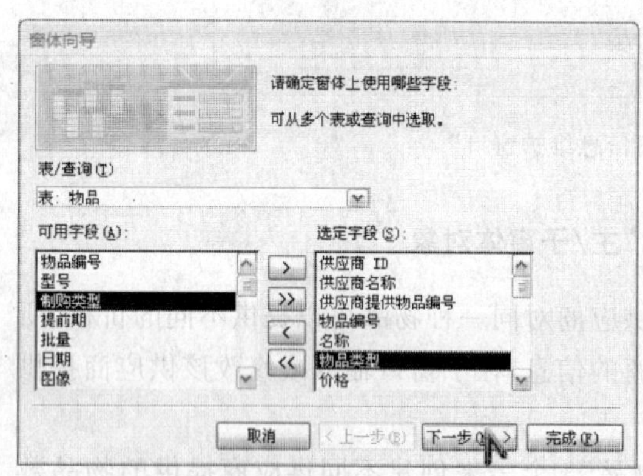

图 5.10 从多个表中选择窗体使用的字段

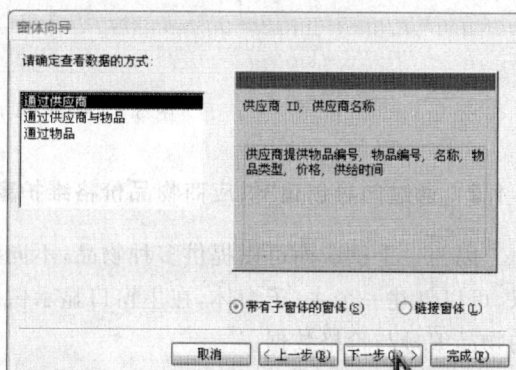

窗体向导
请确定查看数据的方式:
通过供应商
通过供应商与物品
通过物品
供应商 ID, 供应商名称
供应商提供物品编号, 物品编号, 名称, 物品类型, 价格, 供给时间
带有子窗体的窗体(S)　链接窗体(L)
取消　< 上一步(B)　下一步(N) >　完成(F)

图 5.11 选择窗体中查看数据的方式

(2)确定窗体上查看数据的方式

①在向导对话框的“请确定查看数据的方式”栏中选择“通过供应商”方式。

②单击“带有子窗体的窗体”选项，如图 5.11 所示。然后单击【下一步】按钮。

(3)确定子窗体使用的布局

在向导对话框的选项组中列出了两种子窗体的布局供用户选择。从中选择“数据表”选项，如图 5.12 所示。然后单击【下一步】按钮。

(4)确定窗体使用的样式

对话框中提供了多种系统设置好的窗体样式，用户可以按自己的喜好进行选择。这里选择“模块”选项，其样式可在右边框中浏览，如图 5.13 所示。然后单击【下一步】按钮。

(5)确定窗体与子窗体使用的标题

图 5.12　选择子窗体使用的布局

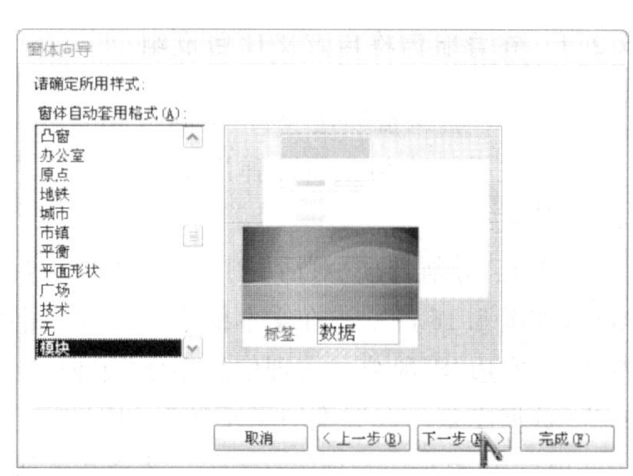

图 5.13　选择窗体使用的样式

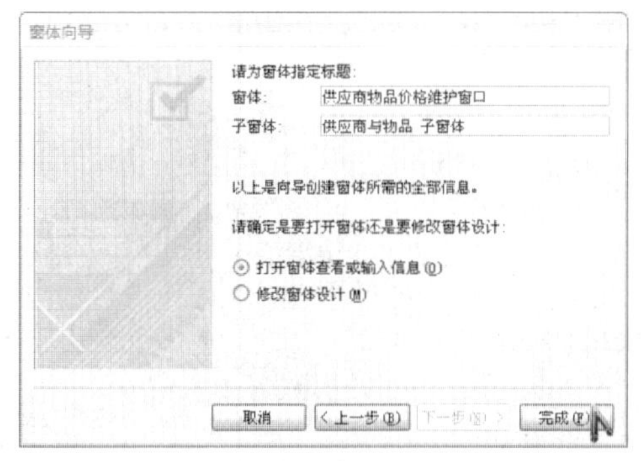

图 5.14　选择窗体与子窗体使用的标题

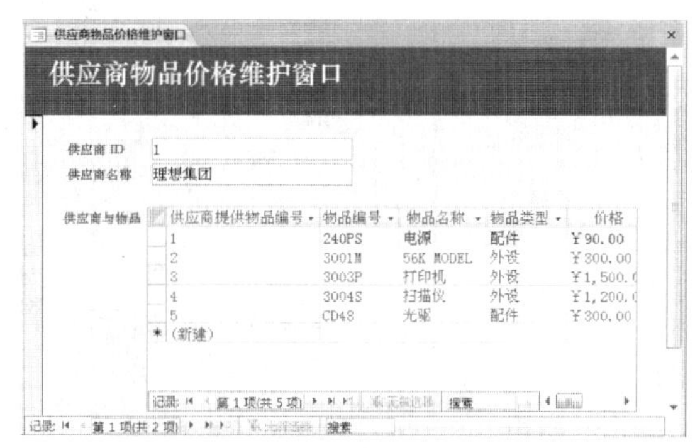

图 5.15　通过向导创建的主/子窗体

对话框中显示了系统默认的窗体与子窗体的标题,如图 5.14 所示。将“供应商”名称修改为“供应商物品价格维护窗口”,然后单击【完成】按钮,结束向导所有提问。

3. 自动创建窗体

“窗体向导”在得到所有需要的信息后,会自动创建主/子窗体,并可在窗体视图中看到创建的窗体,如图 5.15 所示。

该窗体可以显示所有供应商提供的物品。在中间“供应商与物品”子窗体界面显示的是该供应商提供的多种物品及价格,可以直接修改或输入表中的数据,只需要输入物品编号、物品价格和供给时间,其他数据会自动出现。

通过最下方的主窗口记录选择器,可以选择另一供应商记录。

5.2　自定义“基本数据维护子系统”组

为了在系统开发时便于管理,可以自定义组将相关的窗体、查询、表对象等放在一起,本节的任务是自定义“基本数据维护子系统”组,将其涉及的数据库对象存放在同一组。

5.2.1 在导航窗格自定义项目及组

1. 在导航窗格创建项目“汇科公司管理信息系统”

(1)在导航窗格上右击弹出下拉列表菜单命令,从中选择“导航选项”命令,将弹出“导航选项”对话框。

(2)在“导航选项”对话框中单击【添加项目】按钮,在“类别”框会添加一个“自定义类别 1”文本框,如图 5.16 所示。在文本框中输入项目名称“汇科公司管理信息系统”,然后单击【添加组】按钮,在右边“汇科公司管理信息系统”组框下会出现“自定义类别 1”选项框,将选项框中文字修改为“数据库基本数据维护子系统”,如图 5.17 所示。单击【确定】按钮,在导航窗格中将出现一个新项目“汇科公司管理信息系统”,选择其名称,将在导航窗格看到其下的对象,如图 5.18 所示。

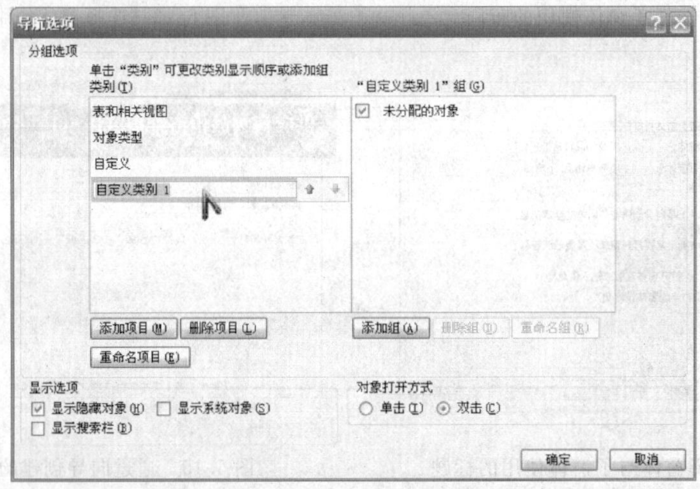

图 5.16 “导航选项”对话框

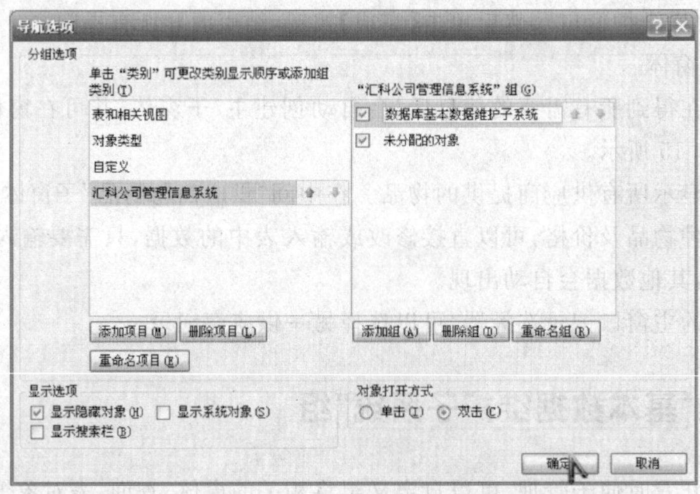

图 5.17 添加项目中的组

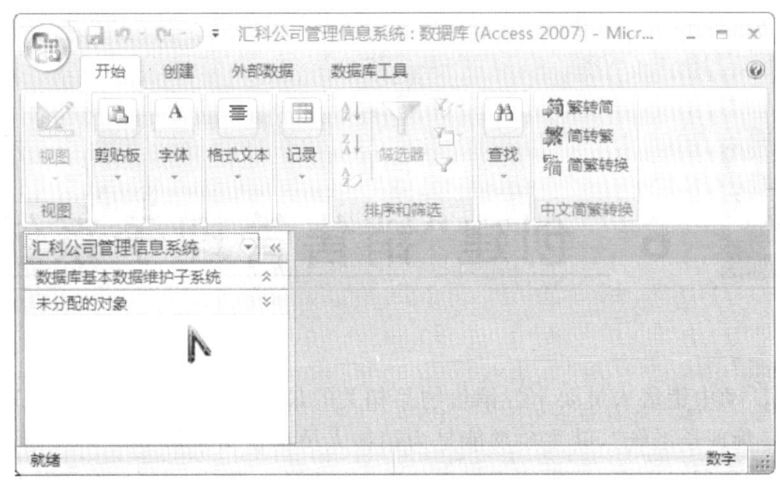

图 5.18　自定义的项目及组

2. 向“数据库基本数据维护子系统”组中添加对象

在导航窗格展开“未分配的对象”组下对象，在“采购员”表对象上单击右键，选择“添加到组”→“数据库基本数据维护子系统”命令，即可将该表对象添加到指定组中(只是创建了对象的一个快捷方式)，同样方式将“未分配的对象”组下新创建的表与窗体对象都添加到“数据库基本数据维护子系统”组中，通过组管理这些表与窗体对象，对其进行修改等操作。

还可以直接选中对象将其拖拉到指定组中。

5.2.2 隐藏与显示对象

1. 指定对象隐藏属性

添加到组中的对象只是创建了对象的一个管理方式，在导航窗格中的对象列表中仍然可以看见，如果希望对象隐藏起来使人看不到，可以使用“隐藏”属性。

指定对象隐藏属性需要进行以下操作：

(1)选择已经添加到组中的“仓库”表对象，单击右键选择“表属性”命令，将打开“属性”对话框。或在“数据库工具”选项卡“工具”组中单击【属性表】按钮，也可以打开“属性”对话框。

(2)在“属性”对话框中选择“隐藏”选项，单击【应用】按钮后，该表对象将具有隐藏属性，在导航窗格中显示灰色或隐藏不见。

2. 显示/隐藏对象

如果需要将具有隐藏属性的对象显示或隐藏起来，右击导航窗格选择“导航选项”命令，打开“导航选项”对话框，选择“显示隐藏对象”选项，具有隐藏属性的对象会以灰色方式会出现在导航窗格的对象列表中，如果不选择“显示隐藏对象”选项，具有隐藏属性的对象将隐藏不见。

6 创建“销售管理子系统”

销售管理活动中销售人员要掌握销售物品相关的最新信息，为支持销售管理人员工作，专门设计了“销售管理子系统”，其主要功能是为销售人员提供信息服务。

本章的任务是创建实现“销售管理子系统”功能的各种窗体、查询、报表与宏等对象，为销售人员提供销售物品信息，根据时间来更新销售物品信息，输入客户订单，查询客户过去购买物品的价格，查询客户地址与送货日期，查询销售需求方面的相关信息。

由于该子系统功能较多，下面分别介绍：客户信息管理模块、销售物品信息管理模块和销售业务管理模块。

6.1 客户信息管理模块

客户信息管理模块主要提供三个功能：维护客户基本信息、查询客户购买价格和查询客户送货地址与要求。下面分别用 3 个窗体来实现这些的功能。

6.1.1 自动创建“客户基本信息维护窗口”

1. 创建“客户”表

创建“客户”表以保存客户基本信息，其结构如图 6.1 所示。

字段名称	数据类型	说明
客户 ID	自动编号	
客户名称	文本	
联系人姓名	文本	
送货地址	文本	
市/县	文本	
邮政编码	文本	
省/市/自治区	文本	
电话号码	文本	
传真号码	文本	
送货要求	文本	
电子邮件地址	超链接	
附注	备注	

图 6.1 “客户”表结构

2. 创建“客户基本信息维护窗口”窗体

在导航窗格选择“客户”表单击“分割窗体”按钮即可创建“客户基本信息维护窗口”窗体对

象，窗体界面如图 6.2 所示。

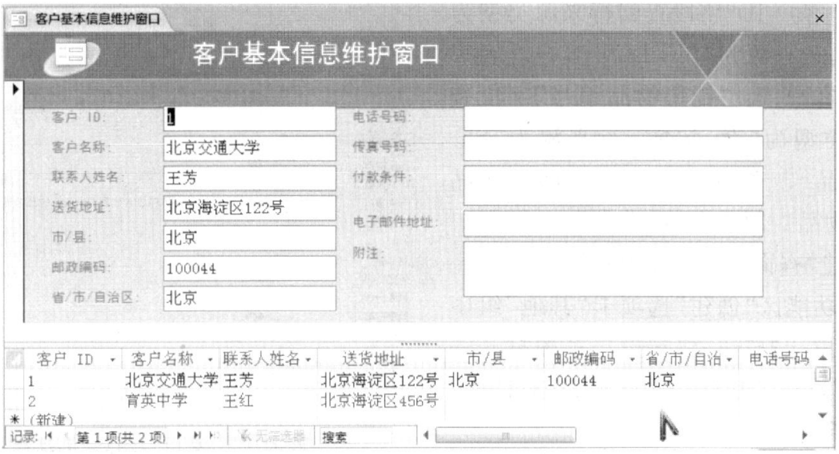

图 6.2 “客户基本信息维护窗口”窗体界面

6.1.2 设计视图下创建“查询客户物品价格”窗口

为了在签订客户销售订单时可以查看客户过去的购物信息，以便讨价还价，设计了“查询客户物品价格”窗体。

1. 窗体功能说明

本窗体主要提供 3 个功能：

功能 1——根据输入的“客户名称”查询不同客户购买物品的价格。

功能 2——根据输入的“销售物品编号”查询不同客户购买物品的价格。

功能 3——什么都不输入，查询所有客户购买物品的价格。

2. 创建窗体框架

(1)在用户界面功能区“创建”选项卡“视图”组中单击【窗体设计】按钮，在窗体设计视图打开“窗体 1”对象，保存其为“查询客户物品价格”窗体对象。

(2)在窗体设计视图下，会在功能区出现“设计”选项卡，在“控件”组中单击【组合框】控件按钮，在窗体做添加两个组合框控件 com1(用来选择客户名称)、com2(用来选择销售物品编号)。

(3)单击【命令按钮】控件按钮 XXXX，在窗体添加一个命令按钮控件 C1(用来运行查询)。

(4)单击【标签】控件按钮 Aa，在窗体添加一个标签控件 L1(用来显示窗口标题文字)。

窗体框架设计结果如图 6.3 所示。

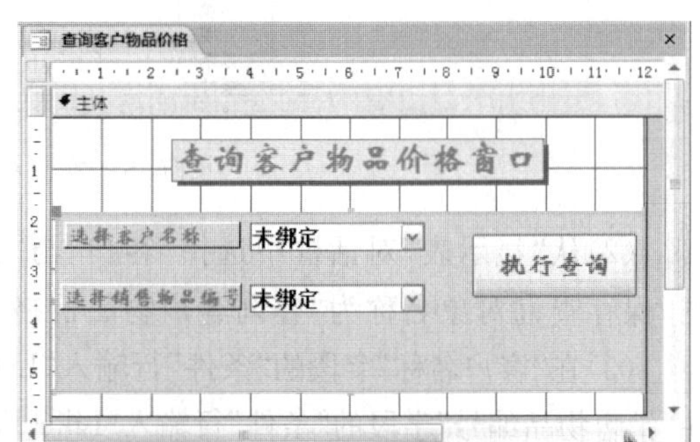

图 6.3 “查询客户物品价格”窗体界面

3. 创建“客户与物品”表

不同客户购买产品的价格不同，时间不同购买的价格也会不同，所以，在客户与物品之间存在多对多关系，需要建立一个“客户与物品”表，来联接“客户”与“物品”，保存客户购买物品的不同时间下的价格。“客户与物品”表结构如

图 6.4 所示。

其中,“客户 ID”字段查阅行来源类型为“表/查询”,行来源为“SELECT 客户.[客户ID]FROM 客户;”。“销售物品编号”字段查阅行来源类型为“表/查询”,行来源为“SELECT 物品.物品编号 FROM 物品 WHERE 物品.制购类型="1";”。

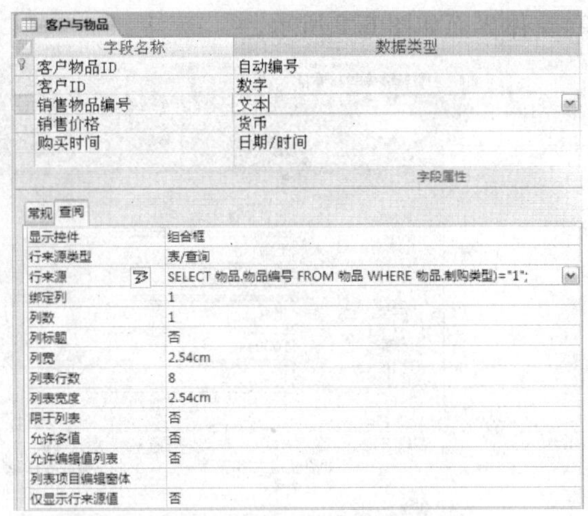

图 6.4 “客户与物品”表结构

4. 创建“查询客户物品价格”查询对象

(1)在功能区“创建”选项卡“其他”组中单击【查询设计】按钮,将在设计视图打开一个“查询 1”对象,同时打开“显示表”对话框,如图 6.5 所示。

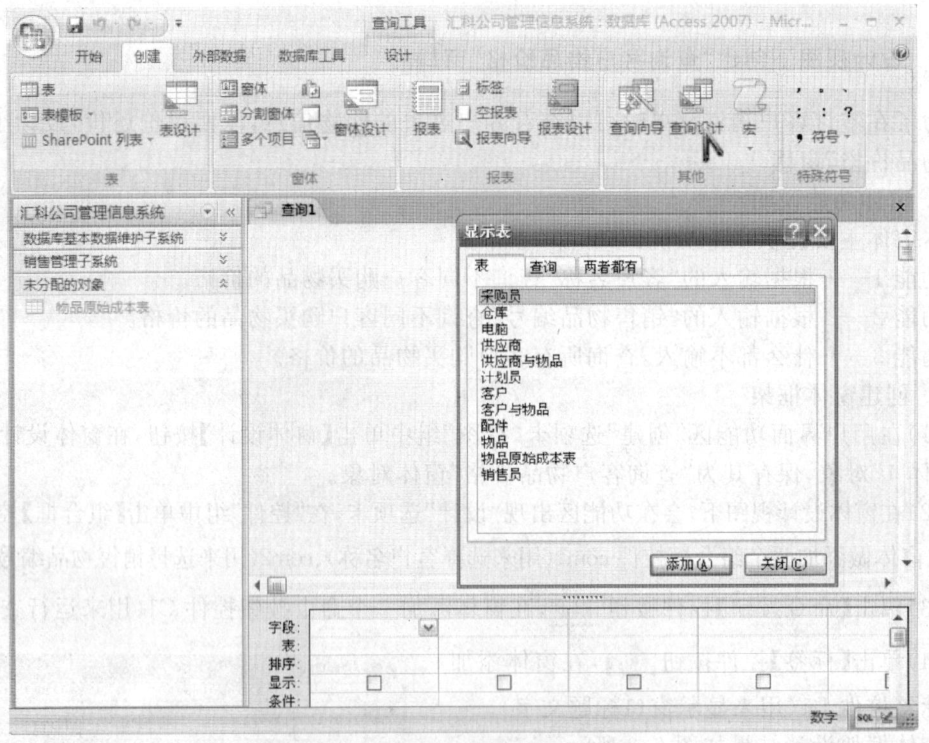

图 6.5 在设计视图打开查询对象

(2)从“显示表”对话框中选择“客户”与“客户与物品”单击【添加】按钮,将表添加到设计视图,保存查询对象名称为“查询客户物品价格”,根据“客户”与“客户与物品”表确定查询字段。

(3)在“客户名称”字段的“条件”行输入“Like[Forms]![查询客户物品价格]![com1]&"*"”,在“销售物品编号”字段的“条件”行输入“Like[Forms]![查询客户物品价格]![com2]&"*"”。

设计完整的“查询客户物品价格”查询对象结构如图 6.6 所示。

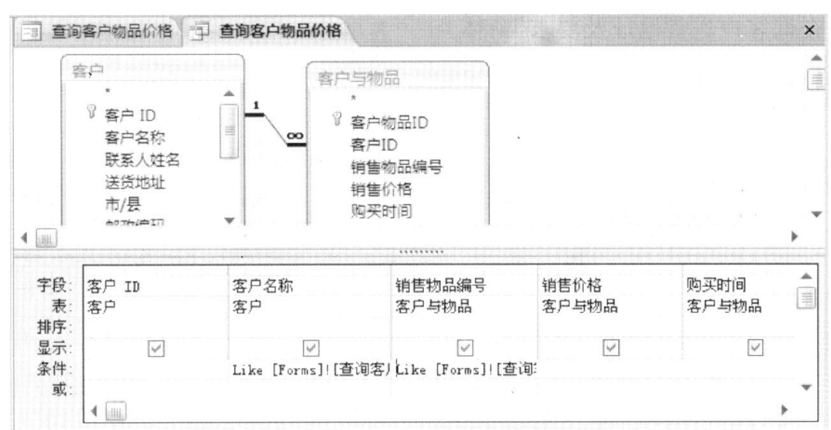

图 6.6 “查询客户物品价格”查询对象

5. 创建“查询客户物品价格”宏对象

(1)在功能区“创建”选项卡“其他”组中单击【宏】按钮,将在宏设计视图打开一个“宏 1”对象,将其保存为“查询客户物品价格”。

(2)在宏设计视图“操作”命令栏下选择 OpenQuery。

(3)在“操作参数”区域,在“查询名称”下拉框中选择“查询客户物品价格”查询对象,在“视图”下拉框中选择“数据表”视图,从“数据模式”下拉框中选择“只读”模式,宏对象设计结果如图 6.7 所示。

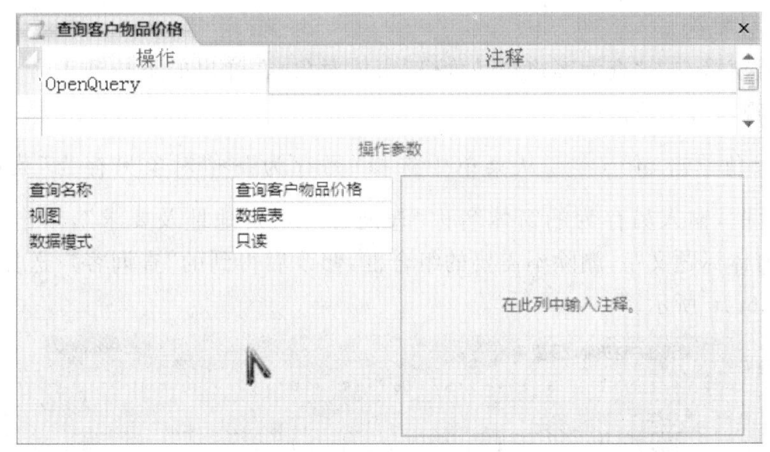

图 6.7 “查询客户物品价格”宏对象

6. 为命令按钮“执行查询”指定宏

(1)切换到“查询客户物品价格”窗体设计视图,选择命令按钮“执行查询”,右击从快捷菜单中选择“属性”菜单,打开“属性表”对话框。

(2)选择“事件”标签,在“单击”栏下拉列表中选择“查询客户物品价格”宏,如图 6.8 所示。在窗体视图中可以看到“查询客户物品价格”窗体界面如图 6.9 所示。

6.1.3 创建“查询客户送货地址及要求”窗口

为了在签订客户销售订单时或送货时可以确认一下客户的送货要求,保证按时、正确地送货，设计了“查询客户送货地址及要求”窗体。

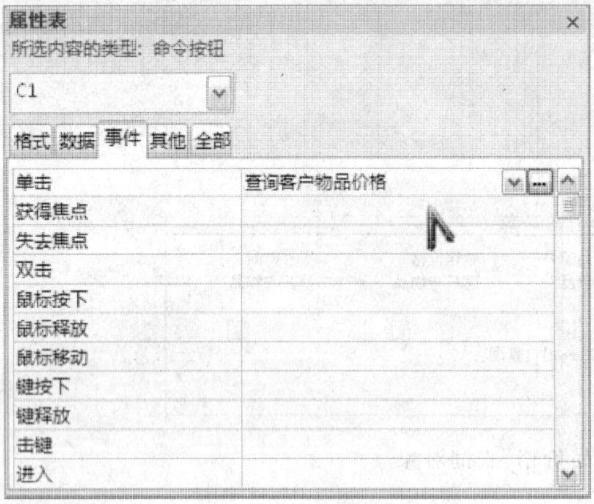

图 6.8　指定宏 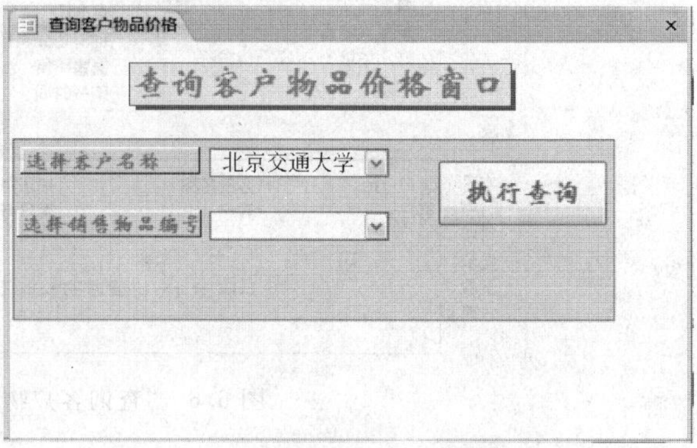　　　图 6.9　“查询客户物品价格”窗体界面

1. 窗体功能说明

本窗体主要提供两个功能：

功能 1——在窗口中输入“客户名称”，可显示或打印客户的送货地址及送货要求。

功能 2——修改客户的送货地址及送货要求。

2. 创建窗体框架

(1)在导航窗格右击“查询客户物品价格”窗体对象，在弹出的下拉列表命令中选择“设计视图”，在设计视图打开该窗体。

(2)在左上角单击 office 从菜单中选择“另存为”→“对象另存为”菜单命令，打开“另存为”对话框，输入另存为的窗体名称“查询客户送货地址及要求”，单击【确定】按钮。

(3)修改窗体标题文字，删除不需要的组合框，修改后得到的“查询客户送货地址及要求”窗体框架如图 6.10 所示。

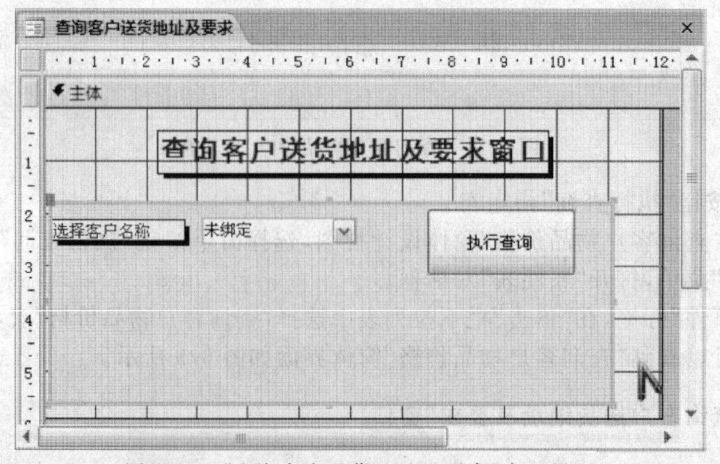

图 6.10　“查询客户送货地址及要求”窗口界面

3. 创建“查询客户送货地址及要求”查询对象

打开查询设计窗口，保存查询对象名称为“查询客户送货地址及要求"。添加“客户”表到设计视图，确定查询字段如图 6.11 所示。其中，“客户名称”字段的条件为 Like[Forms]! [查询客户送货地址及要求]! [com1]&"*"。

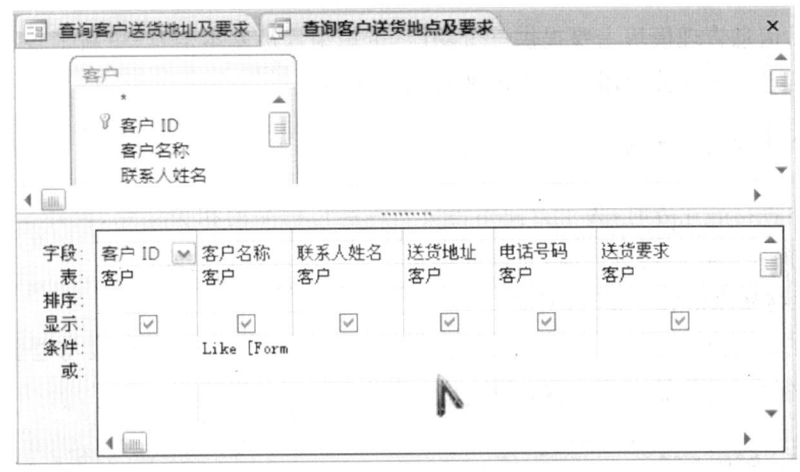

图 6.11 “查询客户送货地址及要求”查询对象

4. 创建“查询客户送货地址及要求”宏对象

(1)在数据库窗口打开宏设计视图，保存宏对象为“查询客户送货地址及要求”。

(2)在宏设计视图“操作”命令栏下选择 OpenQuery，在“操作参数”区域的“查询名称”下拉框中选择“查询客户送货地址及要求”查询对象，在“视图”下拉框中选择“数据表”视图，在“数据模式”下拉框中选择“编辑”模式，宏对象设计结果如图 6.12 所示。

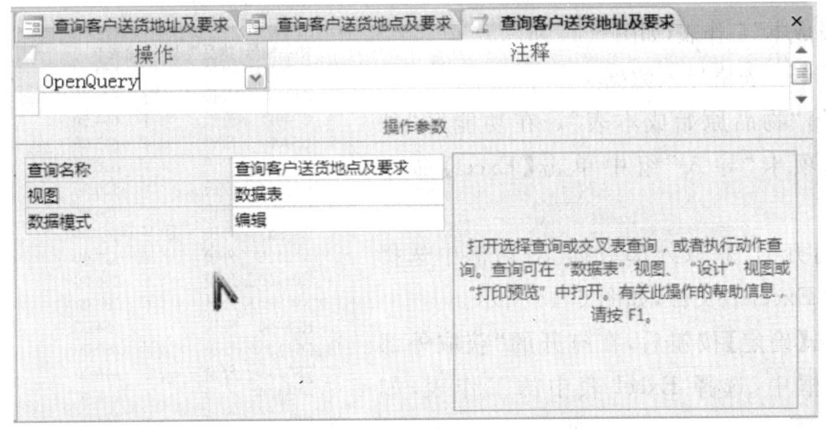

图 6.12 “查询客户送货地址及要求”宏对象

5. 为命令按钮“执行查询”指定宏

(1)切换到“查询客户送货地址及要求”窗体设计视图，选择命令按钮“执行查询”，右击从快捷菜单中选择“属性”菜单，打开命令按钮“属性表”对话框。

(2)选择“事件”标签，在“单击”栏下拉列表中选择“查询客户送货地址及要求”宏。

6.2 销售物品信息管理模块

销售物品信息管理模块主要提供三个功能：维护销售员基本信息、更新销售物品数据和查询销售物品信息。下面分别用4个窗体来实现其功能。

6.2.1 建立“查询销售物品信息窗口”的相关对象

在进行销售物品业务时，为了方便销售员了解销售物品的相关信息，设计了“查询销售物品信息窗口”窗体。在创建窗体前，先来创建其相关的表与查询对象。

1. 创建“物品原始成本表”表对象

销售员在制定销售物品(主要包括电脑与外设)价格时，先要了解外设与电脑配件的采购价，将采购价保存在“物品原始成本表”中，表结构如图6.13所示。

物品原始成本表

字段名称	数据类型	说明
物品编号	文本	10位
物品类型	文本	10位
原始成本	货币	原始成本由采购价格组成

图6.13 “物品原始成本表”结构

为了计算简单，将外设与配件最近的采购价格作为“物品原始成本表”中“原始成本”字段的数据，表中外设与配件的数据可由调查资料获得，如果有Excel表格数据，可以直接导入“物品原始成本表”中。例如，在Excel表格“上机实验1”文件中添加一个“外设成本”工作表，如图6.14所示。

2. 从Excel表格导入数据

(1)关闭“物品原始成本表”。在功能区“外部数据”选项卡“导入”组中单击【Excel】命令按钮。

(2)在打开的“获取外部数据”对话框中选择提供数据的Excel表文件，如图6.15所示。

(3)单击【确定】按钮后，在打开的“获取外部数据”对话框中，选择Excel表中的工作表，如图6.16所示。

(4)单击【下一步】按钮后，在打开的“获取外部数据”对话框中，选择包含第一行作为列标题，如图6.17所示。

上机实验1 [兼容模式]

	A	B	C	D	E
1	物品编号	物品类型	原始成本		
2	MT56M	外设	￥ 1,075.00		
3	CM56	外设	￥ 970.00		
4	C340P	外设	￥ 694.00		
5	C640P	外设	￥ 645.00		
6	BJC2100	外设	￥ 636.00		
7	HP640C	外设	￥ 520.00		
8	MT57M	外设	￥ 350.00		
9	ES580	外设	￥ 268.00		
10	A1212U	外设	￥ 227.00		
11	HP3400C	外设	￥ 206.00		
12	BJC3000	外设	￥ 204.00		
13	HP840C	外设	￥ 164.00		
14	E640U	外设	￥ 160.00		
15	ES720	外设	￥ 146.00		
16	HP5300C	外设	￥ 138.40		
17	HP970C	外设	￥ 135.00		
18	HP990C	外设	￥ 123.00		
19	HP6350C	外设	￥ 118.00		
20	HP1100	外设	￥ 93.00		
21	HP6390C	外设	￥ 76.00		

发票输出与打印子系统 | 外设成本

图6.14 Excel表中数据

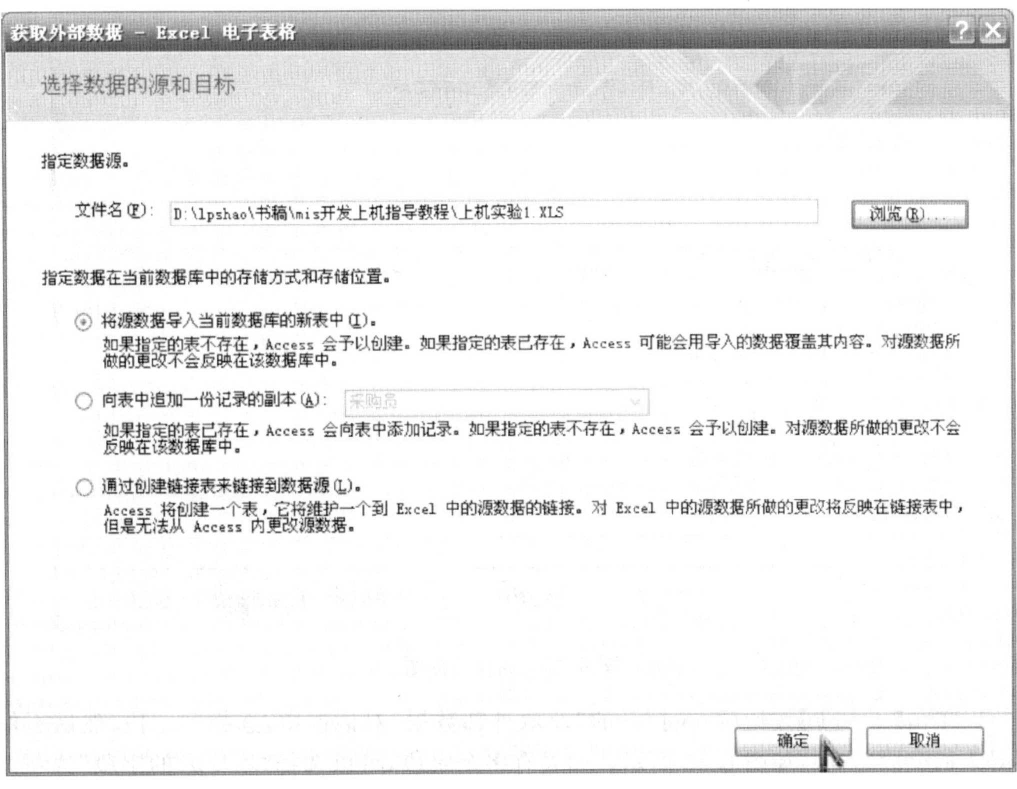

图 6.15　选择导入 Excel 表文件名称

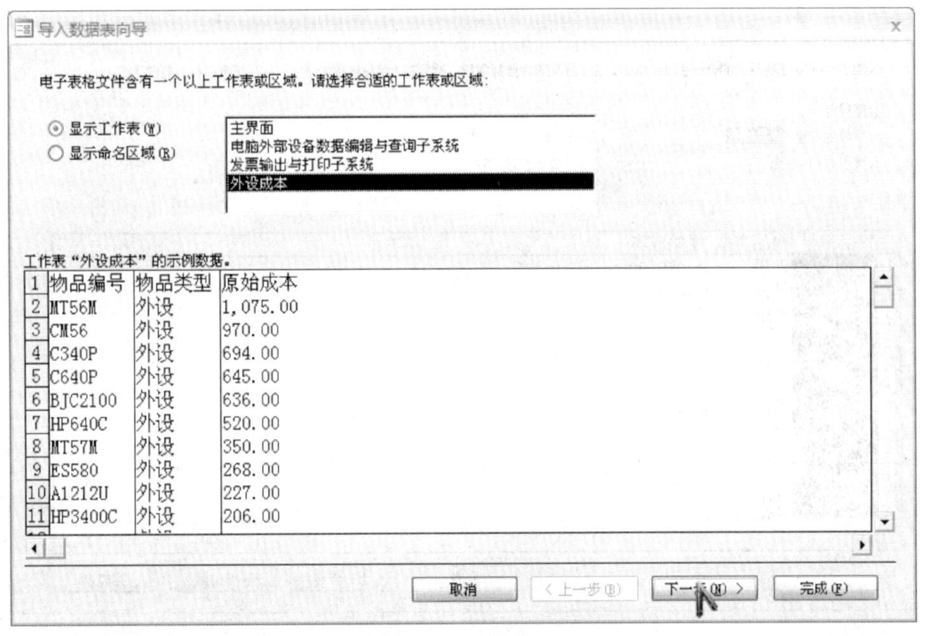

图 6.16　选择 Excel 工作表

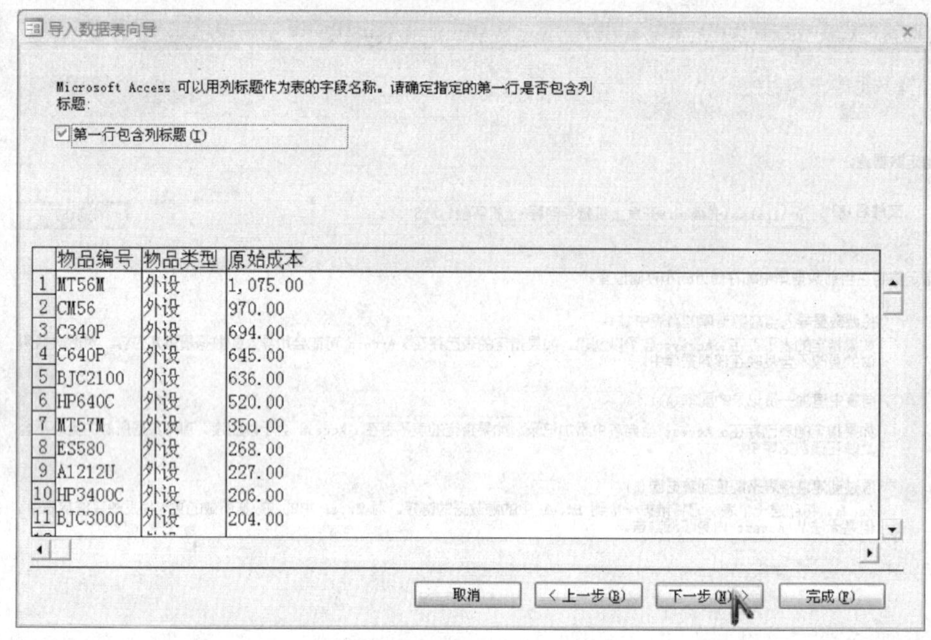

图 6.17　选择列标题

(5)单击【下一步】按钮后，在打开的“获取外部数据”对话框中，选择列字段，然后不勾选“不导入的字段”选项，如图 6.18 所示。如果有多余字段，可以选择“不导入的字段”选项。其字段数据不会被导入。

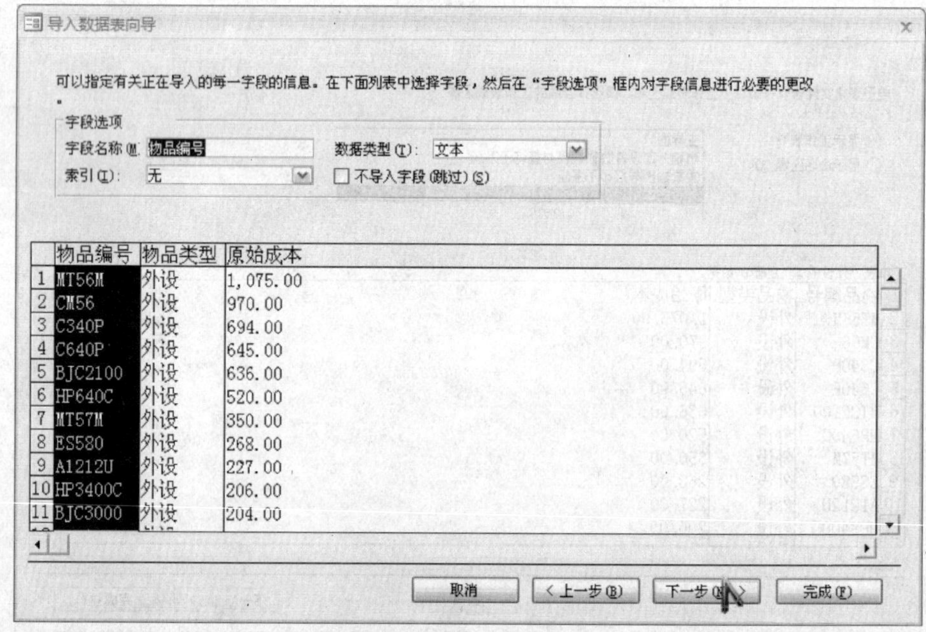

图 6.18　确定导入的字段

(6)单击【下一步】按钮后，选择“我自己选择主键”选项，如图 6.19 所示。

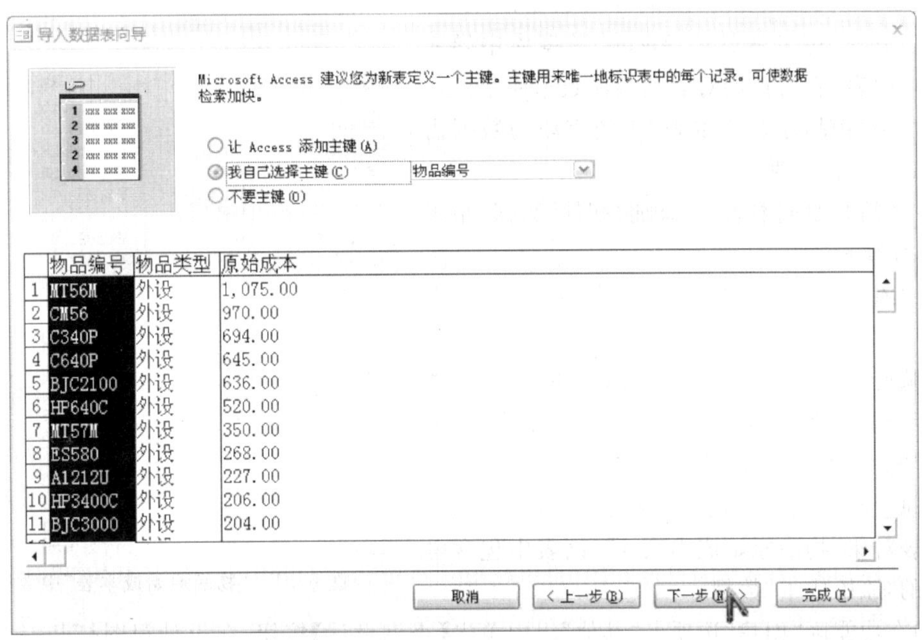

图 6.19 确定主键字段

(7)单击【下一步】按钮后，在“导入到表”文本框中，指定导入的表对象名称，例如“物品原始成本表”，如图 6.20 所示。

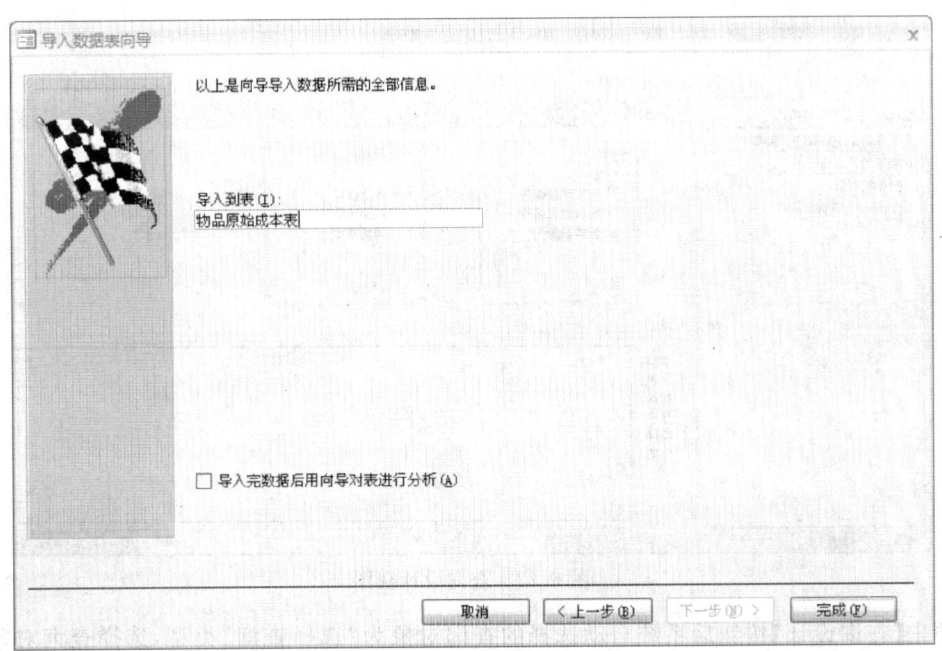

图 6.20 指定导入的表对象名称

(8)单击【下一步】按钮后,“获取外部数据”对话框中,单击[关闭]按钮,结束导入数据的工作。采用类似方式,可以从其他 Access 数据库中导入表、窗体、报表、宏与查询对象到当前数据库中。

添加到“物品原始成本表”中的字段与数据需要重新定义字段属性。

在“物品原始成本表”中添加“配件”数据,结果如图 6.21 所示。

物品原始成本表

物品编号	物品类型	原始成本	添加新字段
ES580	外设	￥1,207.42	
HP970C	外设	￥4,300.40	
HP840C	外设	￥1,703.62	
HP640C	外设	￥1,116.45	
HP6350C	外设	￥5,334.15	
HP4050	外设	￥16,043.80	
HP3400C	外设	￥1,356.28	
HP2100	外设	￥8,890.25	
HP990C	外设	￥5,259.72	
ES720	外设	￥2,216.36	
HP6390C	外设	￥8,021.90	
E640U	外设	￥1,877.29	
CM56	外设	￥628.52	
C640P	外设	￥975.86	
C340P	外设	￥769.11	
BJC3000	外设	￥1,687.08	
BJC2100	外设	￥1,017.21	
A1212U	外设	￥1,323.20	
HP1100	外设	￥5,739.38	
MT56M	外设	￥620.25	
HP5300C	外设	￥2,894.50	
RAM64	配件	￥75.00	
P4-866	配件	￥525.00	
PS240	配件	￥95.00	
DVD	配件	￥260.00	

图 6.21 “物品原始成本表”中数据

3. 创建“生成物品原始成本表 1 查询”查询对象

电脑产品的原始成本由组成电脑的所有配件成本之和构成,为了得到电脑产品的原始成本,下面根据“配件”表与“物品原始成本表”创建一个“生成物品原始成本表 1 查询”的查询对象,来自动生成一个表对象“物品原始成本表 1”,该表中包含电脑产品的“原始成本”数据。

(1)在功能区“创建”选项卡“其他”组中单击【查询设计】按钮,在设计视图打开一个“查询 1”对象,通过显示表添加“配件”表与“物品原始成本表”到设计视图上部,如图 6.22 所示。

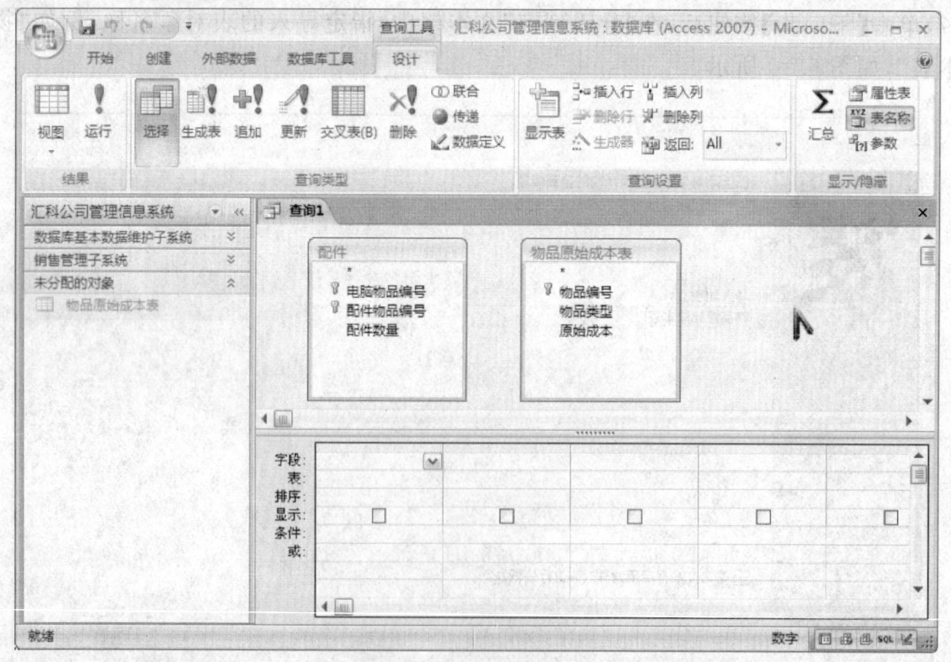

图 6.22 查询设计视图

单击【查询设计】按钮后系统自动选择的查询对象为“选择查询”类型,选择查询对象可以从多个表中选择希望查询的数据字段,得到他们的数据记录。

(2)在查询设计视图下选择“设计”选项卡，从“查询类型”组中单击【生成表】按钮，打开“生成表”对话框，输入新表名称“物品原始成本表 1”，如图 6.23 所示。单击【确定】按钮关闭“生成表”对话框。

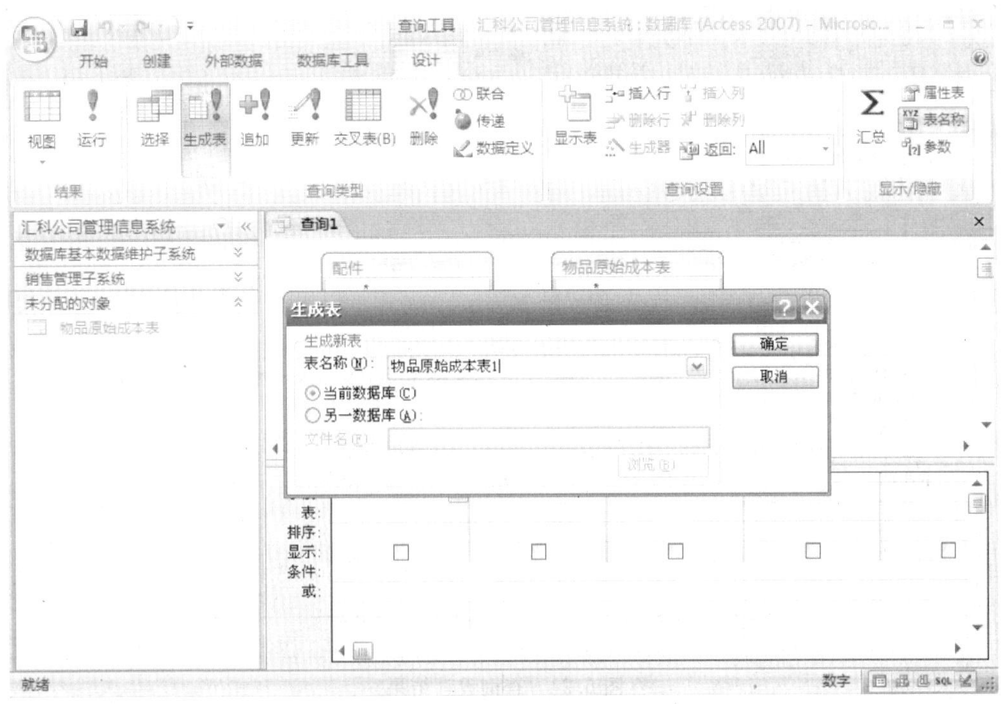

图 6.23 选择“生成表查询”菜单，打开“生成表”对话框

(3)保存查询对象名称为“生成物品原始成本表 1 查询”。生成表查询，就是通过运行查询生成一个新表，例如，运行“生成物品原始成本表 1 查询”会自动生成一个新表“物品原始成本表 1”。新表做的数据字段由设计视图中定义的查询字段来确定。

(4)在查询设计视图上部，拖拽“物品原始成本表”中“物品编号”字段到“配件”表“配件物品编号”字段，建立两个表之间的联系以便进行查询。

(5)拖拽“配件”表中的“电脑物品编号”字段到设计视图下部的字段栏中，并定义新表字段名称为“物品编号”。

(6)在“设计”选项卡“显示/隐藏”组中单击【汇总】按钮 Σ ，在设计视图中会出现“总计”行，在“电脑物品编号”字段下拉列表中选择“Group By”，会按电脑物品编号分组。

(7)定义由表达式生成的计算字段“物品类型”，表达式为：“电脑产品”，在“物品类型”字段下拉列表中选择“Expression”。

(8)定义由表达式生成的计算字段“物品原始成本”，表达式为 Sum([配件数量] * [原始成本])，在“物品原始成本”字段下拉列表中选择“Expression”，会按定义的表达式显示数据。

(9)定义由表达式生成的日期字段“时间”，表达式为 date()，在“时间”字段下拉列表中选择“Expression”。

定义新表的字段后，创建查询对象的任务就完成了，查询设计结果如图 6.24 所示。

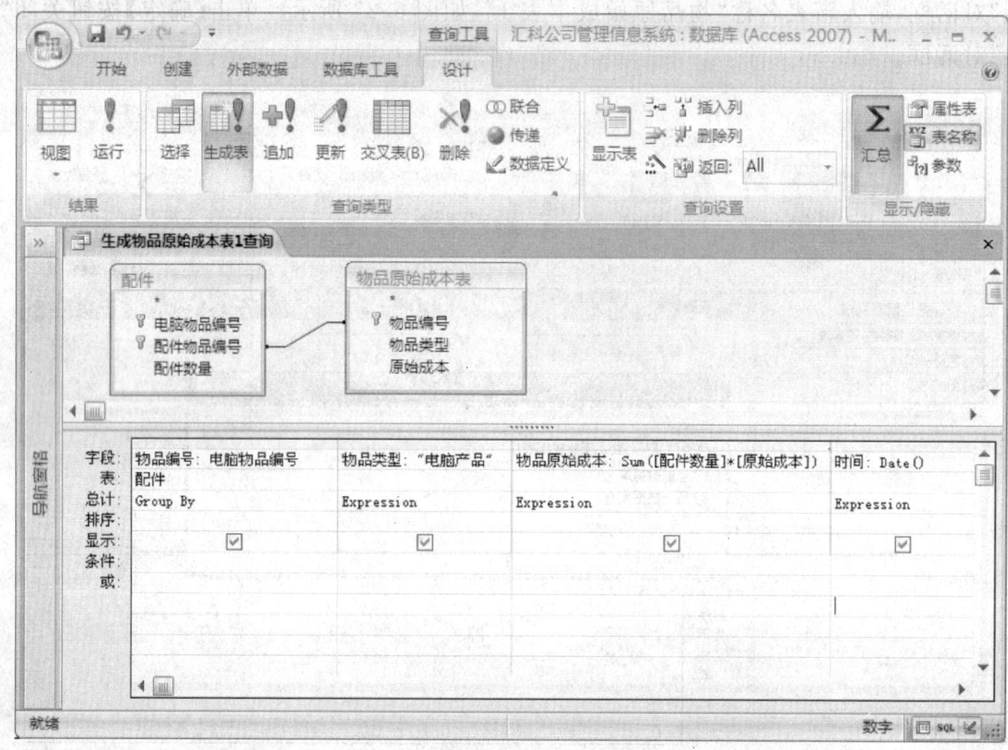

图 6.24　查询设计结果

(10)单击【视图】下拉按钮，从中选择“数据表视图”命令，可看到查询到的将在新表中出现的字段及数据，如图 6.25 所示。

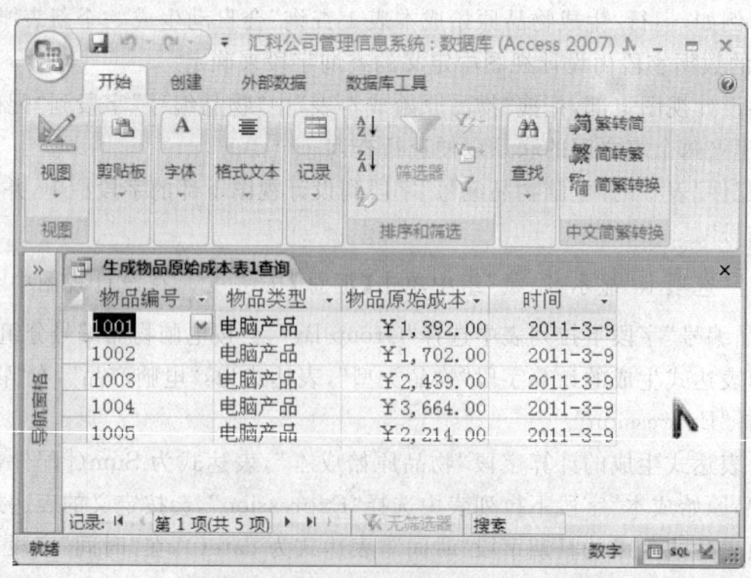

物品编号	物品类型	物品原始成本	时间
1001	电脑产品	￥1,392.00	2011-3-9
1002	电脑产品	￥1,702.00	2011-3-9
1003	电脑产品	￥2,439.00	2011-3-9
1004	电脑产品	￥3,664.00	2011-3-9
1005	电脑产品	￥2,214.00	2011-3-9

图 6.25　查询的将在新表中出现的数据

(11)生成"物品原始成本表 1"表。在"开始"选项卡"视图"组中单击【视图】下拉按钮，从中选择"设计视图"命令，切换到设计视图，在"设计"选项卡"结果"组中单击【运行】！，会弹出确认对话框，单击【是】按钮，将自动生成新表对象"物品原始成本表 1"。

(12)在导航窗格对象列表中可看到生成的表"物品原始成本表 1"。双击打开表，可以看到新表字段与数据，如图 6.26 所示。

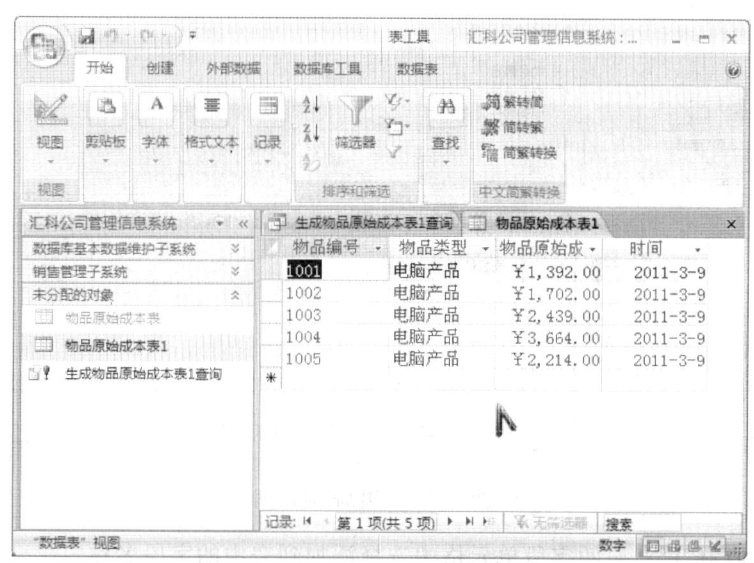

图 6.26　生成的新表对象

在数据库窗口双击"生成物品原始成本表 1 查询"查询对象，也可自动生成新表对象"物品原始成本表 1"。

注意：

以后可以运行"生成物品原始成本表 1 查询"查询对象更新表中的数据，使用这种方式创建表就是为了能够方便的根据配件的最新采购数据更新表中的数据。

4. 创建"追加外设与配件原始成本查询"查询对象

在"物品原始成本表 1"中现在只有电脑产品的"原始成本"价格数据，下面的任务是创建一个查询对象将外设与配件的"原始成本"价格数据添加到"物品原始成本表 1"中。

(1)打开查询设计视图，添加"物品原始成本表"。

(2)在"设计"选项卡"查询类型"组中单击【追加】按钮，将打开"追加"对话框，如图 6.27 所示。在"追加"对话框"表名称"下拉列表中选择"物品原始成本表 1"，单击【确定】。

(3)保存查询对象名称为"追加外设与配件原始成本查询"。

(4)从"物品原始成本表"中分别拖拽 3 个字段到设计视图下部的"字段"栏中。

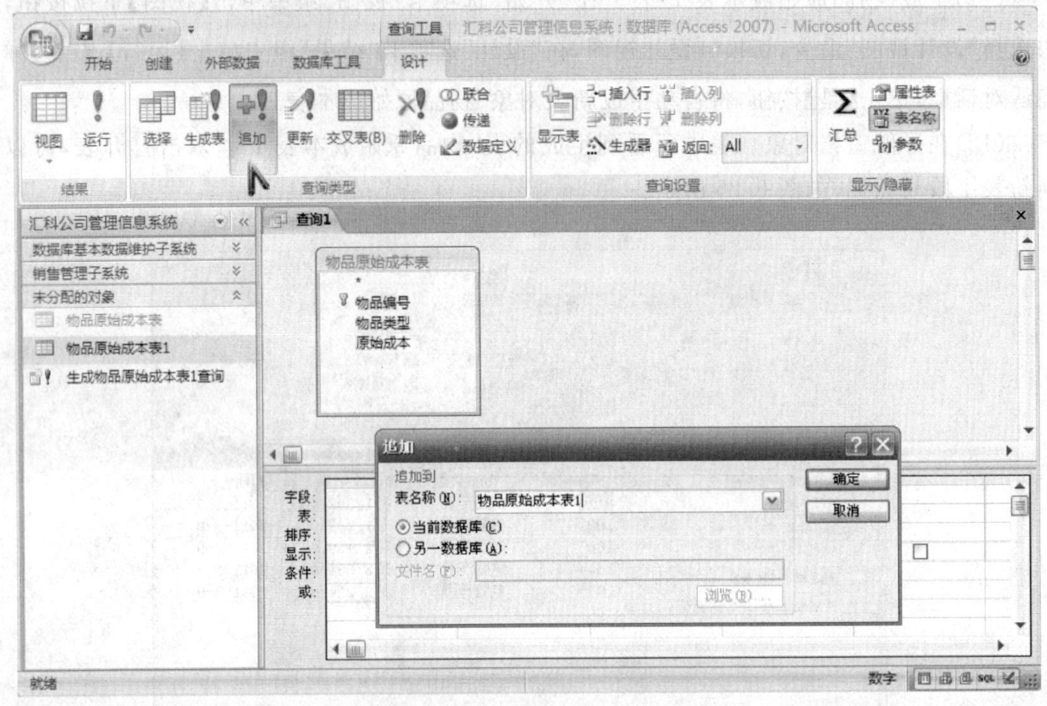

图 6.27 “追加”对话框

(5)在“追加到”栏对应的字段单元格中选择添加到表中的字段名称。

(6)定义由表达式生成的日期字段“时间”,表达式为 date()。定义追加到表的字段后,创建查询对象的任务就完成了,查询设计结果如图 6.28 所示。

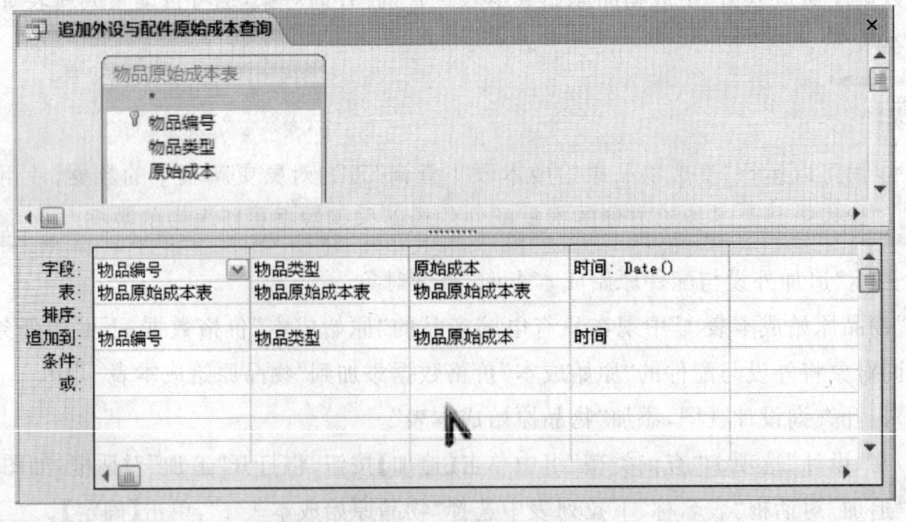

图 6.28 追加查询设计结果

(7)单击【视图】下拉按钮,从中选择“数据表视图”,可查看追加的数据是否正确,如

图 6.29所示。

(8)返回设计视图，单击【运行】按钮，将出现一提示框，单击【是】按钮，即可自动将查询到的数据追加到“物品原始成本表1”中。

(9)返回数据库对象窗口，在“表”对象列表中打开表对象“物品原始成本表 1”，可看到新添加的数据，如图 6.30 所示。

5. 创建“查询物品销售数据”查询对象

(1)打开查询设计视图，添加“物品原始成本表 1”与“物品”表，拖拽“物品原始成本表1”中“物品编号”字段到“物品”表“物品编号”字段，将建立联线，如图 6.31 所示。

追加外设与配件原始成本查询

物品编号	物品类型	原始成本	时间
A1212U	外设	￥1,323.20	2011-3-9
BJC2100	外设	￥1,017.21	2011-3-9
BJC3000	外设	￥1,687.08	2011-3-9
C340P	外设	￥769.11	2011-3-9
C640P	外设	￥975.86	2011-3-9
CD48	配件	￥40.00	2011-3-9
CM56	外设	￥628.52	2011-3-9
CP	配件	￥35.00	2011-3-9
C-S	配件	￥40.00	2011-3-9
C-T	配件	￥52.00	2011-3-9
DVD	配件	￥260.00	2011-3-9
E640U	外设	￥1,877.29	2011-3-9
ES580	外设	￥1,207.42	2011-3-9
ES720	外设	￥2,216.36	2011-3-9
FD35	配件	￥27.00	2011-3-9
HD10	配件	￥200.00	2011-3-9

记录：第 1 项(共 53 项 无筛选器 搜索

图 6.29 追加的数据

物品原始成本表1

物品编号	物品类型	物品原始成	时间
1001	电脑产品	￥1,392.00	2011-3-9
1002	电脑产品	￥1,702.00	2011-3-9
1003	电脑产品	￥2,439.00	2011-3-9
1004	电脑产品	￥3,664.00	2011-3-9
1005	电脑产品	￥2,214.00	2011-3-9
A1212U	外设	￥1,323.20	2011-3-9
BJC2100	外设	￥1,017.21	2011-3-9
BJC3000	外设	￥1,687.08	2011-3-9
C340P	外设	￥769.11	2011-3-9
C640P	外设	￥975.86	2011-3-9
CD48	配件	￥40.00	2011-3-9
CM56	外设	￥628.52	2011-3-9
CP	配件	￥35.00	2011-3-9
C-S	配件	￥40.00	2011-3-9
C-T	配件	￥52.00	2011-3-9
DVD	配件	￥260.00	2011-3-9

记录：第 1 项(共 58 项 无筛选器 搜索

图 6.30 追加进来的数据

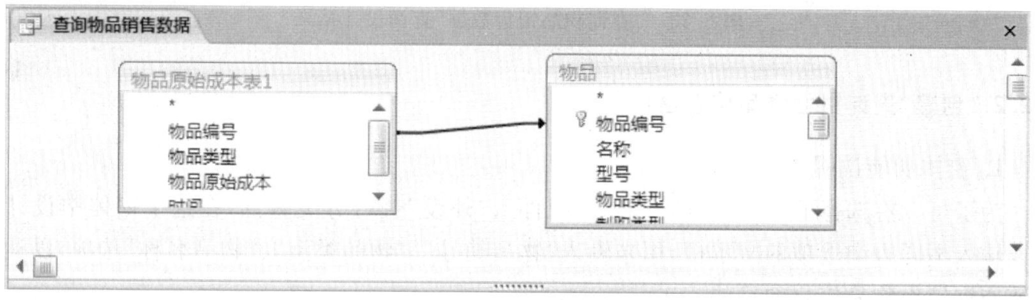

图 6.31 追加进来的数据

(2)在联线上右击打开“联接属性”对话框，选择选项 2，如图 6.32 所示。选项 2 可以在查询中显示“物品原始成本表 1”中所有包含“物品编号”字段的记录和“物品”表中联接字段相等的那些记录。

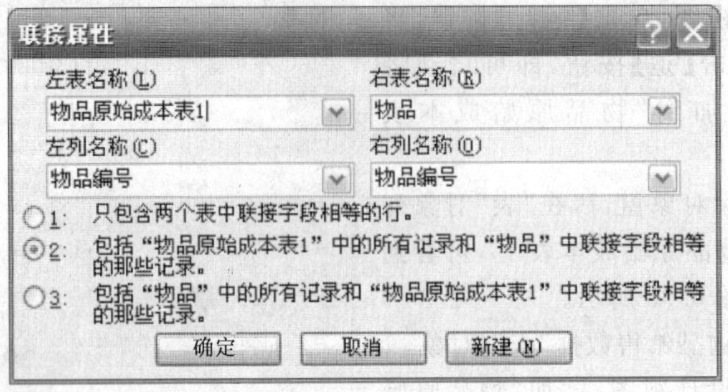

图 6.32　选择选项"2"

(3)设计查询字段。查询的销售物品信息应如下字段：

物品编号、名称、物品类型、当前库存量、原始成本价，最低销售价(最低销售价:[物品原始成本]×1.07,在原始成本价基础上加价 7%)、含税最低销售价(含税最低销售价:[物品原始成本]×1.07×1.1,在最低销售价基础上加价 10%)、最高销售价(最高销售价:[物品原始成本]×1.2,在原始成本价基础上加价 20%)、含税最高销售价(含税最高销售价:[物品原始成本]×1.2×1.1,在最高销售价基础上加价 10%)。税率为 10%。查询设计结果如图 6.33 所示。

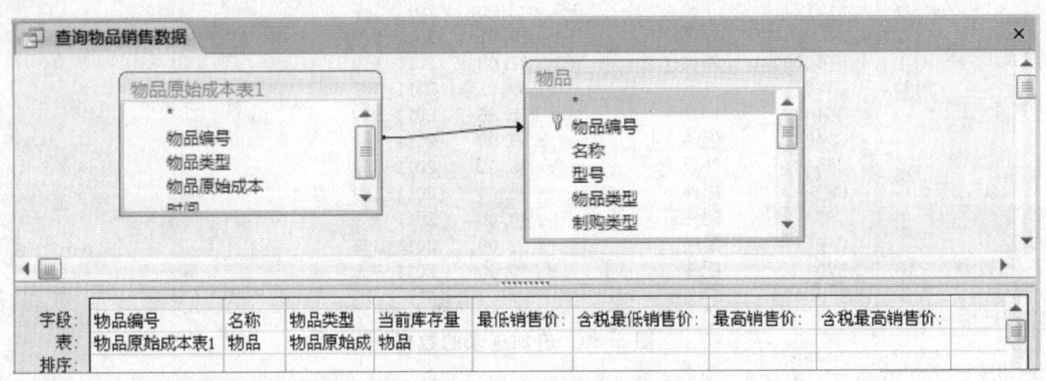

图 6.33　"查询物品销售数据"查询设计结果

6.2.2　创建"查询销售物品信息窗口"

1. 窗体功能说明

为了可以有选择的按照"电脑产品"、"配件"、"外设"进行分类查询，在这个窗体中设计了可以输入不同查询选项的文本框，用来输入"物品编号"、"物品类型"、"物品名称"选项，以达到快速查询销售物品信息的目的。

2. 创建窗体步骤

(1)打开窗体设计视图，将窗体对象保存为"查询销售物品信息窗口"。

(2)在窗体上插入 1 个文字标签控件，在控件中输入文字"查询销售物品信息窗口"。

(3)在窗体上单击插入2个组合框控件和一个文本框控件,其文字标题分别为“选择物品编号”、“选择物品类型”与“选择物品名称”,控件名称分别为Combo4、Combo5与T1。

(4)在窗体上单击插入1个命令按钮控件,按钮上的文字为“运行查询”,如图6.34所示。

(5)选择组合框控件Combo4,单击右键选择“属性”命令,打开“属性表”对话框,如图6.35所示。

图6.34 “查询销售物品信息窗口”中的控件

图6.35 “组合框”对话框

(6)在“属性表”对话框“数据”标签下,在“行来源类型”下拉列表中选择“表/查询”,然后在“行来源”栏最右端单击按钮[...],将打开“SQL视图”,会出现“查询生成器”界面与“显示表”对话框,如图6.36所示。

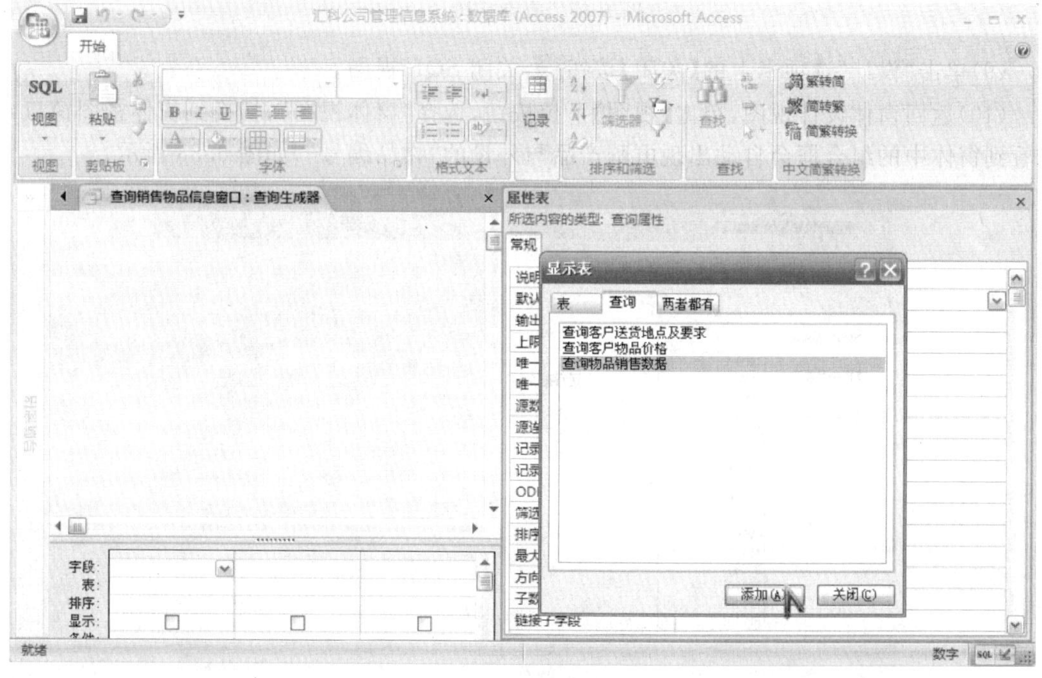

图6.36 “SQL视图”

(7)从“显示表”对话框中选择“查询物品销售数据”查询对象,单击【添加】按钮。

(8)在“查询生成器”中从查询对象“查询物品销售对象”中拖拽“物品编号”、“物品类型”到“字段”栏中,在“物品类型”列“条件”行对应的单元格输入:″电脑产品″or″外设″,如图 6.37所示。

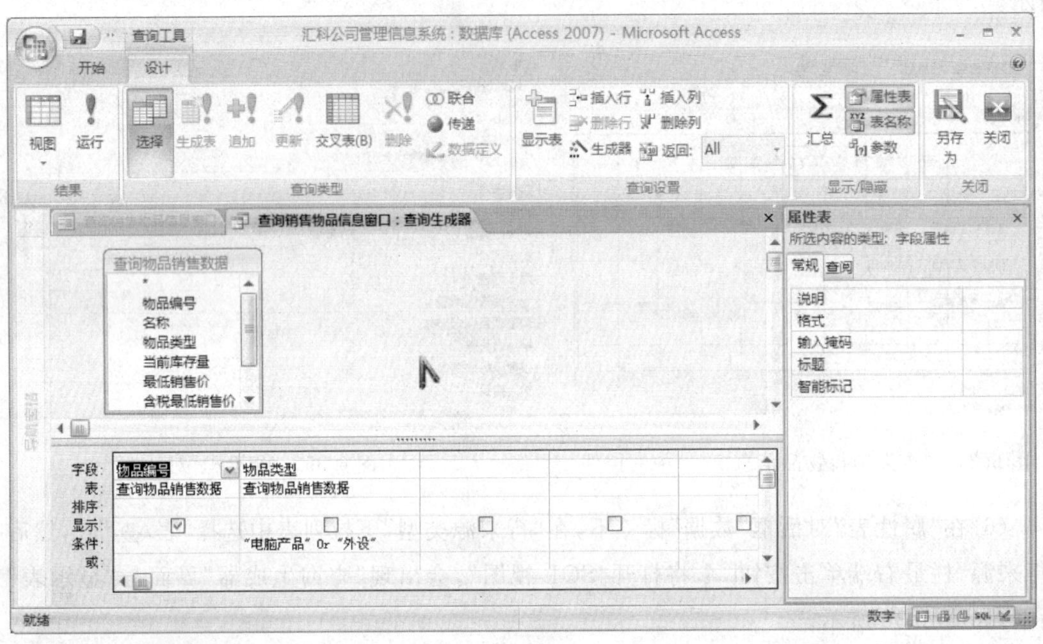

图 6.37　查询字段设计

(9)单击“设计”选项卡上的【关闭】按钮,关闭 SQL 视图。

(10)返回窗体设计视图,单击【视图】下拉按钮,选择“窗体视图”,切换到窗体视图窗口,可以看到窗体中的组合框会自动出现电脑产品与外设的“物品编号”,如图 6.38 所示。

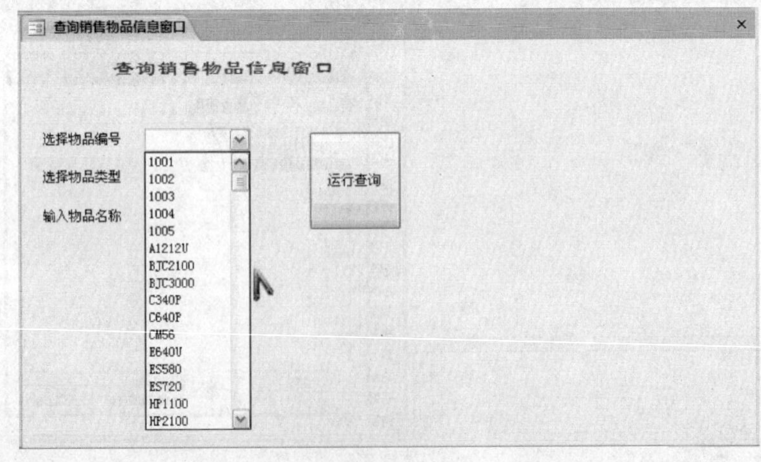

图 6.38　组合框中自动出现的“物品编号”

类似方式添加文字标签“选择物品类型”与自动显示物品类型的组合框，以及标签文字“选择物品名称”与输入物品名称的文本框。

3. 修改“查询物品销售数据”查询对象的条件

上面创建的查询对象“查询物品销售数据”将查询所有销售物品的信息。如果要根据窗体上的选项，例如“物品编号”来查询显示某个销售物品的信息，需要将其与窗体对象“查询销售物品信息窗口”关联起来，步骤如下。

(1)在查询设计视图打开“查询物品销售数据”查询对象。

(2)在“物品编号”字段“条件”行输入：Like[Forms]！[查询销售物品信息窗口]！[Combo4]&" * "，当组合框为空白时会显示所有的销售物品的信息，输入物品编号将只显示该物品销售信息。

(3)在“物品名称”字段“条件”行输入：Like[Forms]！[查询销售物品信息窗口]！[T1]&" * "，当文本框为空白时会显示所有的销售物品的信息，输入物品名称将只显示该物品销售信息。输入物品名称的开头字母和文字，会进行模糊查询。

(4)在“物品类型”字段“条件”行输入：Like[Forms]！[查询销售物品信息窗口]！[Combo5]&" * "。

“查询物品销售数据”查询对象修改后结果如图 6.39 所示。

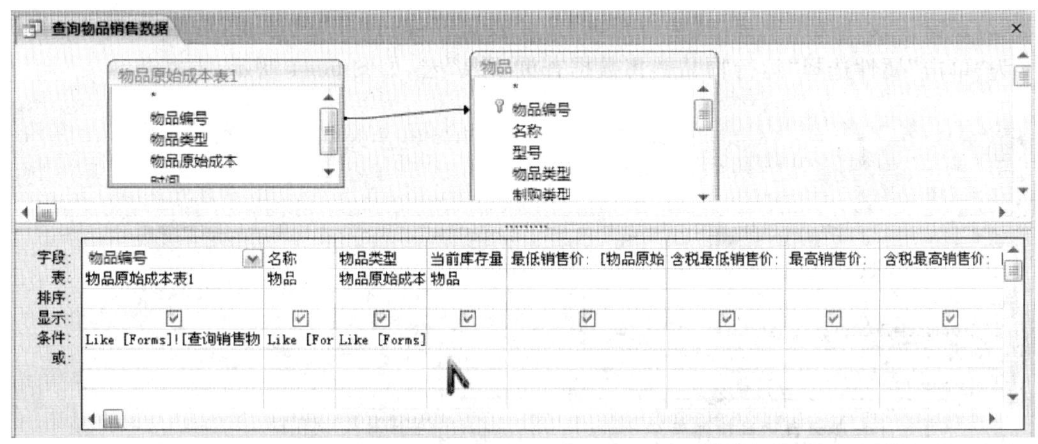

图 6.39 “查询物品销售数据”查询对象的条件

注意：

条件栏中输入的“Like[Forms]！[查询销售物品信息窗口]！[Combo4]&" * "”中，Like 是 Access 定义的内置函数，一般用来给出查询的条件；[Forms]表示是窗体类型、[查询销售物品信息窗口]是窗体名称；[Combo4]是“查询销售物品信息窗口”窗体中指定组合框控件的名称。

“&”为字符连接符，" * "为匹配符，代表多个字符。

在“属性表”对话框“其他”标签下可以看到控件的“名称”属性，在此可以修改与定义控件名称。

4. 为命令按钮创建宏运行查询对象

(1)创建“运行物品销售数据查询对象”，设计结果如图 6.40 所示。

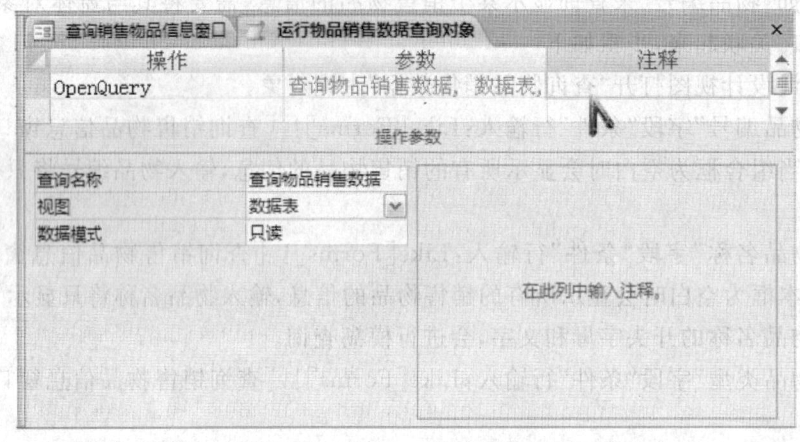

图 6.40 运行查询的宏

(2)在窗体设计视图中选中【运行查询】命令按钮控件，打开“属性表”对话框，在“事件”标签下为“单击”属性选择“运行物品销售数据查询对象”宏，如图 6.41 所示。

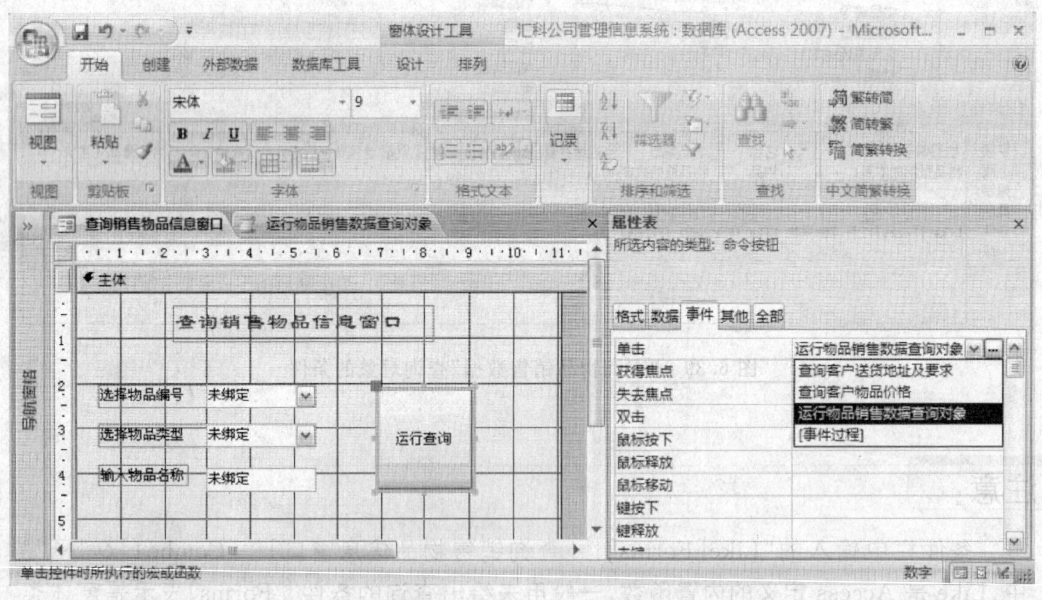

图 6.41 “命令按钮”指定宏

5. 修改“窗体”属性

(1)打开“属性表”对话框，在下拉列表中选择“窗体”属性，选择“格式”标签，在“滚动条”选项中选择“两者均无”、“记录选定器”选项中选择“否”、“导航按钮”选项中选择“否”、“分隔线”选项中选择“否”，其他不要滚动取默认值，如图 6.42 所示。

(2)在窗体视图，可看到设置后的窗体界面如图 6.43 所示。

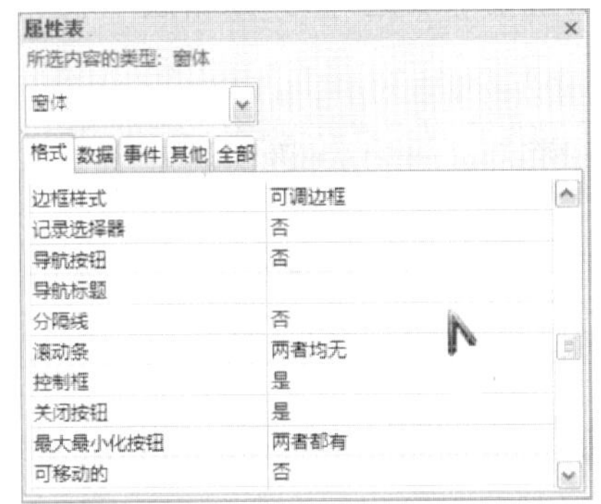

图 6.42 “窗体”属性对话框

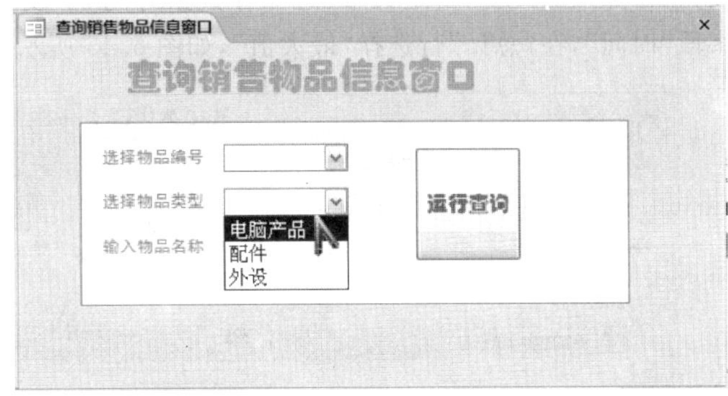

图 6.43 美化后的窗体界面

(3)在窗体中“选择物品类型”选项中选择“电脑产品”，单击【运行查询】命令按钮会看到查询结果，如图 6.44 所示。

查询销售物品信息窗口 查询物品销售数据

物品编号	物品名称	物品类型	当前库存	最低销售价	含税最低销	最高销售价	含税最高销售价
1001	入门级PC	电脑产品	13	1489.44	1638.384	1670.4	1837.44
1002	家用PC	电脑产品	12	1821.14	2003.254	2042.4	2246.64
1003	小企业PC	电脑产品	12	2609.73	2870.703	2926.8	3219.48
1004	高能PC	电脑产品	11	3920.48	4312.528	4396.8	4836.48
1005	超强PC	电脑产品	8	2368.98	2605.878	2656.8	2922.48

记录：第 1 项(共 5 项) 无筛选器 搜索

图 6.44 查询结果

注意：

在“查询销售物品信息窗口”窗体中可以同时输入多个查询条件，进行多条件组合查询。还可以输入“物品名称”前几个文字进行模糊查询。

6.2.3 创建“更新数据时间判断窗口”

由于销售物品的成本价会根据进货价发生变化，根据时间要求可以随时更新销售物品的成本价，“更新数据时间判断窗口”用来显示保存数据最后存入的时间，超过 7 天会显示出来。

1. 窗体功能说明

打开该窗体时，如果保存数据最后存入的时间已经超过 7 天会自动显示最新存入数据的日期。销售员就可以更新销售数据表。

2. 创建窗体使用的查询

(1)打开查询设计视图,保存查询对象为“更新时间确定查询”。

(2)在查询设计视图添加“原始成本表 1”,在“设计”选项卡“显示/隐藏”组中单击【汇总】按钮,添加“总计”行,自定义“最近保存数据时间”字段,其数据显示表达式为“原始成本表 1”字段“时间”,在“总计”行选择“最大值”,如图 6.45 所示。

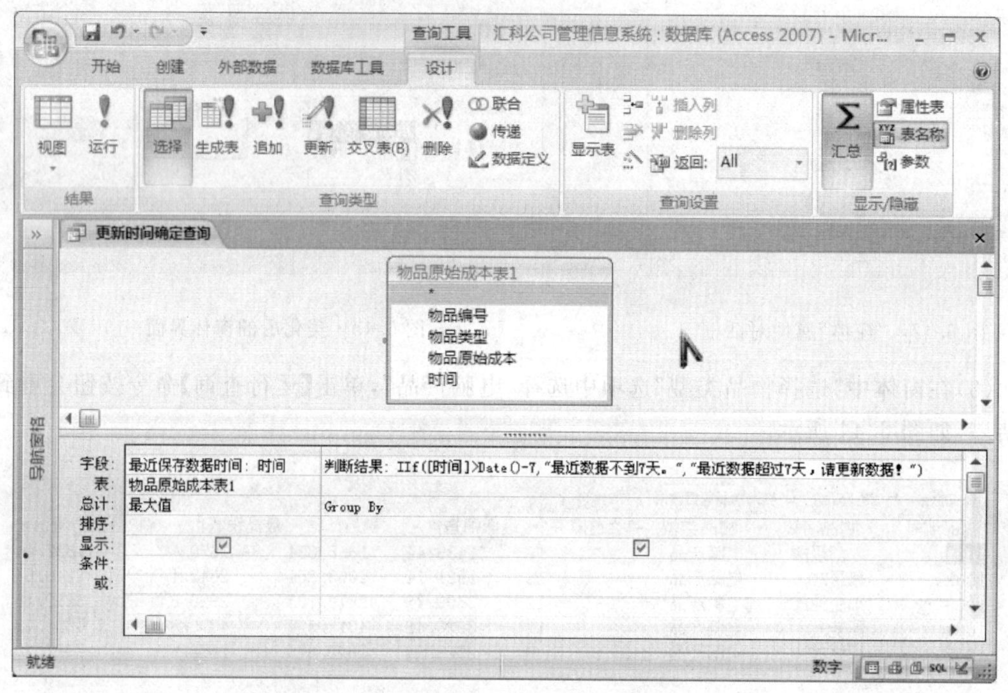

图 6.45　“更新时间确定查询”设计视图

(3)自定义“判断结果”字段,其数据显示表达式为“IIf([时间]＞Date()－7,"最近数据不到 7 天。","最近数据超过 7 天,请更新数据!")”,函数 IIF 将判断[时间]字段数据是否＞Date()－7,条件满足说明最近输入数据的时间没有超过 7 天,否则就超过 7 天要更新数据。

3. 创建窗体对象“更新数据时间判断窗口”框架

(1)在窗体设计视图打开一个空白窗体对象,保存为“更新数据时间判断窗口”窗体对象。

(2)在设计“选项卡”的“工具”组中单击【属性表】按钮,打开“属性表”对话框,在对象选择下列列表中选择“窗体”对象,在“数据”标签“记录源”中选择查询对象“更新时间确定查询”,如图 6.46 所示。

(3)在设计“选项卡”“工具”组中单击【添加现有字段】按钮,将出现“字段列表”框,会出现可用于该视图的来自“更新时间确定查询”的字段,如图 6.47 所示。

(4)从查询列表框拖拽“最近保存数据时间”与“判断结果”字段到窗体视图中,在“设计”选项卡“控件”组中单击【文本框】控件按钮,在窗体中添加一个未绑定类型的文本框“当前日期”,用来显示当前日期。

在窗体上右击选择“窗体页眉/页脚”命令,在窗体页眉中添加文字标签控件“更新销售物

属性表
所选内容的类型：窗体
窗体

格式 数据 事件 其他 全部

记录源	更新时间确定查询
记录集类型	动态集
抓取默认值	是
筛选	
加载时的筛选器	否
排序依据	
加载时的排序方式	是
数据输入	否
允许添加	是
允许删除	是
允许编辑	是
允许筛选	是

图 6.46 “窗体”属性对话框

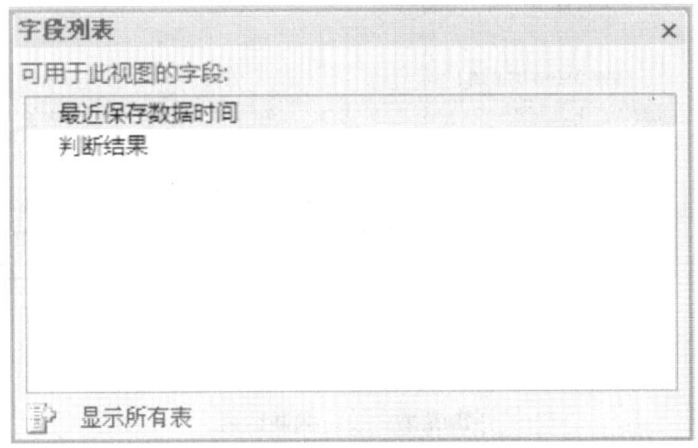

图 6.47 字段列表框

品数据时间判断窗口”，在窗体页脚中添加一个【关闭窗口】命令按钮控件，如图 6.48 所示。

图 6.48 窗体框架

(5)选择“判断结果”文本框右击选择“属性”命令，打开“属性表”对话框，在“数据”标签中设置“可用”属性为“否”，“是否锁定”属性为“是”，如图 6.49 所示，这两个属性确保显示的数据不能被修改。

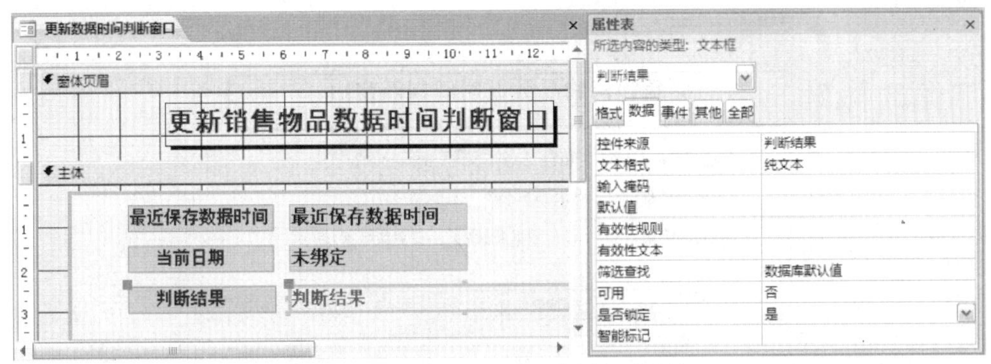

图 6.49 设置“文本框”数据显示属性

(6)选择"未绑定"文本框,打开其"属性表"对话框,在"其他"标签中定义其名称为"当前日期",在"数据"标签中设置"默认值"属性为"Date()","可用"属性为"否","是否锁定"属性为"是",如图 6.50 所示。

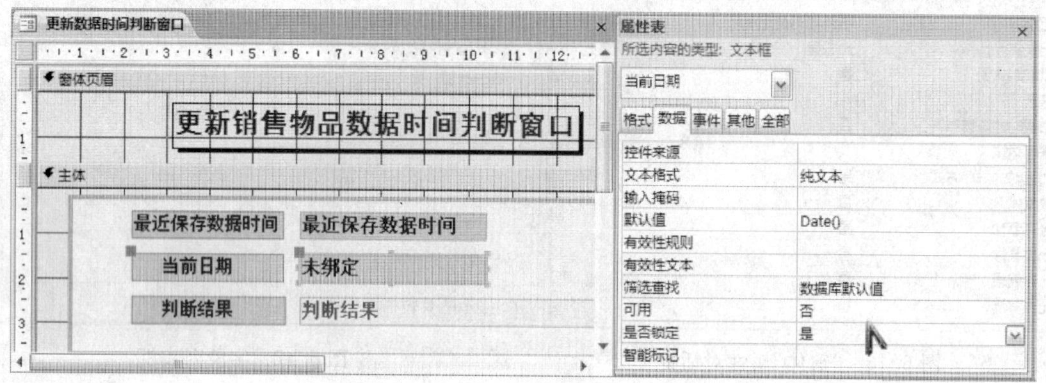

图 6.50 "当前日期"文本框数据显示属性

(7)为【关闭窗口】按钮创建"关闭窗口"宏,设计结果如图 6.51 所示。

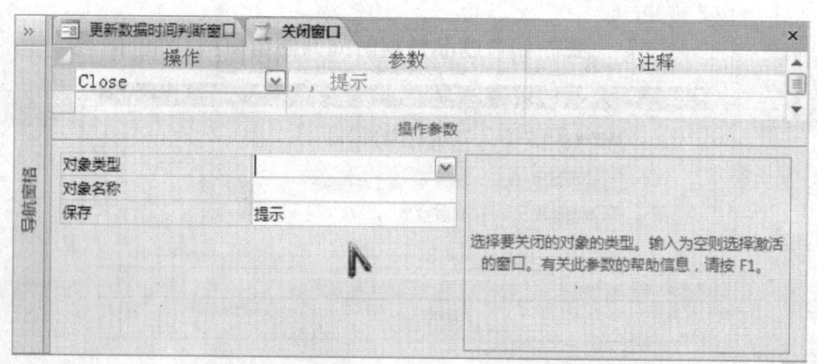

图 6.51 "关闭窗口"宏

(8)为【关闭窗口】按钮指定"关闭窗口"宏,在窗体视图中窗体界面如图 6.52 所示。

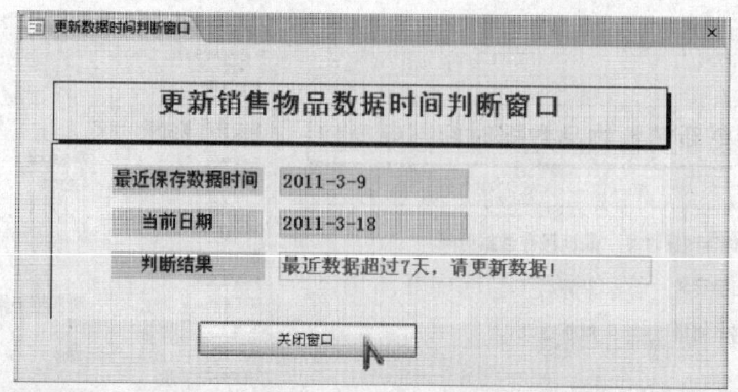

图 6.52 "更新数据时间判断窗口"窗体界面

6.2.4 创建"更新销售物品数据窗口"

1. 窗体功能说明

该窗体主要提供如下3个功能：

功能1——时间判断，打开"更新数据时间判断窗口"，判别最新数据输入日期，如果大于7天，显示时间日期，提醒需要更新数据。

功能2——更新数据，运行查询对象"生成物品原始成本表1查询"与"追加外设与配件原始成本查询"，更新电脑产品、外设与配件的成本数据。

功能3——浏览数据，可以打开"原始成本表1"浏览其中的数据，特别是"时间"数据，如果1周或1月，可以确定进行更新的操作，同时可以确定数据更新是否正常。

2. 创建"更新销售物品数据窗口"窗体框架

(1)在窗体设计视图打开一个空白窗体，保存其名称为"更新销售物品数据窗口"。

(2)在窗体上分别添加名称为"时间判断"、"更新数据"、"浏览数据"与"关闭窗口"命令按钮。

(3)在窗体中添加图片、背景色等美化窗体后，"更新销售物品数据窗口"界面如图6.53所示。

图6.53 "更新销售物品数据窗口"窗体界面

3. 创建"更新销售物品数据窗口"使用的宏

(1)打开宏设计视图，保存宏对象名称为"更新销售物品数据窗口使用的宏"。

(2)单击【宏名】按钮，在设计视图将出现"宏名"列，单击"宏名"列下的第1个空白单元格，输入"更新数据"作为宏名。

(3)在宏设计视图"操作"命令列表中选择OpenQuery命令，在"操作参数"区域下，从"查询名称"下拉框中选择"生成物品原始成本表1查询"查询对象，在"视图"下拉框中选择"数据表"视图，在"数据模式"下拉框中选择"编辑"模式，"更新数据"宏设计结果如图6.54所示。

(4)在宏设计视图第2行从"操作"命令列表中选择OpenQuery命令，在"操作参数"的"查

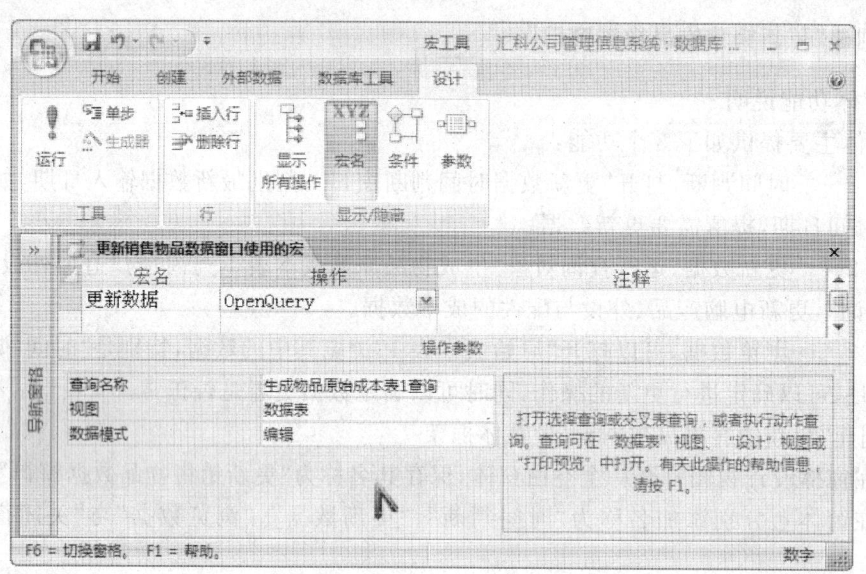

图 6.54　选取宏名与操作命令

询名称”下拉框中选择“追加外设与配件原始成本查询”查询对象，从“视图”下拉框中选择“数据表”视图，从“数据模式”下拉框中选择“编辑”模式，结果如图 6.55 所示。

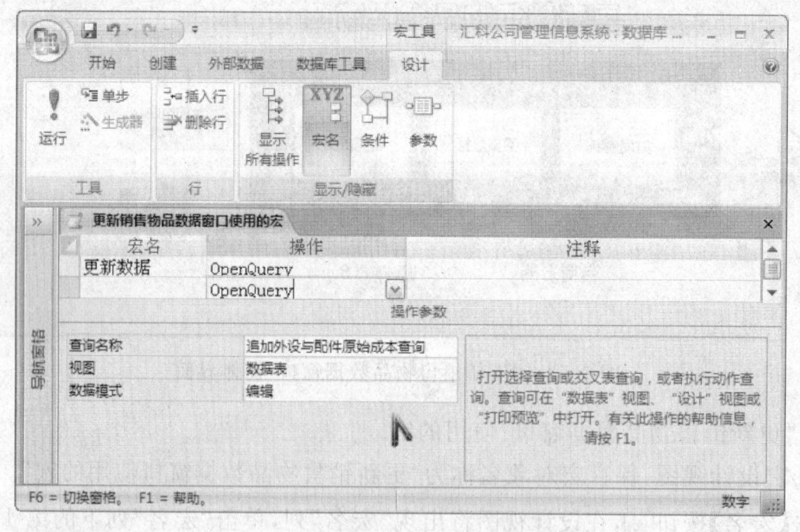

图 6.55　设置第二个操作参数

(5)在“宏名”列下的第 4 个空白单元格，输入“浏览表中数据”作为宏名。在“操作”命令栏从命令列表中选择 OpenTable 命令，从“操作参数”区域下的“表名称”下拉框中选择“物品原始成本表 1”表对象，在“视图”下拉框中选择“打印预览”视图，在“数据模式”下拉框中选择“只读”模式，“浏览表中数据”宏设计结果如图 6.56 所示。

(6)在“宏名”列下的第五个空白单元格，输入“打开窗口”作为宏名。在“操作”命令栏从命

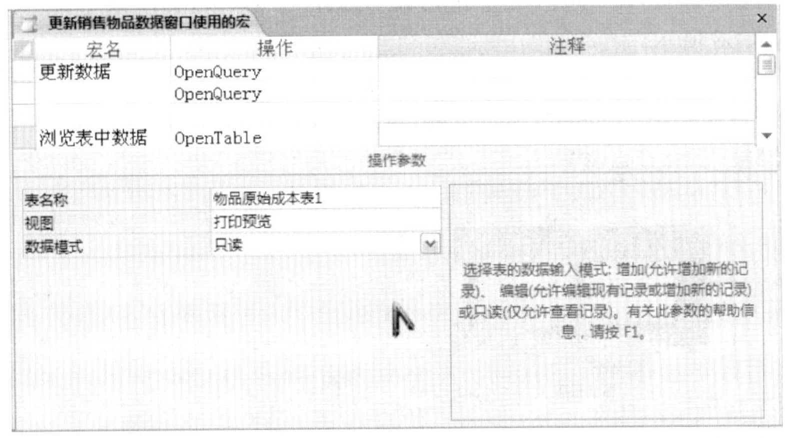

图 6.56　设置“浏览表中数据”宏的操作参数

令列表中选择 OpenForm 命令，从“操作参数”区域下的“窗体名称”下拉框中选择“更新数据时间判断窗口”窗体对象，在“视图”下拉框中选择“窗体”视图，在“数据模式”下拉框中选择“普通”模式，“打开窗口”宏设计结果如图 6.57 所示。

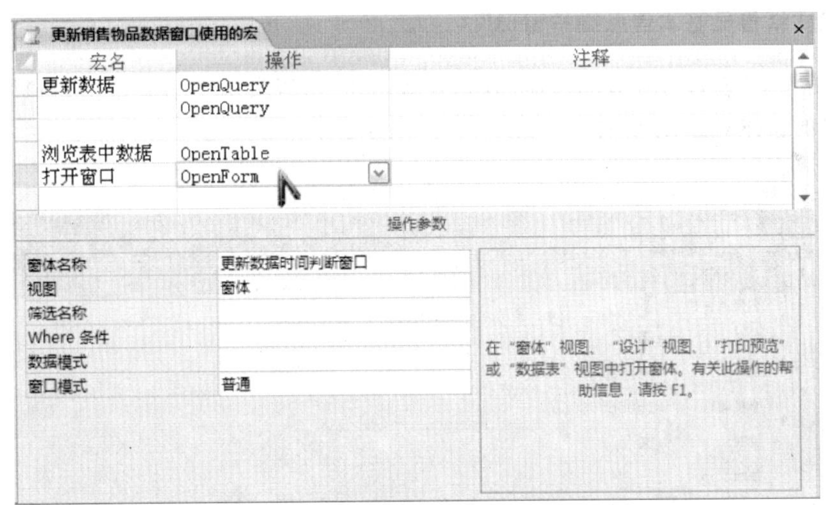

图 6.57　设置“打开窗口”宏的操作参数

注意：

宏组与单宏是有区别的，宏组指包含有“宏名”列的宏，例如“更新销售物品数据窗口使用的宏”。单宏指不含有“宏名”列的宏，例如“关闭窗口”宏。

4. 为命令按钮“事件”指定宏

(1)切换到“更新销售物品数据窗口”窗体设计视图，选择命令按钮“更新数据”，右击从快捷菜单中选择“属性”菜单，打开命令按钮“属性表”对话框。

(2)选择“事件”标签,在“单击”栏下拉列表中选择“更新销售物品数据窗口使用的宏,更新数据”宏,如图 6.58 所示。

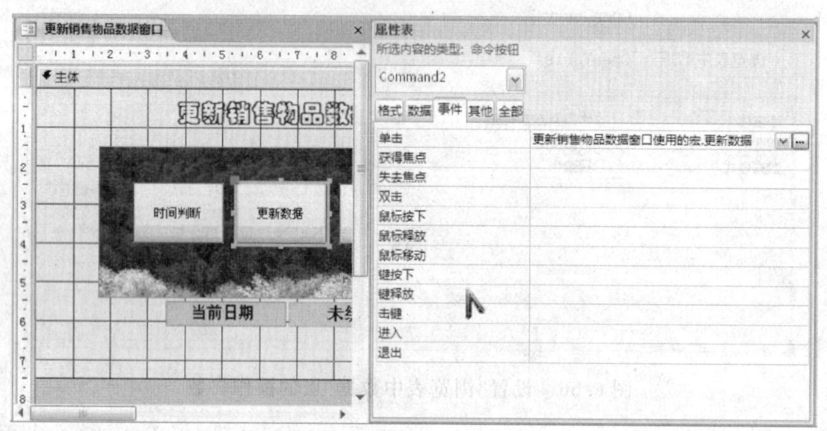

图 6.58 为命令按钮指定宏

(3)同样方式为窗口的其他命令按钮指定相应的宏。

6.2.5 创建“销售员基本信息维护窗口”

完善“销售员”表,使用“分割窗体”方式重新创建“销售员基本信息维护窗口”窗体对象覆盖原来创建的窗体对象,新窗体界面如图 6.59 所示。

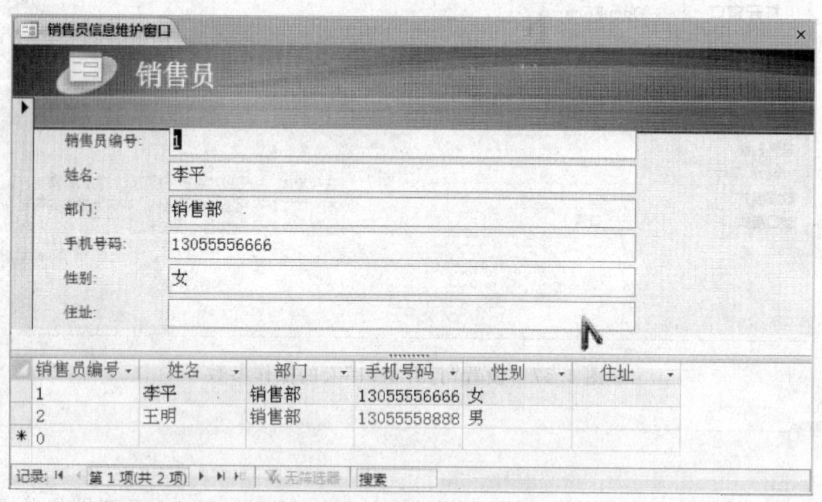

图 6.59 “销售员基本信息维护窗口”窗体界面

6.3 销售业务管理模块

销售业务管理模块提供的主要功能为:输入客户订单、查询与生成销售需求计划、查

询订单完成情况、销售员销售数据透视图与透视表。下面分别用 5 个窗体来实现这些功能。

6.3.1 创建“输入客户订单”窗口

在签订客户销售订单时要先输入客户订单，所以设计了“输入客户订单”窗口。

1. 窗体功能说明

本窗体主要提供 3 个功能：

功能 1——在窗口中输入客户订单相关数据。

功能 2——了解客户购物历史数据。

功能 3——确认或修改客户的送货地址及送货要求。

2. 创建 CO1、CO2 表结构

为了保存客户订单的数据信息，这里设计了 CO1、CO2 两个表结构，如图 6.60、图 6.61 所示。CO1 保存客户订单的公共信息，CO2 保存客户订单上不同物品的详细信息。

CO1

字段名称	数据类型	说明
CO单号	文本	客户订单号，20位
客户 ID	数字	客户代号，长整型
客户PO单号	文本	客户采购单号，30位
销售员编号	数字	字节
订单日期	日期/时间	默认值为Date()

字段属性

图 6.60　CO1 表结构

查询销售需求　CO2

字段名称	数据类型	说明
CO单号	文本	客户订单号，字段大小20
行号	数字	整型，同一订单下订购的不同物品记录行。
销售物品编号	文本	字段大小10位
订单数量	数字	长整型
单价	货币	
送货日期	日期/时间	默认值Date()
完成状态	是/否	是否完成订单

图 6.61　CO2 表结构

3. 创建“输入客户订单”主/子窗体

(1)在用户界面功能区选择“创建”选项卡，在“窗体”组中单击【其他窗体】下拉按钮从中选择“窗体向导”命令，在向导指引下根据 CO1、CO2 表创建一个主/子窗体，保存主窗体名称为“输入客户订单”，子窗体名称为“CO2”，创建过程参考 5.1.2 创建“供应商物品价格维护窗口”。

(2)为了帮助销售员了解客户过去购买物品的价格，在窗体下方添加一个【浏览客户历史购买价格】命令按钮，以运行查询对象“浏览客户物品价格”。

(3)为了帮助销售员了解送货地址，在窗体下方添加一个【确认客户送货数据】命令按钮，以运行查询对象“确认客户送货地址及要求”。

(4)为了帮助销售员制定销售价格时了解当前销售物品信息,在窗体下方添加一个【浏览销售物品价格】命令按钮,用来运行窗体对象"查询销售物品信息窗口"(参见 6.2.2),如图 6.62所示。

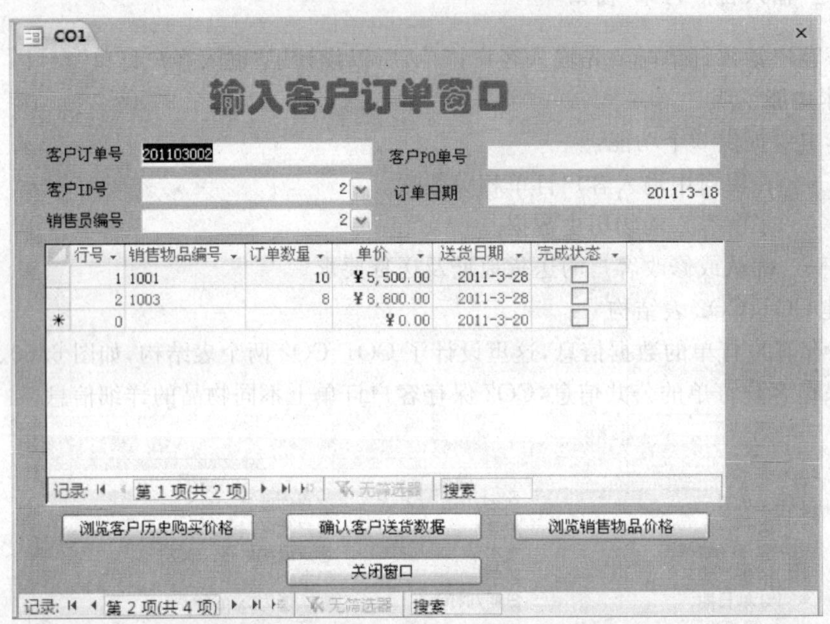

图 6.62 "输入客户订单"窗体界面

4. 创建查询对象"浏览客户物品价格"

(1)打开查询设计窗口,保存查询对象名称为"浏览客户物品价格"。

(2)添加"客户"与"客户与物品"表,如果两个表没有关系,要先按同名字段"客户 ID"建立联接方式,如图 6.63 所示。

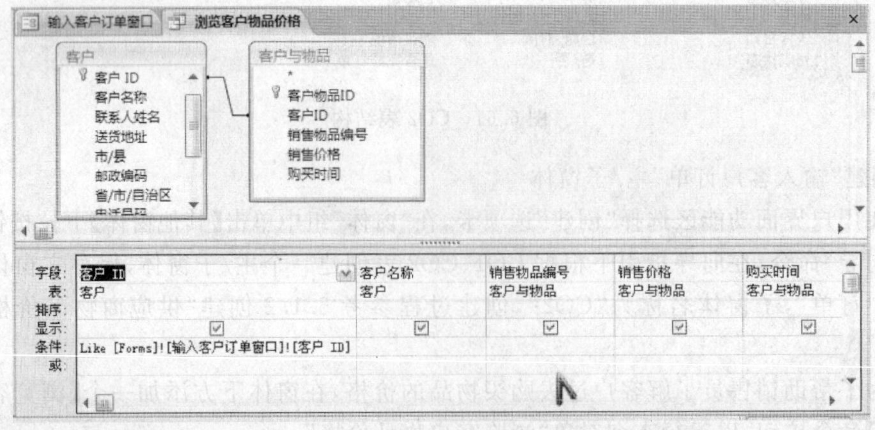

图 6.63 "浏览客户物品价格"查询对象

(3)根据"客户"与"客户与物品"表确定查询的字段。

(4)设置"客户 ID"字段的条件:Like[Forms]! [输入客户订单窗口]! [客户 ID]&" * "。该条件能根据窗体上的"客户 ID"字段数据查询相关数据。

5. 创建查询对象"确认客户送货数据"

(1)打开查询设计窗口,添加"客户"表,保存查询对象名称为"确认客户送货数据"。

(2)根据"客户"表确定查询字段,如图 6.64 所示。其中,"客户 ID"字段的条件为 Like [Forms]! [输入客户订单窗口]! [客户 ID]&" * "。

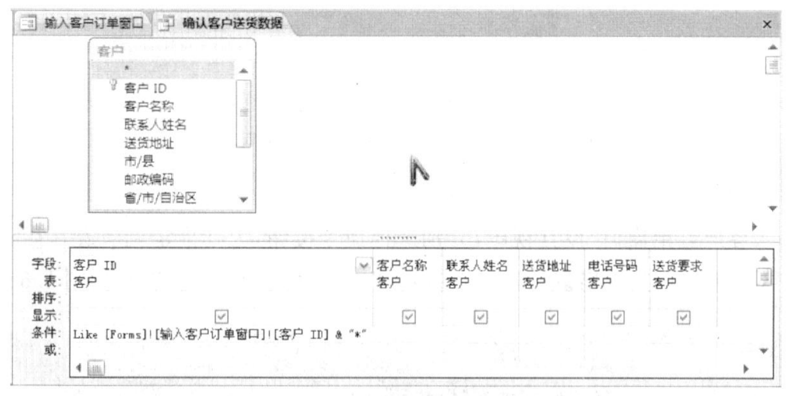

图 6.64 "确认客户送货数据"查询对象

6. 创建宏对象"确认客户送货数据"

(1)在数据库窗口打开宏设计视图,保存宏对象为"确认客户送货数据"。

(2)在宏设计视图"操作"命令栏下选择 OpenQuery,在"查询名称"下拉框中选择"确认客户送货数据"查询对象,在"视图"下拉框中选择"数据表"视图,在"数据模式"下拉框中选择"编辑"模式,宏对象设计结果如图 6.65 所示。

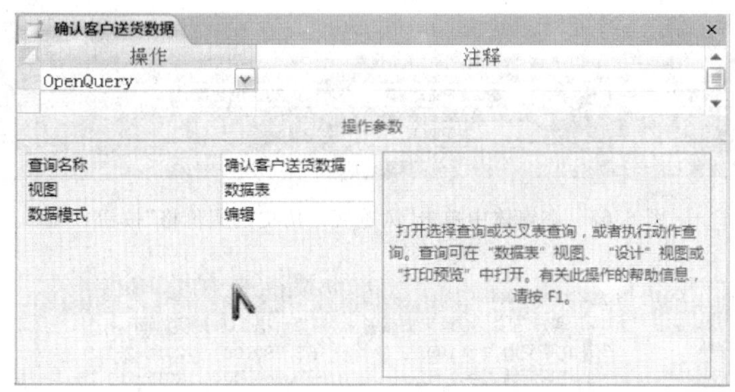

图 6.65 "确认客户送货数据"宏对象

7. 创建宏对象"浏览客户物品价格"

"浏览客户物品价格"宏对象设计结果如图 6.66 所示。类似创建"查询销售物品信息窗口"的宏。

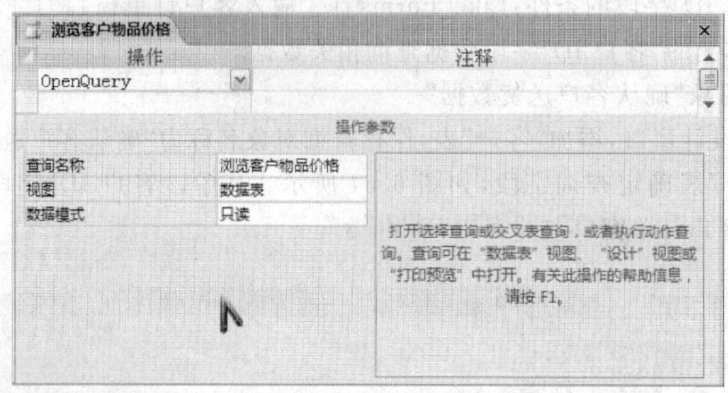

图 6.66 “浏览客户物品价格”宏对象

8. 为命令按钮定宏

切换到“输入客户订单窗口”设计视图，分别选择命令按钮，为其指定相应宏。在如图 6.67 所示窗口单击【浏览客户历史购买价格】按钮，可以看到客户 ID 为 1 的查询结果，如图 6.68 所示。

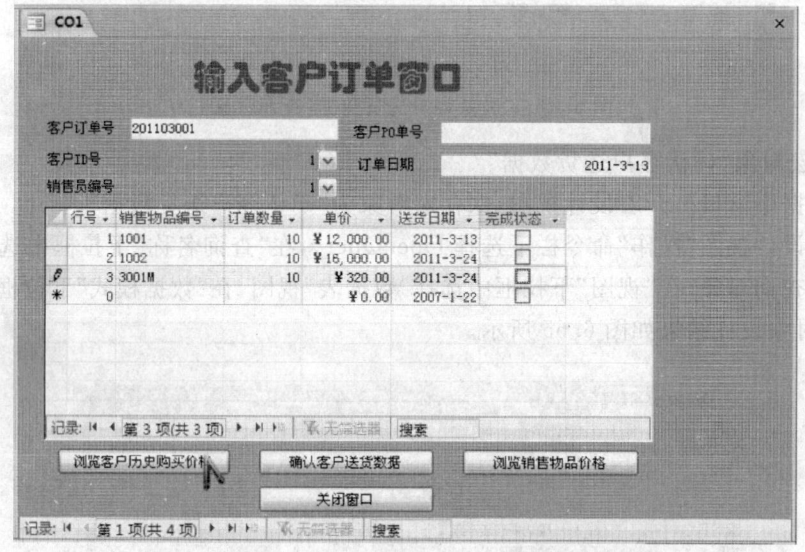

图 6.67 在窗体中单击“浏览客户历史购买价格”按钮

CO1　浏览客户物品价格

客户 ID	客户名称	销售物品编	销售价格	购买时间
1	北京交通大学	1001	￥3,780.00	2011-2-1
1	北京交通大学	1002	￥5,940.00	2011-2-1
1	北京交通大学	1003	￥7,920.00	2011-3-1
1	北京交通大学	1004	￥10,800.00	2011-3-7
1	北京交通大学	1005	￥16,200.00	2011-3-8

记录: 第 1 项(共 5 项)　无筛选器　搜索

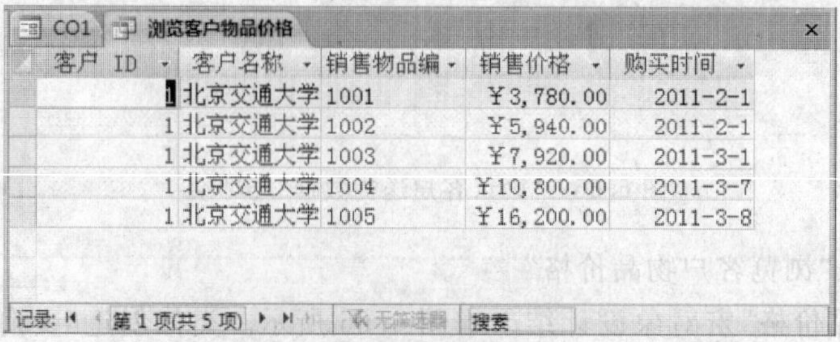

图 6.68 相关客户购买物品价格

在如图 6.67 所示窗口单击【确认客户送货数据】按钮，可以看到客户 ID 号为 1 的查询结果，如图 6.69 所示。

图 6.69　相关客户购买物品价格

6.3.2 创建“查询与生成销售需求计划窗口”

为了在签订客户销售订单后，了解要完成销售产品任务对相关电脑产品、外设、配件的需求日期、生产还是采购、生产或采购的日期等信息，特别设计了“查询与生成销售需求计划窗口”。

1. 窗体功能说明

本窗体主要提供以下功能：

功能 1——在窗口中仅选择“生产组装”，可显示或打印需要生产组装电脑产品的需求信息。

功能 2——在窗口中仅选择“采购”，可显示或打印需要采购的配件的需求信息。

功能 3——在窗口中仅选择“送货日期”，可显示或打印在某个“送货日期”需要生产组装与采购的需求信息。

功能 4——在窗口中什么都不选，可显示或打印需要生产组装与采购的所有需求信息。

功能 5——输入多个条件可以同时进行组合查询与模糊查询。

功能 6——输入部分文字，可以进行模糊查询。

功能 7——生成“销售需求计划”表对象。

2. 创建窗体框架

“查询与生成销售需求计划窗口”窗体框架如图 6.70 所示。其中，主要有 2 个组合框控件 com1 与 com2，用来输入选择选项。4 个命令按钮用来执行不同任务，2 个文字标签来说明窗口标题与选项的功能。

3. 创建查询对象“销售物品信息”

查询对象“销售物品信息”设计结果如图 6.71 所示，在“物品类型”定义条件为“<>"配件"”，即查询的记录不包括配件数据，只有电脑产品与外设的记录。

4. 创建查询对象“查询销售需求”

(1)查询对象“查询销售需求”设计结果如图 6.72 所示。其中“CO2”与“销售物品信息”联接类型选择 1 或 3。

(2)查询中的自定义计算字段

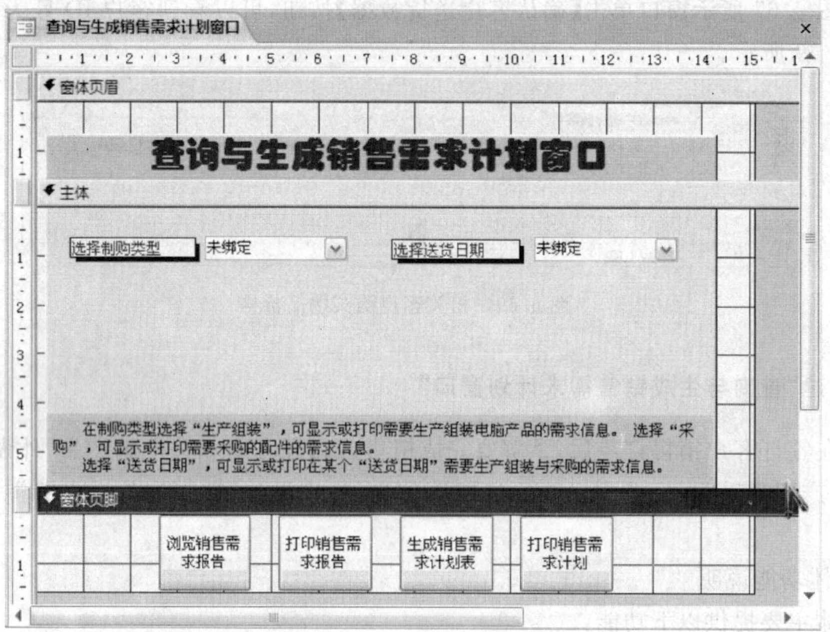

图 6.70 “查询与生成销售需求计划窗口”框架

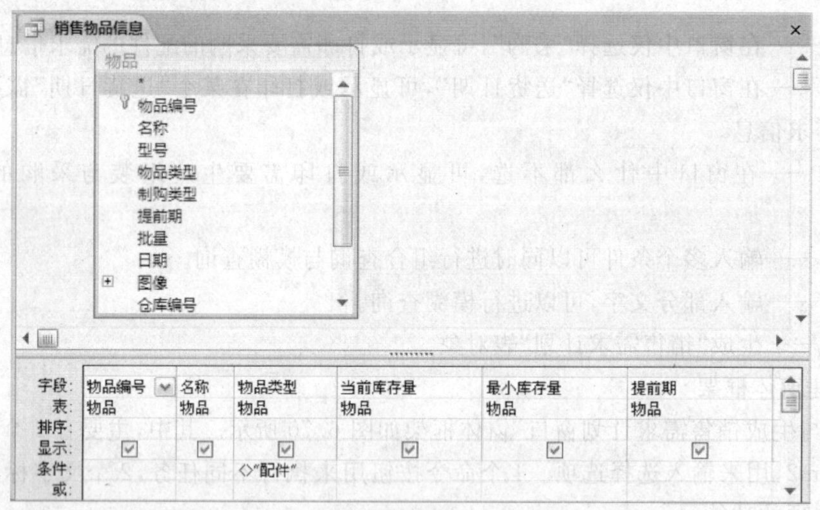

图 6.71 “销售物品信息”查询对象

“生产采购类型”为自定义字段，由“生产采购类型：IIf([制购类型]="电脑产品","生产组装","采购")”定义；

“净需求”：由“净需求：[CO2. 订单数量]+[销售物品信息．最小库存量]-[销售物品信息．当前库存量]”定义；

“采购或生产日期”：由“采购或生产日期：[送货日期]-[提前期]”定义。

(3)定义某些字段的查询条件

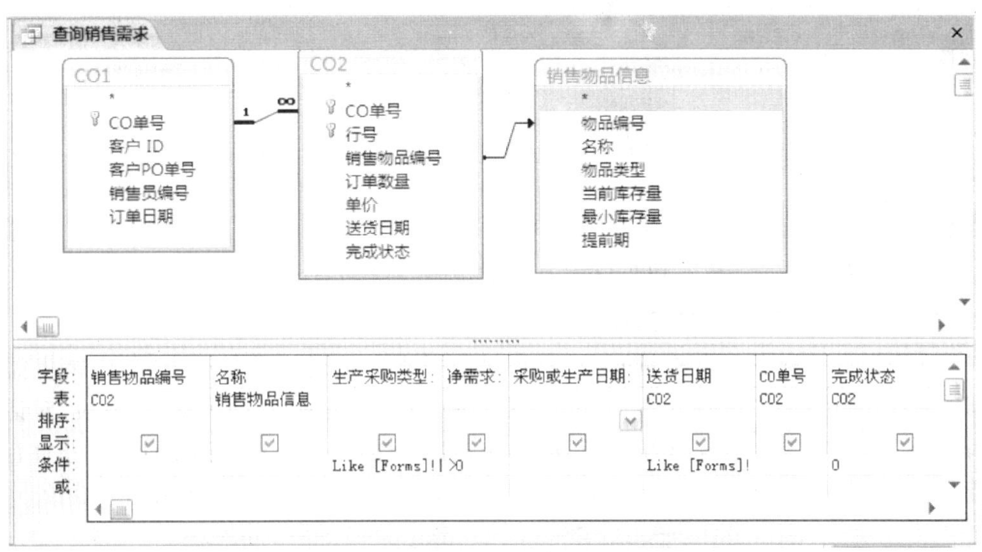

图 6.72 "查询销售需求"查询对象

"生产采购类型"字段的条件为"Like[Forms]! [查询与生成销售需求计划窗口]! [com1]&" * ""。

"净需求"字段的条件为">0",即需要生产。

"送货日期"字段的条件为"Like[Forms]! [查询与生成销售需求计划窗口]! [com2] & " * ""。

"完成状态"字段的条件为"=0"(0 表示未完成,1 表示已经完成)。

如果在"查询与生成销售需求计划窗口"输入"生产组装",如图 6.73 所示,该查询的结果如图 6.74 所示。

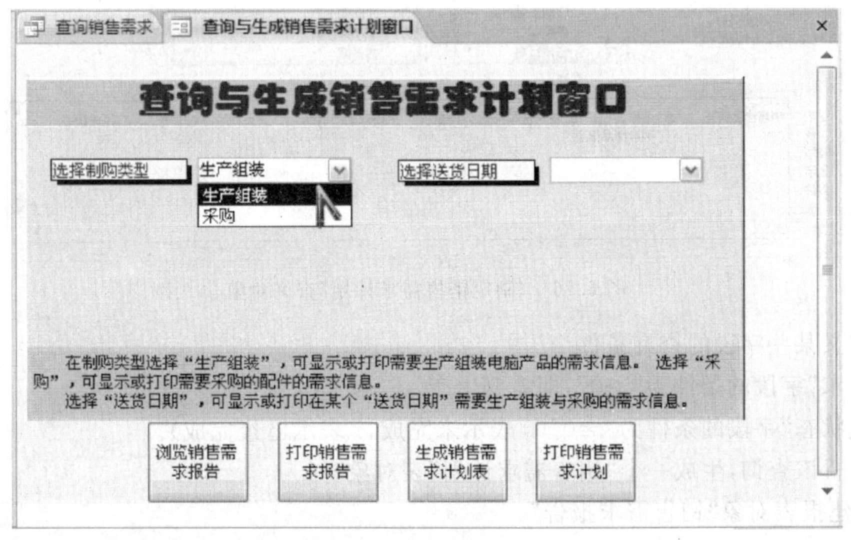

图 6.73 选择制购类型为"生产组装"

销售物品编号	物品名称	生产采购类型	净需求	采购或生产日期	送货日期	客户订单号	完成状态
1001	入门级PC	生产组装	2	2011-3-11	2011-3-13	201103001	☐
1002	家用PC	生产组装	3	2011-3-22	2011-3-24	201103001	☐
1001	入门级PC	生产组装	2	2011-3-26	2011-3-28	201103002	☐
1003	小企业PC	生产组装	1	2011-3-26	2011-3-28	201103002	☐
1002	家用PC	生产组装	3	2011-4-10	2011-4-12	201104002	☐
1003	小企业PC	生产组装	3	2011-4-10	2011-4-12	201104002	☐

图 6.74 “查询销售需求”查询对象

5. 创建查询对象“制定销售需求计划”

(1)在查询设计视图保存查询对象“查询销售需求”，然后将其另存为“制定销售需求计划”，单击“设计”选项卡“查询类型”组中单击【生成表】命令按钮，在弹出的“生成表”对话框中输入表名称“销售需求计划”，如图 6.75 所示，单击【确定】按钮后，在查询设计视图条件行保存“净需求＞0”与“完成状态＝0”的条件，其他条件删除，设计结果如图 6.76 所示。

图 6.75 确定生成的表的名称

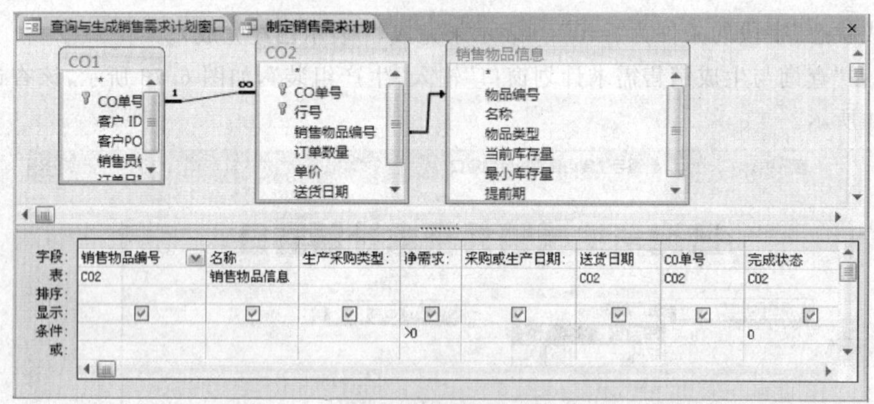

图 6.76 “制定销售需求计划”查询对象

(2)定义某些字段的查询条件

“净需求”字段的条件为“＞0”，即需要生产。

“完成状态”字段的条件为“＝0”(0 表示未完成，1 表示已经完成)。

(3)运行该查询，生成一个“销售需求计划”表对象。

6. 创建报表对象“销售需求报告”

(1)在导航窗格选择查询对象“查询销售需求”。

(2)在功能区“创建”选项卡的“报表”组单击【报表】按钮，将在布局视图中自动生成一个报表对象，如图 6.77 所示。

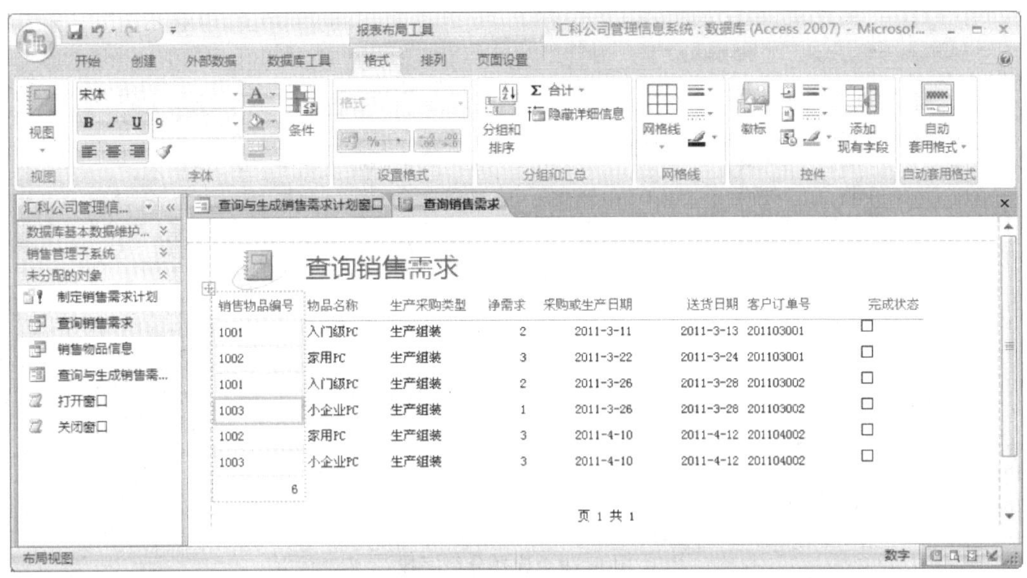

图 6.77　自动生成的报表对象

(3)保存报表对象为“销售需求报告”。

(4)在“格式”选项卡中单击【分组和排序】按钮，布局视图中会出现“分组、排序和汇总”栏，如图 6.78 所示。

图 6.78　单击【分组和排序】按钮

(5)在“分组、排序和汇总”栏单击【添加组】按钮，从“分组形式”下拉列表中选择“销售物品编号”，如图 6.79 所示。

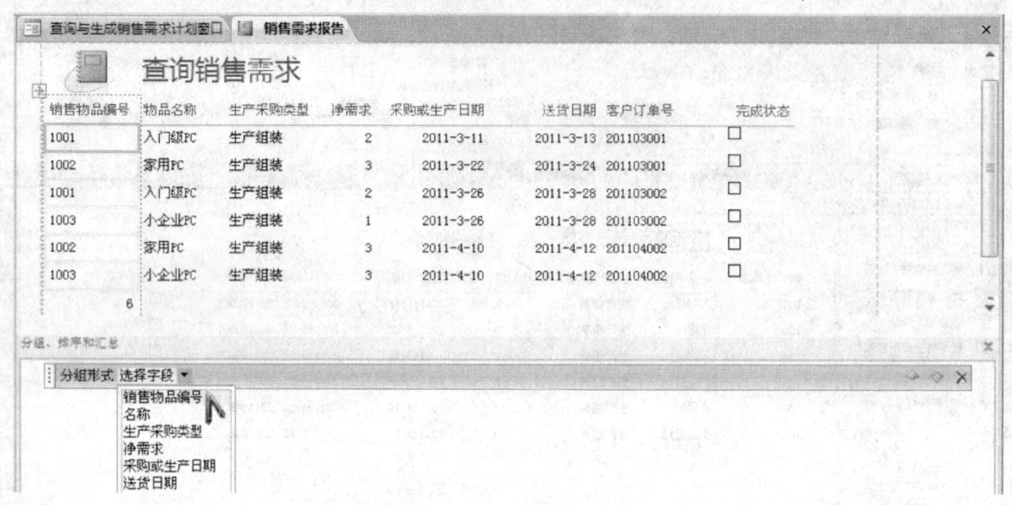

图 6.79 选择分组字段

(6)在“分组、排序和汇总”栏单击【添加排序】按钮，从“排序字段”下拉列表中选择“送货日期”并选择“升序”，结果如图 6.80 所示。在“格式”选项卡中单击【分组和排序】按钮，布局视图中的“分组、排序和汇总”栏会消失。

图 6.80 添加分组与排序后的报表

(7)在报表中选择“净需求”字段，从“格式”选项卡中单击【合计】按钮，报表中会出现合计数据，如图 6.81 所示。

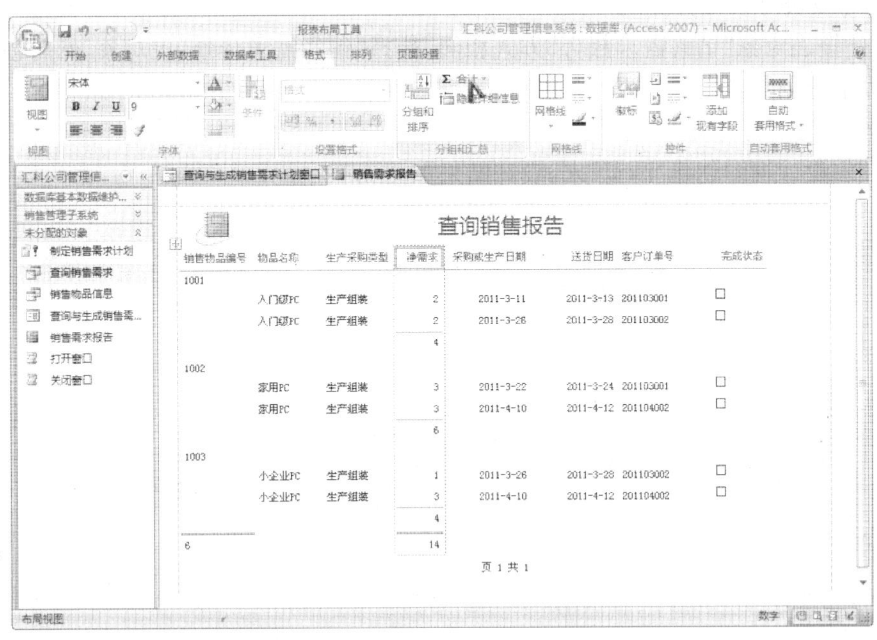

图 6.81　添加“合计”数据

(8)单击【视图】下拉按钮，从中选择“设计视图”，可在设计视图下对报表对象做进一步修改，例如修改报表标题文字、改变背景颜色等。如同在窗体设计视图可以修改或美化窗体对象一样，在报表设计视图中可以对报表对象中的控件进行移动、修改或美化。

(9)在“报表视图”下的报表对象“销售需求报告”如图 6.82 所示。该报表会随着“查询与生成销售需求计划窗口”中的不同选择显示不同内容。

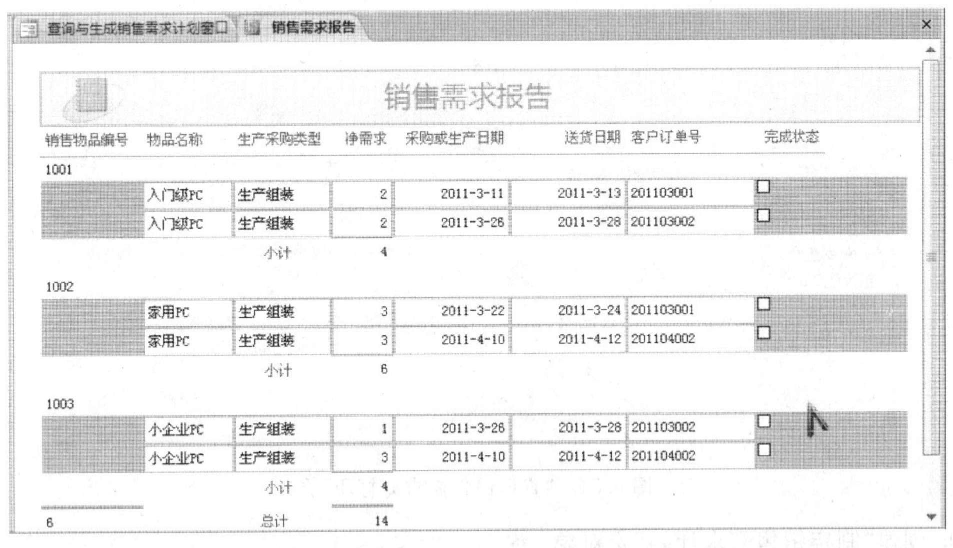

图 6.82　最后完成的报表对象

7. 创建报表对象“销售需求计划”

同创建报表对象“销售需求报告”方式相同，选择“销售需求计划”表对象，然后创建报表对象“销售需求计划”。

8. 设计“查询销售需求”宏对象

(1)在宏设计视图创建“浏览”宏，设计结果如图 6.83 所示。

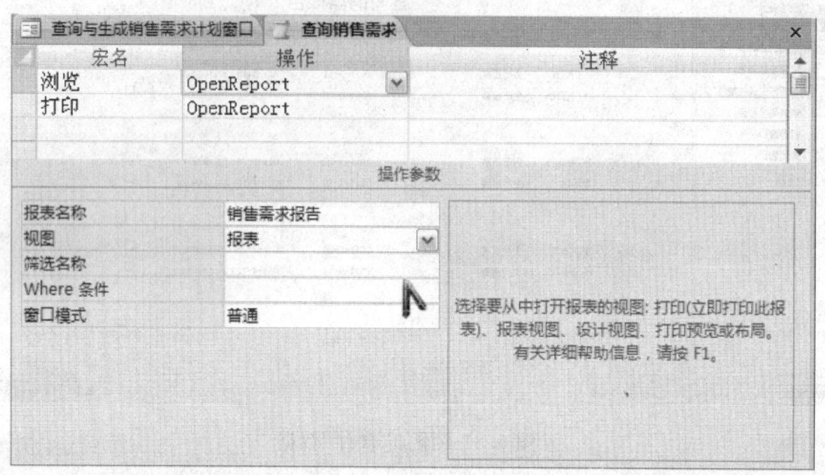

图 6.83 “查询销售需求．浏览”宏

(2)在宏设计视图创建“打印”宏，设计结果如图 6.84 所示，保存宏对象为“查询销售需求”。

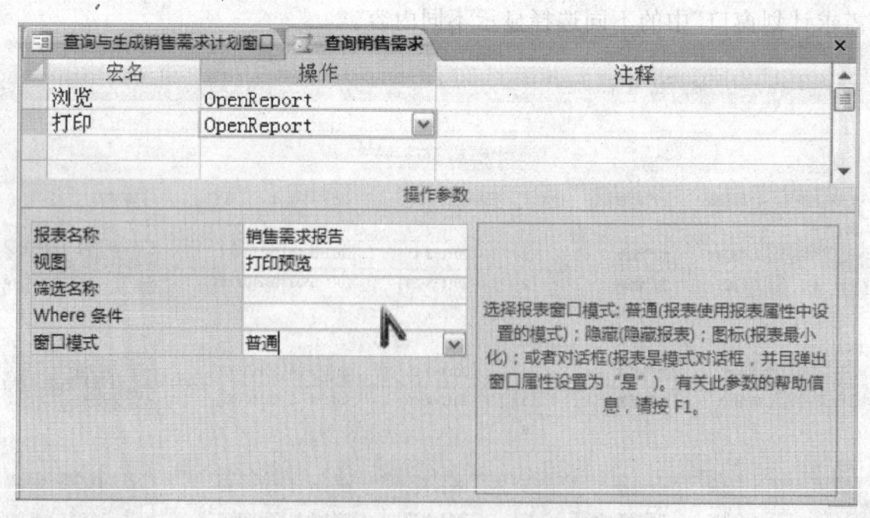

图 6.84 “查询销售需求．打印”宏

9. 创建“制定销售需求计划”宏对象

(1)在宏设计视图创建“生成表”宏，设计结果如图 6.85 所示。

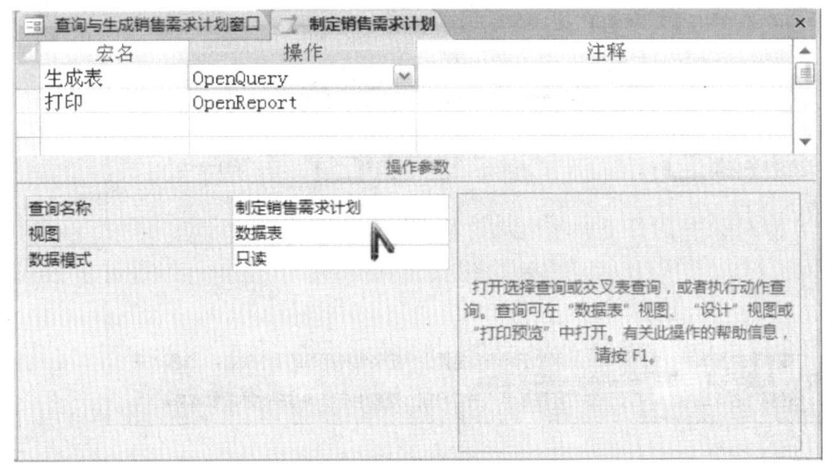

图 6.85 “制定销售需求计划．生成表”宏

(2)在宏设计视图创建“打印”宏，设计结果如图 6.86 所示，保存宏对象为“制定销售需求计划”。

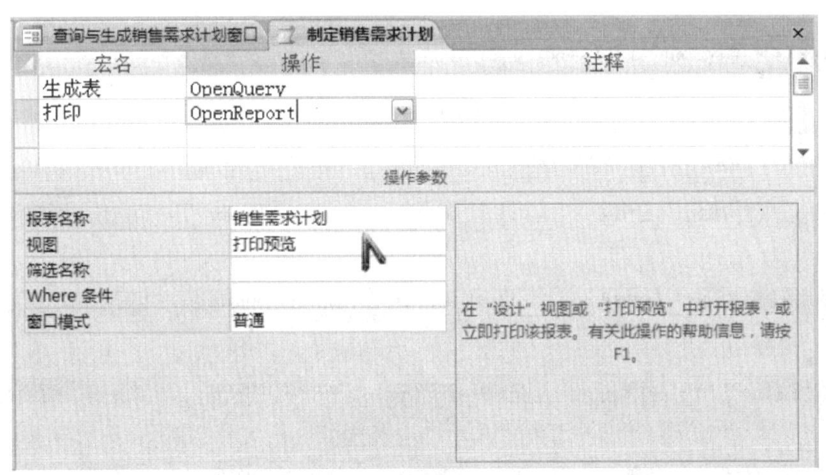

图 6.86 “制定销售需求计划．打印”宏

10. 为命令按钮指定宏

在“查询与生成销售需求计划窗口”窗体设计视图中为各个命令按钮指定相应的宏。

11. 使用窗体

切换到窗体视图，选择送货日期为 2011-3-28，如图 6.87 所示，单击【浏览销售需求报告】按钮，会看到经过筛选的报表，如图 6.88 所示。

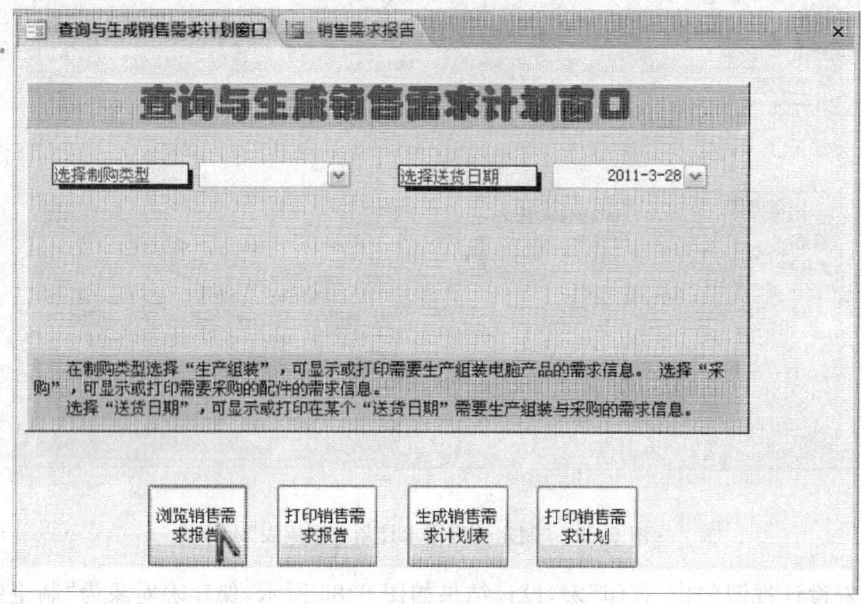

图 6.87 “查询销售需求”窗体界面

销售需求报告

销售物品编号	物品名称	生产采购类型	净需求	采购或生产日期	送货日期	客户订单号	完成状态
1001							
	入门级PC	生产组装	2	2011-3-26	2011-3-28	201103002	☐
	小计		2				
1003							
	小企业PC	生产组装	1	2011-3-26	2011-3-28	201103002	☐
	小计		1				
3001M							
	56K MODEL	采购	11	2011-3-26	2011-3-28	201103003	☐
	小计		11				
A1212U							
	Agfa Scanner	采购	15	2011-3-26	2011-3-28	201103003	☐
	小计		15				

图 6.88 送货日期为 2011-3-28 的销售需求报告

6.3.3 创建“查询销售订单完成情况”窗口

在签订客户销售订单后，为了了解销售订单是否完成、是否已经送货等情况，特别设计了“查询销售订单完成情况”窗体。

1. 窗体功能说明

本窗体主要提供3个功能：

功能1——了解所有订单信息。

功能2——按客户订单单号查询订单信息。

功能3——按客户订单日期查询订单信息。

2. 创建窗体框架

"查询销售订单完成情况"窗体界面如图6.89所示。请读者根据窗口界面自己添加相应控件，完成窗体框架的搭建工作。

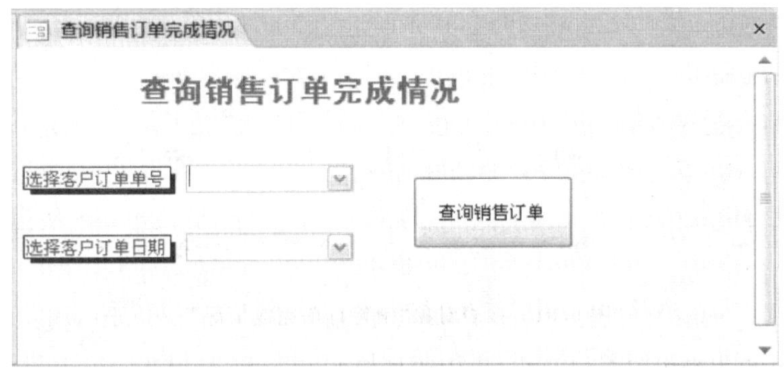

图6.89 "查询销售订单完成情况"窗体界面

3. 创建查询对象"销售订单完成情况"

在查询设计视图创建查询对象"客户订单完成情况"，设计结果如图6.90所示。请读者自己添加条件栏中的表达式，完成查询对象"客户订单完成情况"的设计工作。

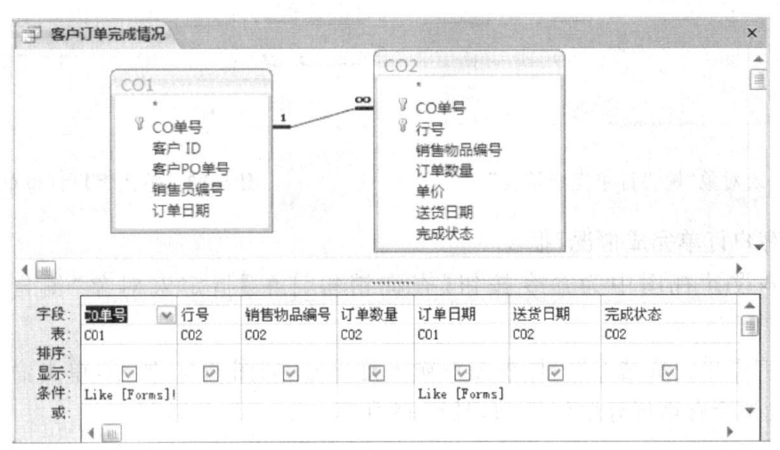

图6.90 查询对象"客户订单完成情况"

4. 创建报表对象"销售订单完成情况"

基于查询对象"客户订单完成情况"创建报表对象"销售订单完成情况"，报表结构如图6.91所示。如果不满意自动创建的报表，可切换到设计视图下进行修改与美化。

图 6.91　报表对象“销售订单完成情况”

5. 创建打开报表的宏对象“销售订单完成情况”

宏对象“销售订单完成情况”设计结果如图 6.92 所示。

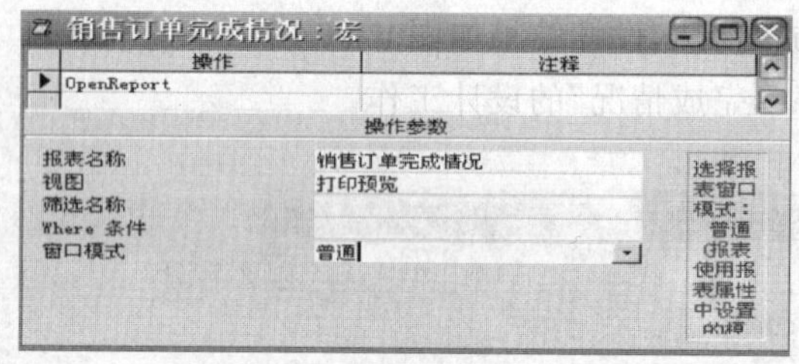

图 6.92　宏对象“销售订单完成情况”

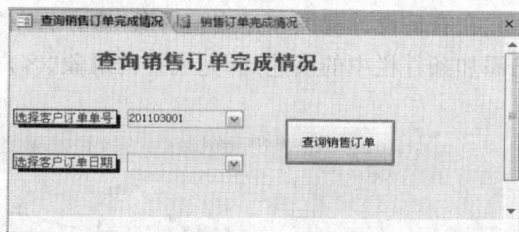

图 6.93　输入客户订单单号

6. 打开“客户订单完成情况”报表

(1)在窗体设计视图中为命令按钮【查询销售订单】指定宏对象“销售订单完成情况”。

(2)在“客户订单完成情况”窗体视图下输入订单号，如图 6.93 所示，单击命令按钮【查询销售订单】可看到所有销售订单信息，如图 6.94 所示。

6.3.4　创建“销售员销售数据透视图窗口”

为了更好地了解不同销售员的销售业绩，特别设计了“销售员销售数据透视图窗口”，该窗体可以通过图形显示汇总的多个数据。下面先来创建用来作为数据透视图窗体记录源的查询对象。

图 6.94 通过报表对象显示的销售订单数据

1. 创建名称为“销售员的销售数据”的查询对象

(1)打开查询设计视图并添加“物品原始成本表 1”、“物品”、“CO2”、“CO1”、“销售员”表，并建立表之间的连接，如图 6.95 所示，保存查询为“销售员的销售数据”。

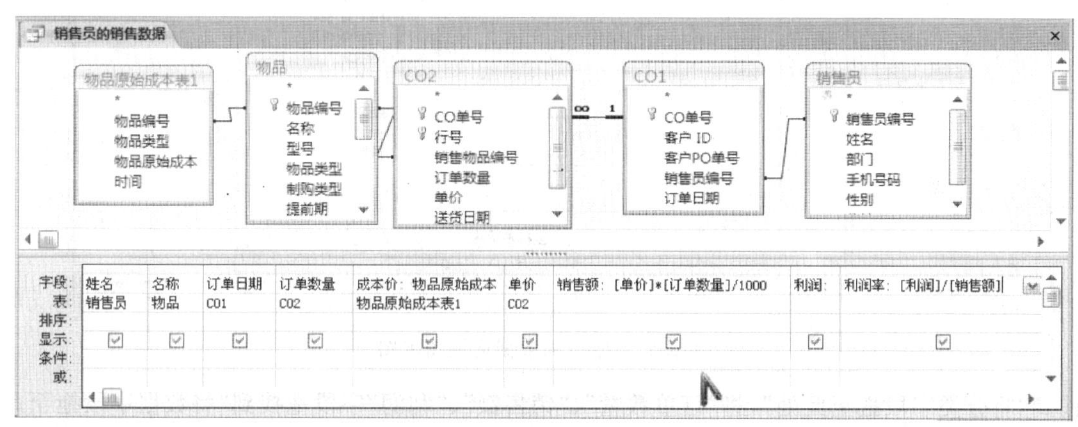

图 6.95 设计查询字段

(2)从不同的表拖拽需要的字段到查询设计区域。

(3)添加计算字段“销售额：[单价]×[订单数量]/1000”、“利润：([单价]－[成本价])×[订单数量]/1000”、“利润率：[利润]/[销售额]”，设计结果如图 6.95 所示，查询到的数据如图 6.96 所示。

2. 创建“销售员销售数据透视图窗口”

(1)在导航窗格选择查询对象“销售员的销售数据”，在功能区“创建”选项卡“窗体”组中单击“数据透视图”按钮，在数据透视图视图中打开一个窗体对象，如图 6.97 所示。

(2)从“图表字段列表”框中将“名称”字段拖拽到“将筛选字段拖至此处”，将“姓名”字段拖

销售员的销售数据

姓名	物品名称	订单日期	订单数量	成本价	单价	销售额	利润	利润率
李平	入门级PC	2011-3-13	10	￥1,392.00	￥12,000.00	￥120.00	￥106.08	88.40%
李平	家用PC	2011-3-13	10	￥1,702.00	￥16,000.00	￥160.00	￥142.98	89.36%
王明	入门级PC	2011-3-18	10	￥1,392.00	￥5,500.00	￥55.00	￥41.08	74.69%
王明	小企业PC	2011-3-18	8	￥2,439.00	￥8,800.00	￥70.40	￥50.89	72.28%
李平	Agfa Scanner	2011-3-18	10	￥1,323.20	￥1,480.00	￥14.80	￥1.57	10.59%
王明	家用PC	2011-4-2	10	￥1,702.00	￥5,900.00	￥59.00	￥41.98	71.15%
王明	小企业PC	2011-4-2	10	￥2,439.00	￥8,000.00	￥80.00	￥55.61	69.51%

记录：第 7 项(共 7 项) 无筛选器 搜索

图 6.96　查询到的数据

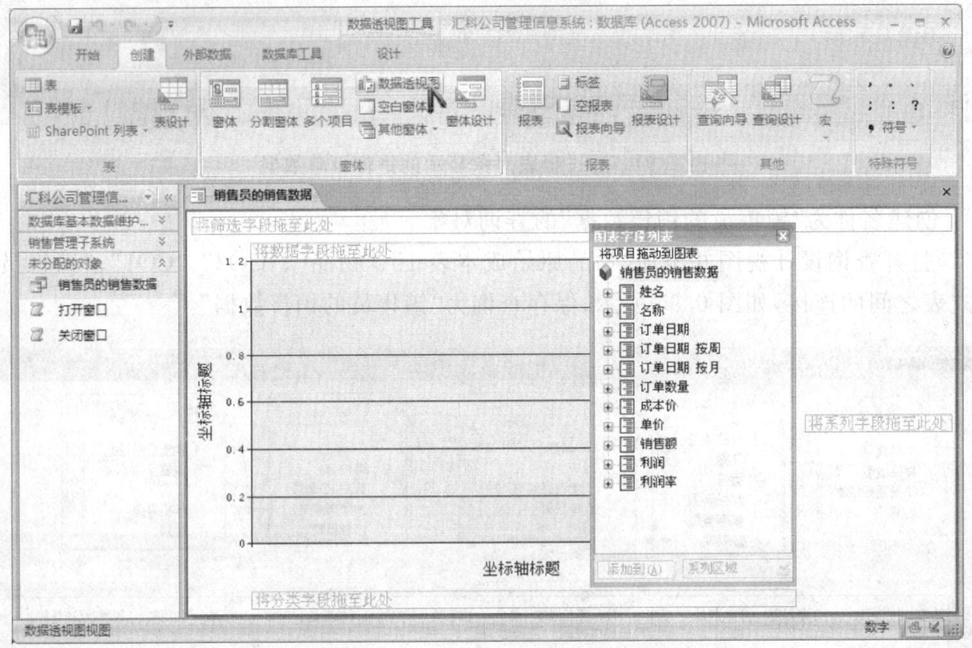

图 6.97　空白的数据透视图视图

拽到“将分类字段拖至此处”，将“订单数量”、“销售额”、“利润”字段拖拽到“将数据字段拖至此处”，结果如图 6.98 所示。

(3)关闭“图表字段列表”框。

(4)保存窗体对象为“销售员销售数据透视图窗口”。

(5)在“设计”选项卡“工具”组中单击【属性表】按钮，打开“属性”对话框，在“选择”下拉列表中选择“订单数量的和”，在“常规”标签下单击【添加数据标签】按钮，图上会显示出数据，如图 6.99所示。单击“条件格式”标签，选择“根据条件对数据点染色”，如图 6.100 所示，数据柱会根据数量的大小显示不同颜色。

在数据透视图窗口可以根据需要筛选出不同名称各个销售员的销售数据图形。可以看到订单数量、销售额与利润总数的图形显示。

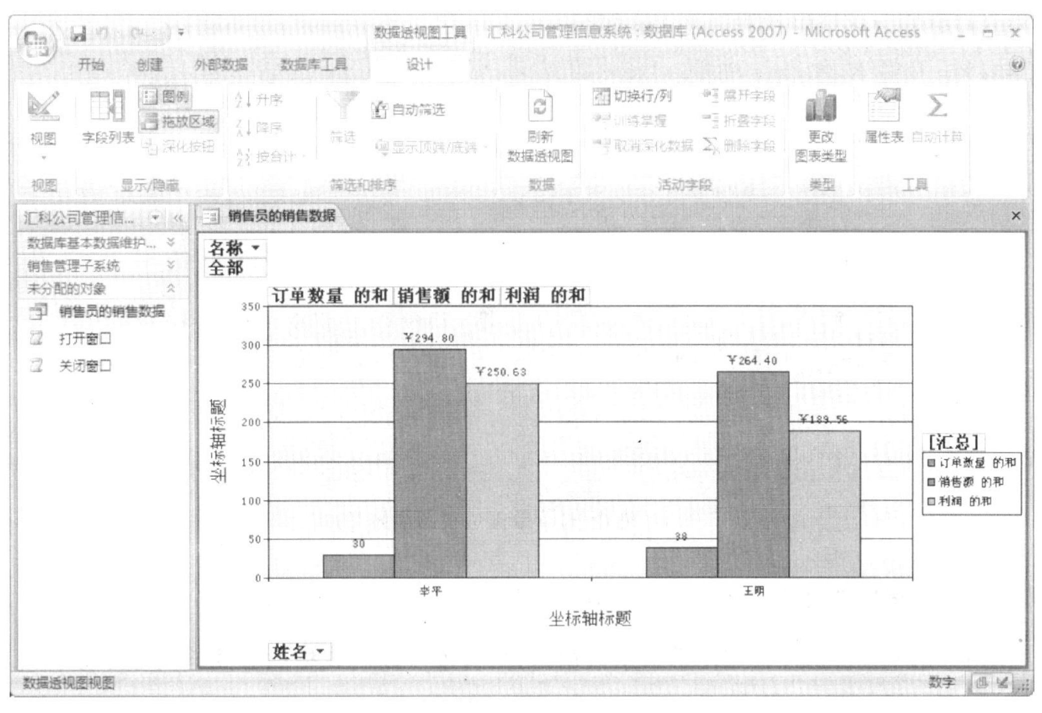

图 6.98　销售员销售数据透视图窗口

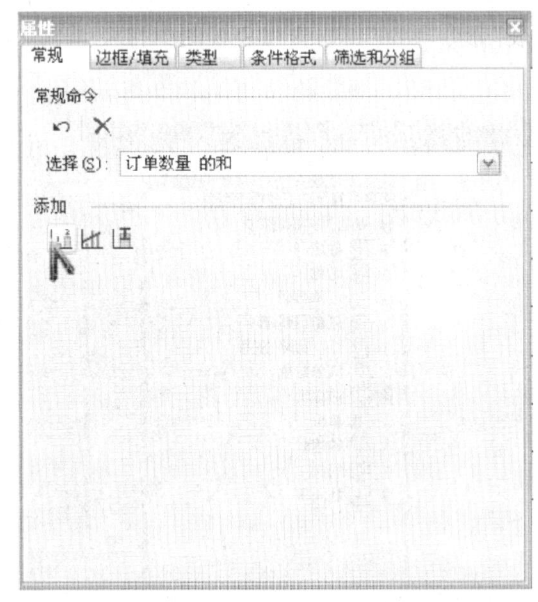

图 6.99　在图形上添加数据

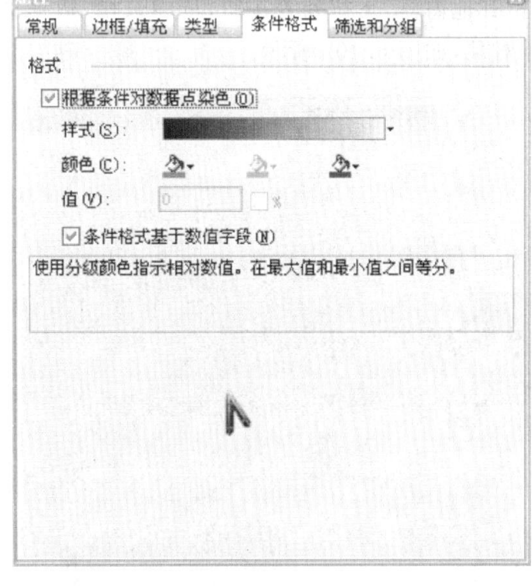

图 6.100　在图形上添加条件颜色

3. 创建“打开数据透视图窗体”宏

在“打开窗口”宏中定义宏名“打开销售员销售数据透视图窗口”,在“视图”下拉列表中选择"数据透视图",设计结果如图 6.101 所示。

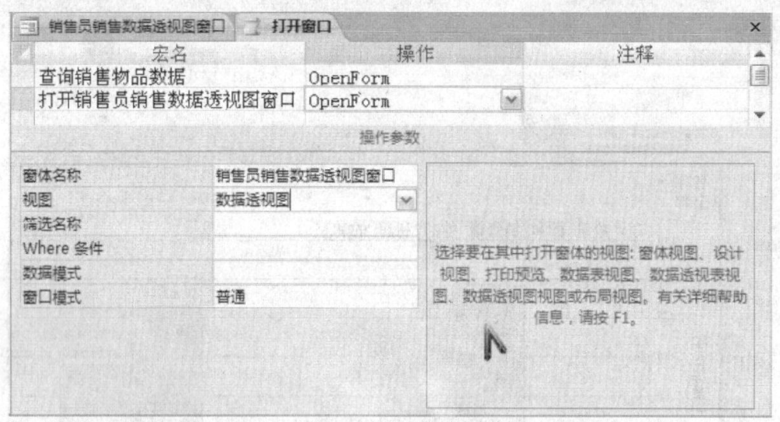

图 6.101 创建"打开数据透视图窗体"的宏

6.3.5 创建"销售员销售数据透视表窗口"

使用数据透视图窗体是用图形显示数据的方式,还可以用表格的方式同时显示多种统计数据。

1. 创建"销售员销售数据透视表窗口"

(1)在导航窗格选择查询对象"销售员的销售数据",在功能区"创建"选项卡"窗体"组中单击"其他窗体"下拉列表按钮,从中选择"数据透视表"命令,将在数据透视表视图中打开一个窗体对象,如图 6.102 所示。

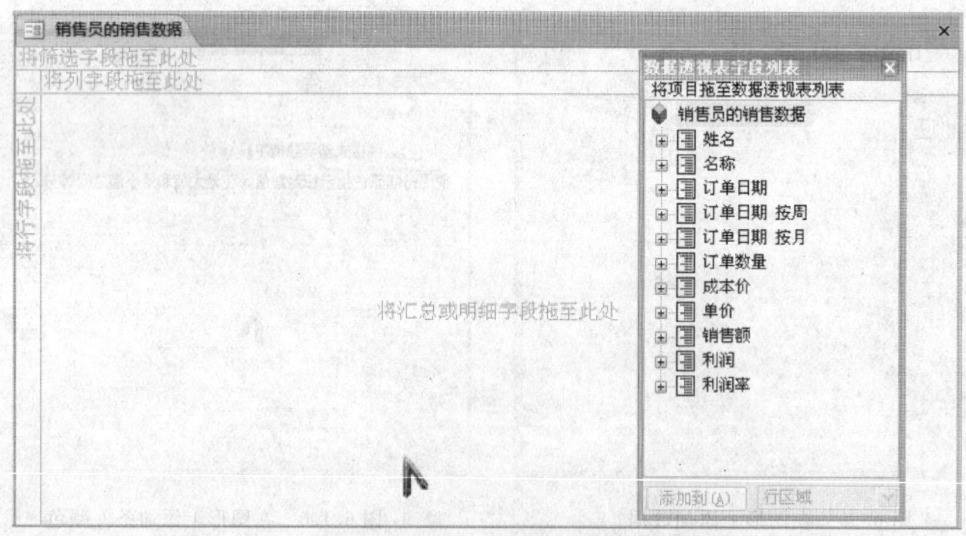

图 6.102 空白的数据透视表视图

(2)在"数据透视表字段列表"框中将"名称"字段拖曳到"将列字段拖至此处",将"姓名"字

段拖动到“将行字段拖至此处”，将“订单数量”、“单价”、“销售额”、“利润”、“利润率”字段拖拽到“将汇总或明细字段拖至此处”，结果如图 6.103 所示。

销售员的销售数据

将筛选字段拖至此处

姓名 ▾	李平					王明					总计
名称 ▾	订单数量 ▾	单价 ▾	销售额 ▾	利润 ▾	利润率 ▾	订单数量 ▾	单价 ▾	销售额 ▾	利润 ▾	利润率 ▾	无汇总信息
Agfa Scanner	10	¥1,480.00	¥14.80	¥1.57	10.59%						
家用PC	10	¥16,000.00	¥160.00	¥142.98	89.36%	10	¥5,900.00	¥59.00	¥41.98	71.15%	
入门级PC	10	¥12,000.00	¥120.00	¥106.08	88.40%	10	¥5,500.00	¥55.00	¥41.08	74.69%	
小企业PC						8	¥8,800.00	¥70.40	¥50.89	72.28%	
						10	¥8,000.00	¥80.00	¥55.61	69.51%	
总计											

图 6.103 数据透视表视图

(3)选中字段“订单数量”、“销售额”单击“设计”选项卡中的【自动计算】下拉列表按钮，从中选择“合计”命令，在“总计”列会出现“订购数量的和”与“销售额的和”字段，结果如图 6.104 所示。

销售员的销售数据

将筛选字段拖至此处

姓名 ▾	李平					王明					总计	
名称 ▾	订单数量 ▾	单价 ▾	销售额 ▾	利润 ▾	利润率 ▾	订单数量 ▾	单价 ▾	销售额 ▾	利润 ▾	利润率 ▾	订单数量 的和	销售额 的和
Agfa Scanner	10	¥1,480.00	¥14.80	¥1.57	10.59%						10	¥14.80
	10	销售额 的和	¥14.80				销售额 的和					
家用PC	10	¥16,000.00	¥160.00	¥142.98	89.36%	10	¥5,900.00	¥59.00	¥41.98	71.15%	20	¥219.00
	10	销售额 的和	¥160.00			10	销售额 的和	¥59.00				
入门级PC	10	¥12,000.00	¥120.00	¥106.08	88.40%	10	¥5,500.00	¥55.00	¥41.08	74.69%	20	¥175.00
	10	销售额 的和	¥120.00			10	销售额 的和	¥55.00				
小企业PC						8	¥8,800.00	¥70.40	¥50.89	72.28%	18	¥150.40
						10	¥8,000.00	¥80.00	¥55.61	69.51%		
		销售额 的和				18	销售额 的和	¥150.40				
总计	30	销售额 的和	¥294.80			38	销售额 的和	¥264.40			68	¥559.20

图 6.104 添加汇总数据的数据透视表视图

(4)单击右键选择“属性”菜单，通过“属性表”对话框可以修改字段标题、颜色、字体等美化窗体，结果如图 6.105 所示。

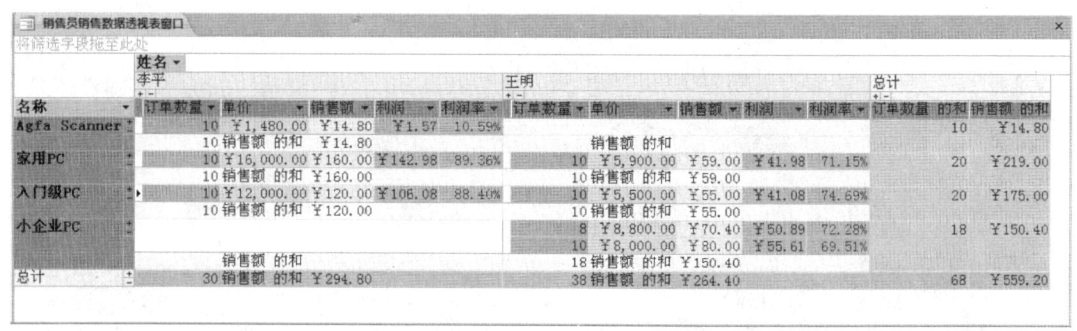

销售员销售数据透视表窗口

将筛选字段拖至此处

姓名 ▾	李平					王明					总计	
名称 ▾	订单数量 ▾	单价 ▾	销售额 ▾	利润 ▾	利润率 ▾	订单数量 ▾	单价 ▾	销售额 ▾	利润 ▾	利润率 ▾	订单数量 的和	销售额 的和
Agfa Scanner	10	¥1,480.00	¥14.80	¥1.57	10.59%						10	¥14.80
	10	销售额 的和	¥14.80				销售额 的和					
家用PC	10	¥16,000.00	¥160.00	¥142.98	89.36%	10	¥5,900.00	¥59.00	¥41.98	71.15%	20	¥219.00
	10	销售额 的和	¥160.00			10	销售额 的和	¥59.00				
入门级PC	10	¥12,000.00	¥120.00	¥106.08	88.40%	10	¥5,500.00	¥55.00	¥41.08	74.69%	20	¥175.00
	10	销售额 的和	¥120.00			10	销售额 的和	¥55.00				
小企业PC						8	¥8,800.00	¥70.40	¥50.89	72.28%	18	¥150.40
						10	¥8,000.00	¥80.00	¥55.61	69.51%		
		销售额 的和				18	销售额 的和	¥150.40				
总计	30	销售额 的和	¥294.80			38	销售额 的和	¥264.40			68	¥559.20

图 6.105 美化的数据透视表

(5)在字段名上单击右键选择“删除”菜单命令，可以从窗口中删除字段，如果要添加其他字段，可以从“数据透视表字段列表”框直接拖动到窗口。

(6)关闭“图表字段列表”框。保存窗体对象为“销售员销售数据透视表窗口”。

2. 创建“打开数据透视表窗体”宏

在“打开窗口”宏中定义宏名“打开销售员销售数据透视表窗口”,在“视图”下拉列表中选择“数据透视表”,设计结果如图 6.106 所示。

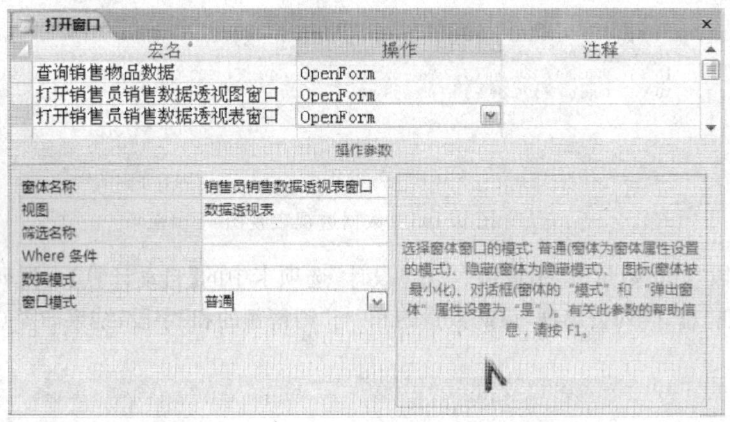

图 6.106 创建打开数据透视表窗体的宏

注 意

在“销售管理子系统”的各个数据库对象创建完成后,最好将它们添加到“销售管理子系统”组,便于修改与管理。

7 创建“生产管理子系统”

生产管理活动中生产人员要掌握生产活动中的信息，处理采购配件与生产产品的相关信息，为了帮助生产管理人员工作，设计了“生产管理子系统”。

本章的任务是创建实现“生产管理子系统”功能的各种数据库对象。

7.1 设计“按产品代码查询窗口”

为了方便生产管理人员了解生产产品的基本信息，设计了“按产品代码查询窗口”。

7.1.1 创建窗体对象“按产品代码查询窗口”框架

1. 窗体功能说明

本窗体主要提供两个功能：

功能 1——输入“产品代码”，显示相关生产产品信息。

功能 2——在窗口中什么都不选，显示公司所有生产产品信息。

还可以进行组合查询与模糊查询。

2. 创建窗体框架

“按产品代码查询窗口”窗体框架如图 7.1 所示。组合框名称为 C1。

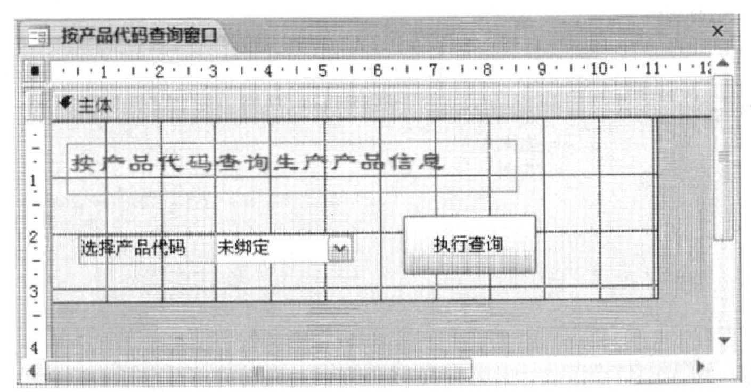

图 7.1 “按产品代码查询窗口”窗体框架

7.1.2 创建查询对象“生产产品查询”

基于“物品”表创建查询对象“生产产品查询”，设计结果如图 7.2 所示。

在“物品编号”列“条件”行输入 Like[Forms]！[按产品代码查询窗口]！[C1]&"*"，如图 7.2 所示。

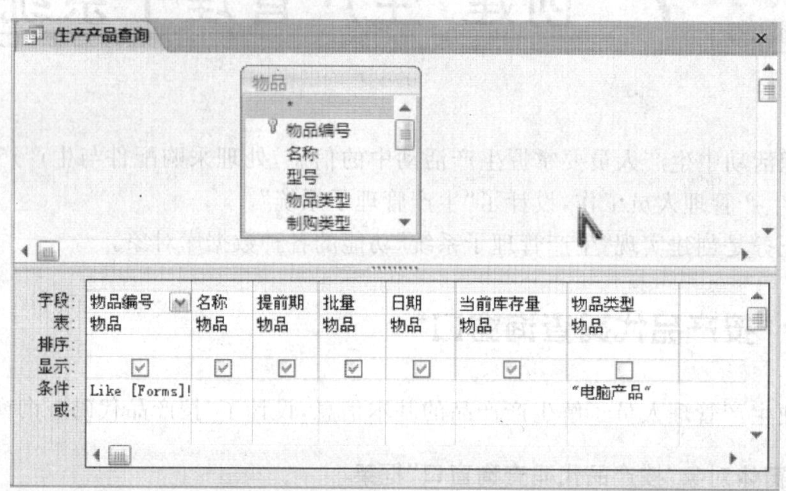

图 7.2 “生产产品查询”设计结果

7.1.3 创建“运行生产产品查询”宏对象

1. 创建宏对象

创建“运行生产产品查询”宏，设计结果如图 7.3 所示。

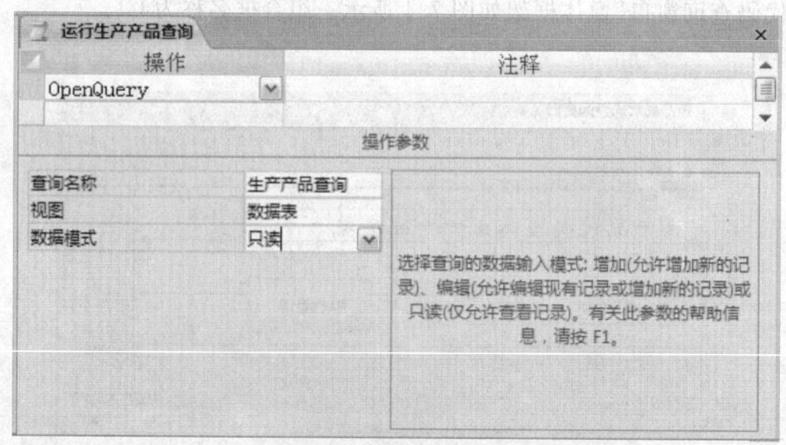

图 7.3 “运行生产产品查询”宏

2. 为命令按钮指定宏

(1)切换到"按产品代码查询窗口"窗体设计视图,为其中的命令按钮指定宏。

(2)切换到窗体视图,选择产品编号,如图 7.4 所示,单击【执行查询】按钮,将只显示该产品信息,如图 7.5 所示。当输入为空白,单击【执行查询】按钮时会显示所有的生产产品的信息,如图 7.6 所示。

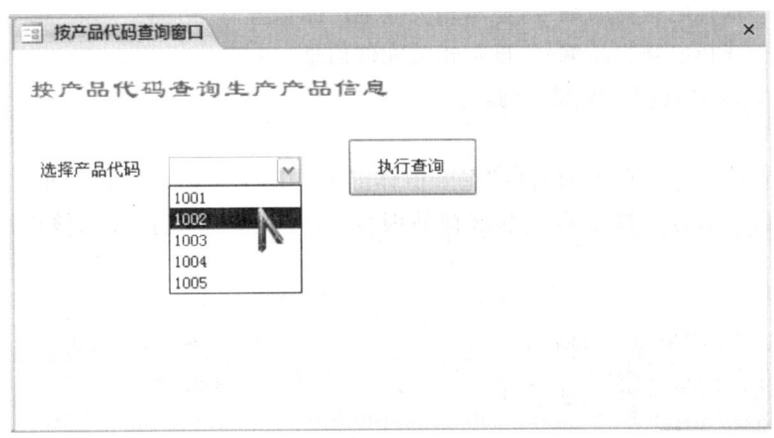

图 7.4 查询 1002 产品编号

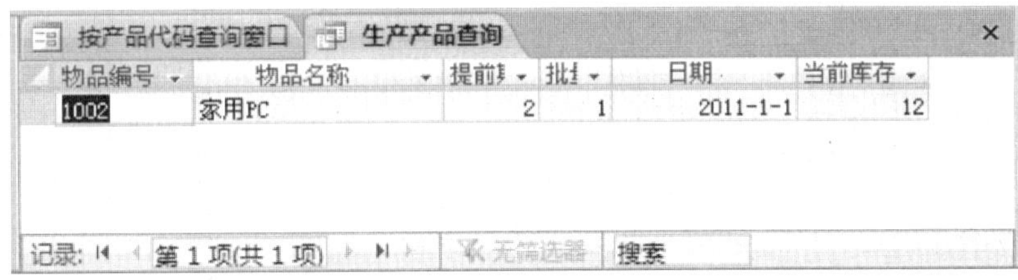

图 7.5 1002 产品编号的查询结果

图 7.6 输入空白的查询结果

7.2 设计"生产产品及配件信息查询窗口"

一个电脑是由多种配件组成的,为了方便生产管理人员了解生产产品与配件的关系信息,特别设计了“生产产品及配件信息查询窗口”。

7.2.1 窗体功能与界面

1. 窗体功能说明

本窗体主要功能：

功能 1——选择电脑物品编号，显示相关电脑产品信息。

功能 2——选择电脑物品编号，显示相关配件信息。

还可以进行组合查询与模糊查询。

2. 窗体界面

“生产产品及配件信息查询窗口”主子窗体界面如图 7.7 所示。组合框名称为“电脑物品编号”。本窗体通过主窗体确定电脑物品编号，在子窗体会直接显示该电脑使用的配件信息。

配件物品编号	物品名称	提前期	当前配件库存量
P4-800	Intel Pentium Ⅳ	2	10
ZIP100	ZIP驱动器	2	20
OS2k	操作系统	2	16
PS240	电源	2	50
C-T	机箱	2	20
KB	键盘	2	52
RAM128	内存	2	20
FD35	软驱	2	14
SC16	声卡	2	10
MP	鼠标	2	48
NC100	网卡	2	50
M17	显示器	2	24
CP	线包	2	200
SP	音箱	2	30
HD30	硬盘	2	20
MB	主板	2	58
*			

图 7.7 “生产产品及配件信息查询窗口”窗体界面

7.2.2 创建“配件信息查询”查询对象

1. 创建“配件信息查询”

(1)打开查询设计视图，添加“配件”与“物品”表，保存查询对象为“配件信息查询”。

(2)在“物品编号”与“配件物品编号”之间拖出一条连线，添加查询字段，设计结果如图 7.8所示。

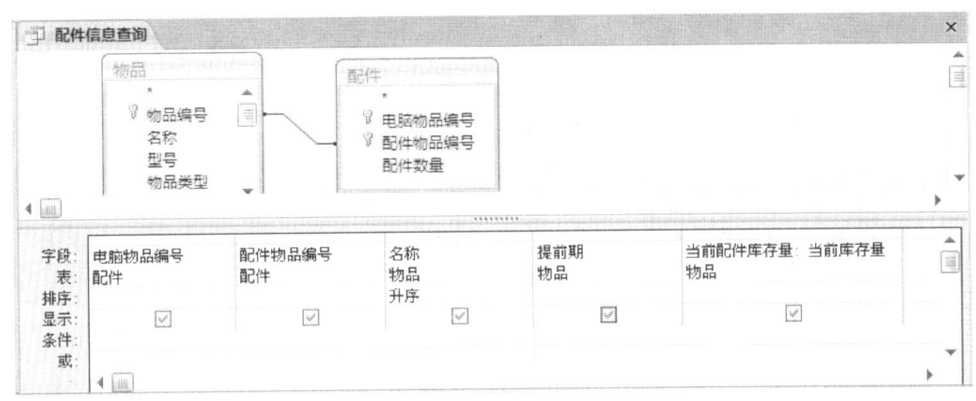

图 7.8 "配件信息查询"设计结果

2. 创建"电脑产品信息查询"

同样方式,可以创建"电脑产品信息查询"查询对象,设计结果如图 7.9 所示。

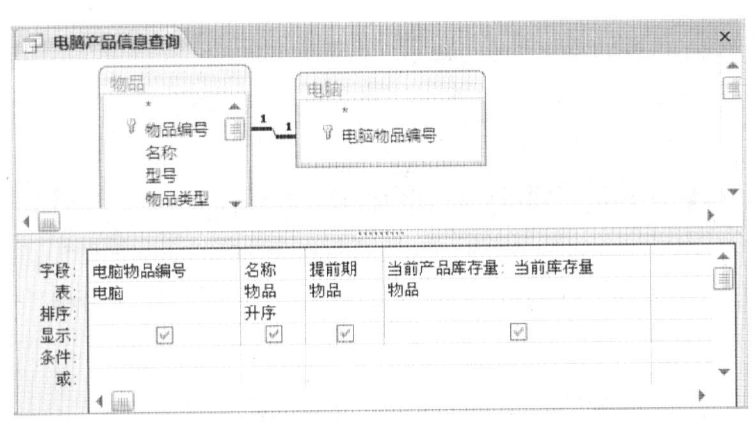

图 7.9 "电脑产品信息查询"设计结果

7.2.3 用自定义方式创建主子窗体"生产产品及配件信息查询窗口"

1. 创建主窗口"生产产品及配件信息查询窗口"

(1)在"创建"选项卡"窗体"组中单击【窗体设计】命令按钮,在设计视图打开"窗体 1"窗体对象,在"设计"选项卡"工具"组中单击【属性表】按钮,打开"属性表"对话框,从中选择"数据"标签,在"记录源"下拉列表中选择"电脑产品信息查询"查询对象,如图 7.10 所示。

(2)在窗体设计视图将出现"字段列表"框,如图 7.11 所示。(在"设计"选项卡"工具"组中单击【添加现有字段】按钮,可以关闭或打开字段列表框)。

(3)保存窗体为"生产产品及配件信息查询窗口",在字段列表框单击字段名拖动鼠标到窗体设计视图,可在窗体视图插入捆绑数据的文本框,如图 7.12 所示。

图 7.10　选择数据记录源为指定查询

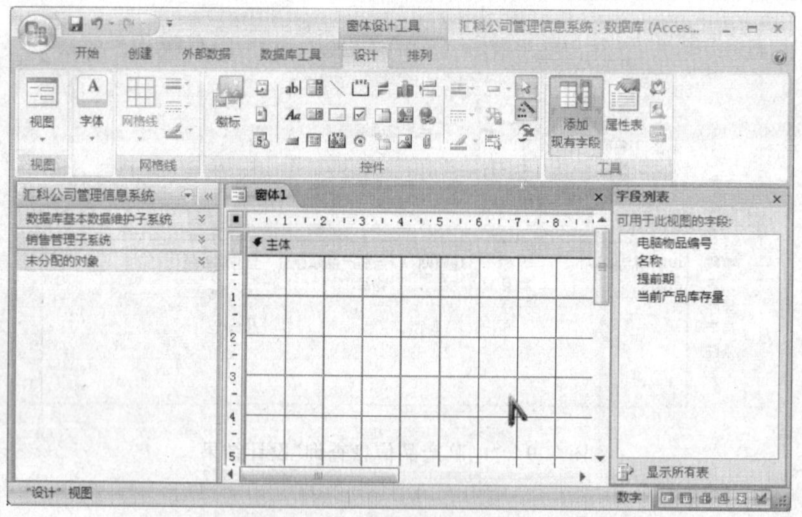

图 7.11　字段列表框

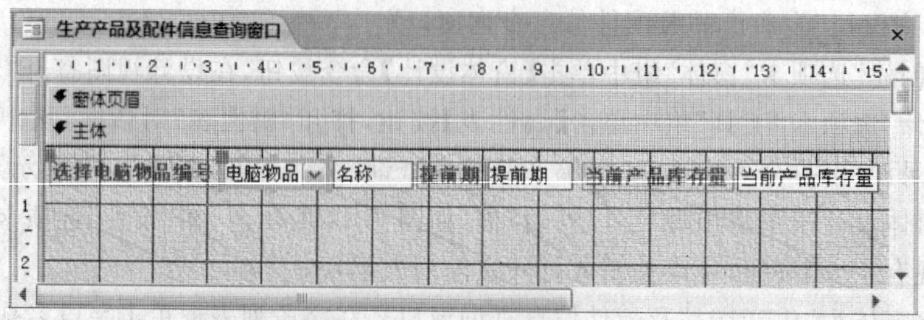

图 7.12　插入文本框的窗体

(4)修改其中文字，加工美化窗体，结果如图 7.13 所示。

生产产品及配件信息查询窗口

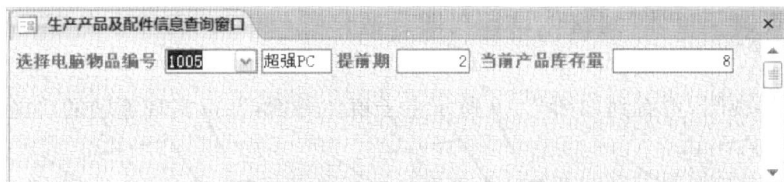

选择电脑物品编号 1005 超强PC 提前期 2 当前产品库存量 8

图 7.13 美化后的窗体

2. 创建子窗口“配件信息查询子窗体”

在导航窗格选择“配件信息查询”查询对象，然后在功能区“创建”选项卡“窗体”组中单击【其他窗体】下拉按钮，从中选择“数据表”命令，将在窗体视图打开“配件信息查询”窗体对象，将其保存为“配件信息查询子窗体”，结果如图 7.14 所示。

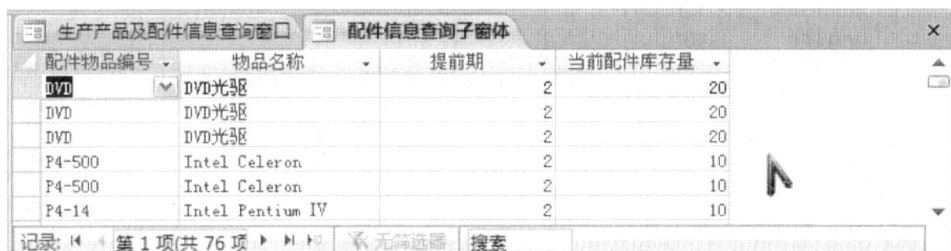

生产产品及配件信息查询窗口 配件信息查询子窗体

配件物品编号	物品名称	提前期	当前配件库存量
DVD	DVD光驱	2	20
DVD	DVD光驱	2	20
DVD	DVD光驱	2	20
P4-500	Intel Celeron	2	10
P4-500	Intel Celeron	2	10
P4-14	Intel Pentium IV	2	10

记录：第 1 项(共 76 项 无筛选器 搜索

图 7.14 自动创建的数据表窗体

3. 建立“配件信息查询”与“电脑产品信息查询”查询对象之间关系

在功能区“数据库工具”选项卡“关系”组中单击【关系】按钮，打开“关系”视图，单击【清除布局】按钮，清除原有关系布局，然后添加“配件信息查询”与“电脑产品信息查询”查询对象，通过联线创建它们之间的关系，结果如图 7.15 所示。

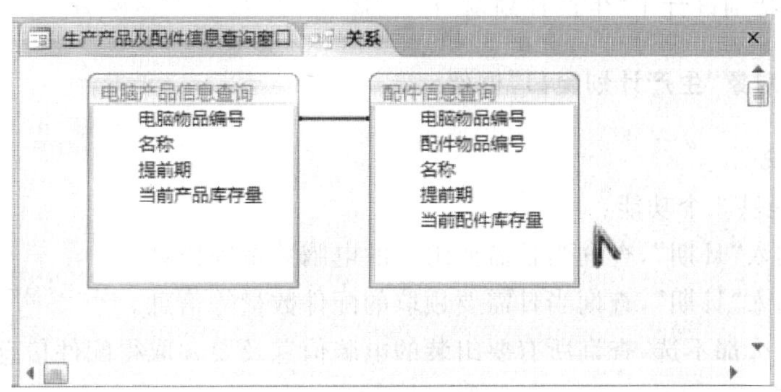

图 7.15 创建查询之间的关系

4. 在主窗口中插入子窗体

返回"生产产品及配件信息查询窗口"窗体设计视图，加大窗体面积，从导航窗格中拖动"配件信息查询子窗体"到窗体设计视图合适位置，添加到窗体中的子窗体如图 7.16 所示。

切换到窗体视图，可看到如图 7.16 所示主子窗体界面，并可实现连动的功能。

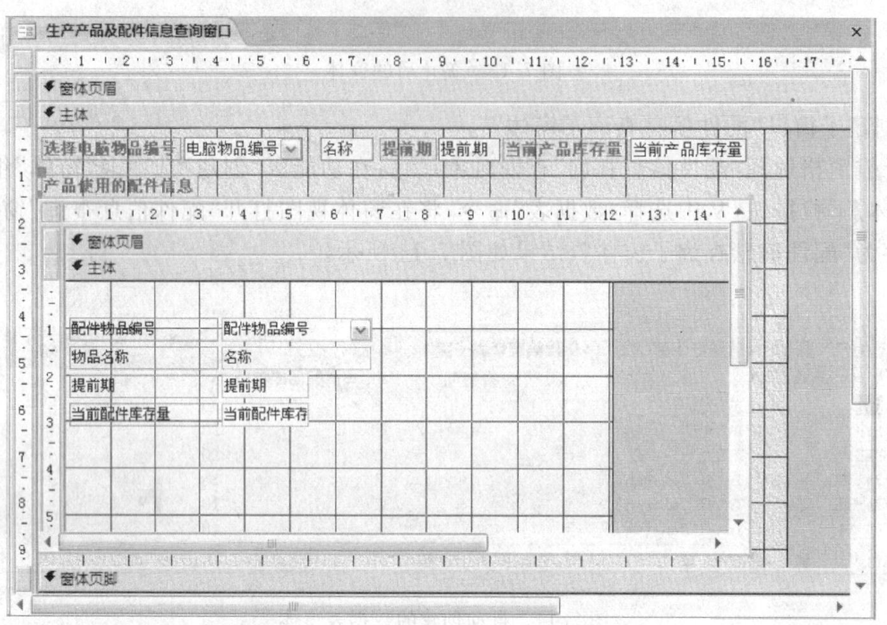

图 7.16　在指定窗体中添加的子窗体

7.3　设计"生产计划窗口"

为了方便生产管理人员了解不同日期需要生产组装电脑的生产计划，以及为了组装电脑需要领取的配件，特别设计了"生产计划窗口" 窗体。

7.3.1　创建窗体对象"生产计划窗口"框架

1. 窗体功能说明

本窗体主要提供 3 个功能：

功能 1——输入"日期"，查询当日需要组装的电脑数量等信息。

功能 2——输入"日期"，查询当日需要领取的配件数量等信息。

功能 3——什么都不选，查询所有要组装的电脑信息及要领取得配件信息。

2. 创建窗体框架

"生产计划窗口"窗体框架如图 7.17 所示。组合框名称为"采购或生产日期"。

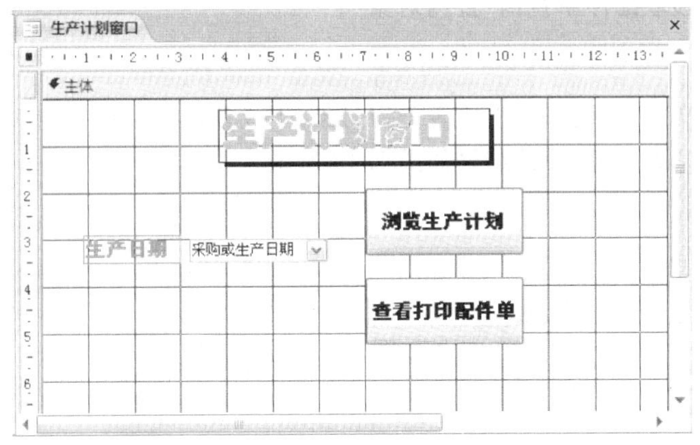

图 7.17 "生产计划窗口"窗体框架

7.3.2 创建"生成生产计划查询"查询对象

打开查询对象"查询销售需求",另存为"生成生产计划查询",在"生产日期"列"条件"行输入 Like[Forms]! [生产计划窗口]! [采购或生产日期]&"*",在"物品类型"列"条件"行输入"电脑产品",设计结果如图 7.18 所示。

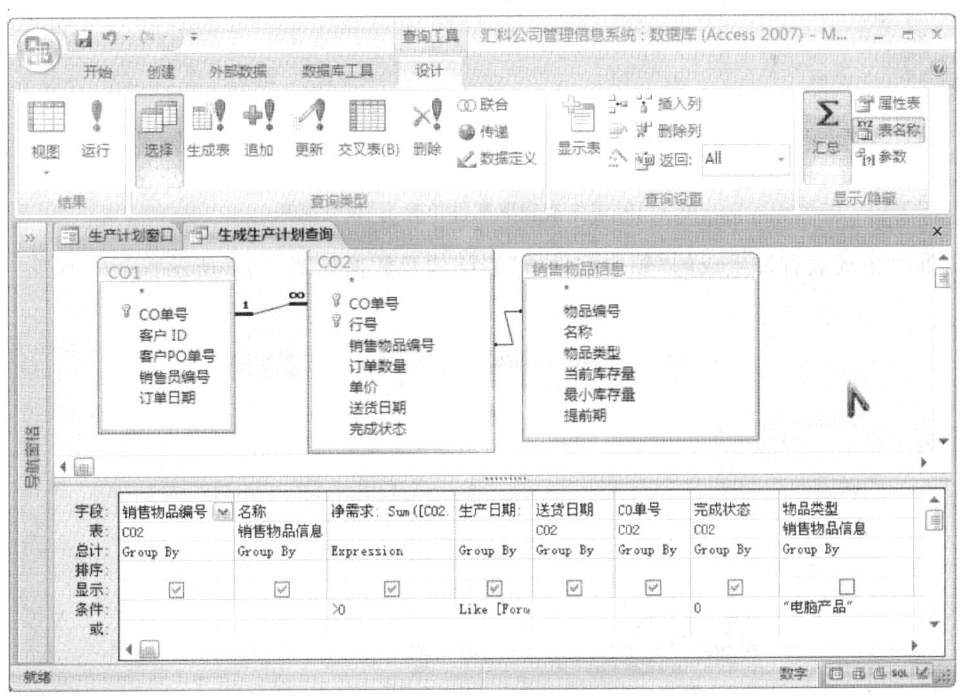

图 7.18 "生成生产计划查询"设计结果

7.3.3 创建"生成领取配件单查询"查询对象

1. 创建查询

打开查询设计视图，创建一个生成表查询对象"生成领取配件单查询"，根据生产计划生成相应的"领取配件单"表对象，设计结果如图 7.19 所示。

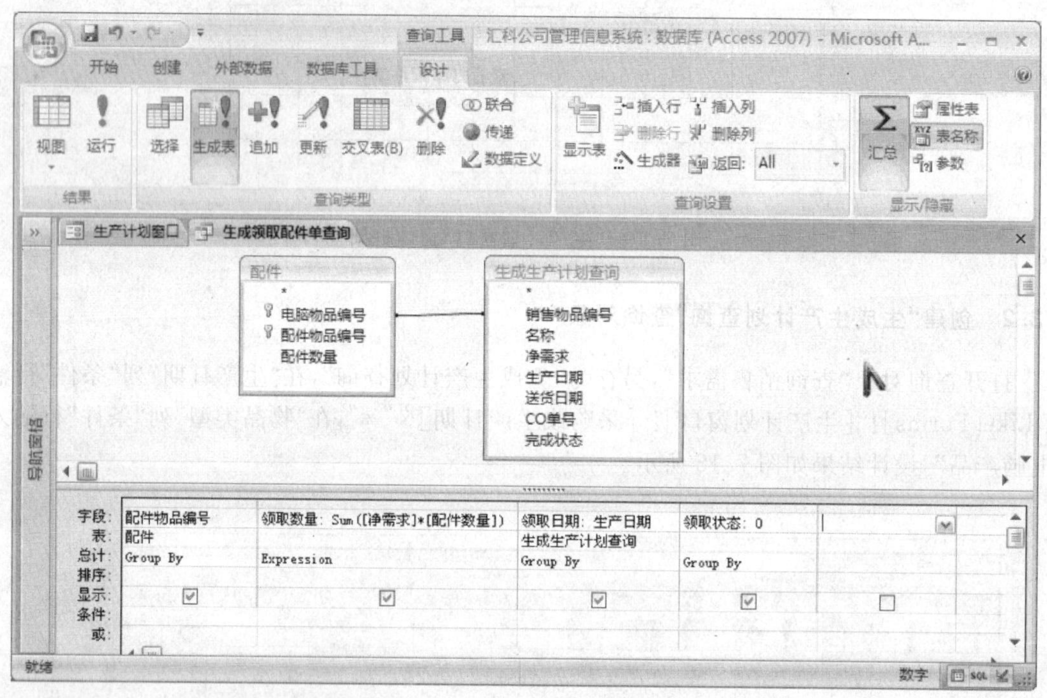

图 7.19 "生成领取配件单查询"设计结果

2. 通过生成表查询生成的"领取配件单"表结构及数据如图 7.20 所示。

配件物品编号	领取数量	领取日期	领取状态
CD48	2	2011-3-26	0
CP	2	2011-3-11	0
CP	3	2011-3-22	0
CP	3	2011-3-26	0
CP	6	2011-4-10	0
C-S	2	2011-3-11	0
C-S	3	2011-3-22	0
C-S	2	2011-3-26	0
C-S	3	2011-4-10	0
C-T	1	2011-3-26	0
C-T	3	2011-4-10	0
DVD	3	2011-3-22	0
DVD	1	2011-3-26	0

记录: 第 1 项(共 81 项　无筛选器　搜索

图 7.20 "领取配件单"表

7.3.4 创建宏对象“生产计划窗口宏”

1. 创建“生产计划窗口宏”

(1)创建“查看生产计划”宏，设计结果如图 7.21 所示。

(2)创建“查看配件单”宏，设计结果如图 7.22 所示。

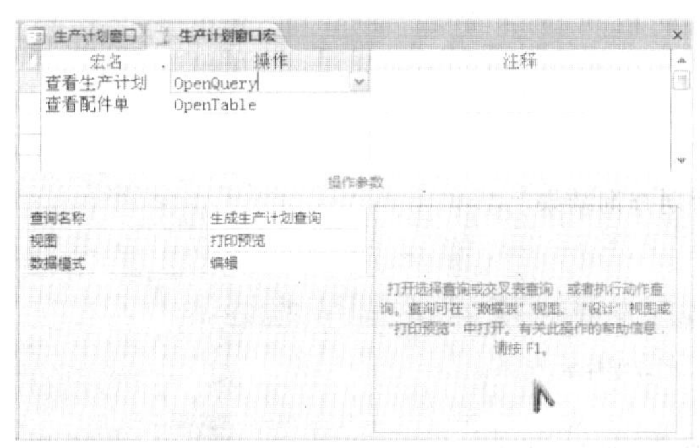

图 7.21 “查看生产计划”宏

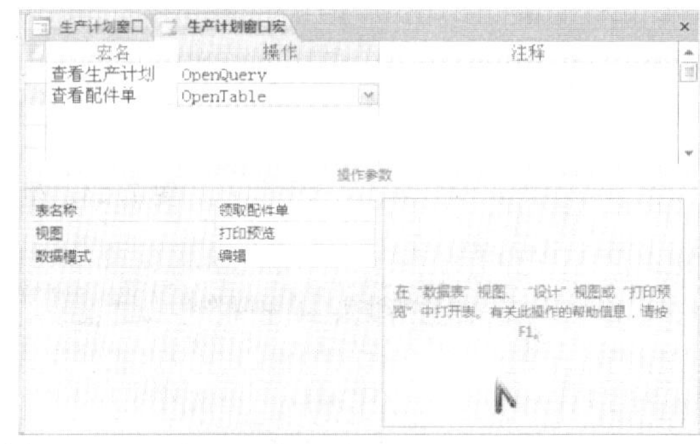

图 7.22 “查看配件单”宏

2. 为命令按钮指定宏

(1)切换到“生产计划窗口”窗体设计视图，为其中的命令按钮指定宏。

(2)切换到窗体视图，选择日期将显示该日期需要生产的产品与领取配件的信息，如图 7.23所示。

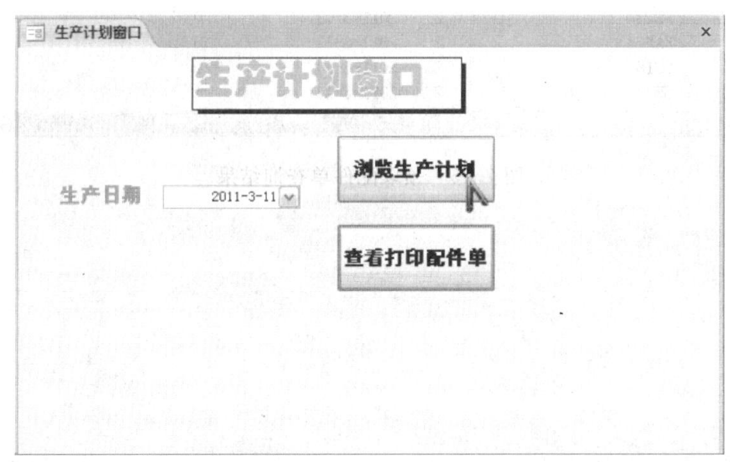

图 7.23 “生产计划窗口”

(3)单击【浏览生产计划】按钮，可看到生产计划信息，如图 7.24 所示。

(4)单击【查看打印配件单】按钮，可看到领取配件单信息，如图 7.25 所示。

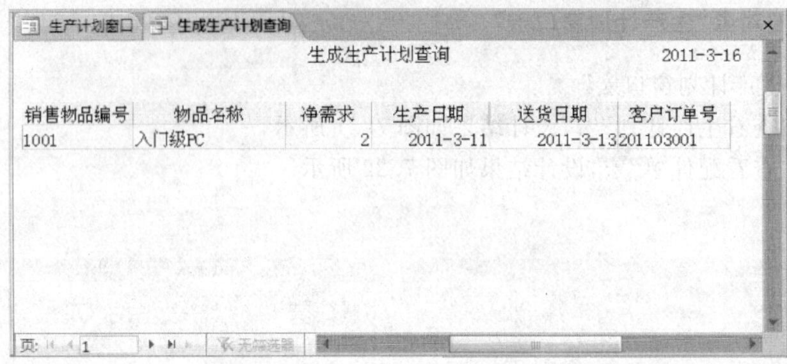

生产计划窗口 | 生成生产计划查询

生成生产计划查询 2011-3-16

销售物品编号	物品名称	净需求	生产日期	送货日期	客户订单号
1001	入门级PC	2	2011-3-11	2011-3-13	201103001

页: 1 无筛选器

图 7.24　生产计划查询结果

生产计划窗口 | 领取配件单

领取配件单

配件物品编号	领取数量	领取日期	领取状态
CD48	2	2011-3-11	0
CP	2	2011-3-11	0
C-S	2	2011-3-11	0
FD35	2	2011-3-11	0
HD10	2	2011-3-11	0
INS-E	2	2011-3-11	0
KB	2	2011-3-11	0
M15	2	2011-3-11	0
MB	2	2011-3-11	0
MP	2	2011-3-11	0
OS98	2	2011-3-11	0
P4-500	2	2011-3-11	0
PS240	2	2011-3-11	0
RAM64	2	2011-3-11	0
SC16	2	2011-3-11	0
SP	2	2011-3-11	0

页: 1 无筛选器

图 7.25　领取配件单查询结果

8 创建“采购管理子系统”

采购管理活动中采购人员要掌握采购活动中的信息，了解需要采购的配件与外设的相关信息，为了帮助采购管理人员工作，设计了“采购管理子系统”。

本章的任务是创建实现“采购管理子系统”功能的各种数据库对象。

8.1 设计“查询供应商物品价格”窗口

为了方便采购管理人员了解不同供应商供应的物品价格信息，设计了“查询供应商物品价格”窗体对象。

8.1.1 创建“查询供应商物品价格”窗体框架

1. 窗体功能说明

本窗体通过主窗体确定供应商名称，在子窗体中会直接显示该供应商供应的物品价格信息。

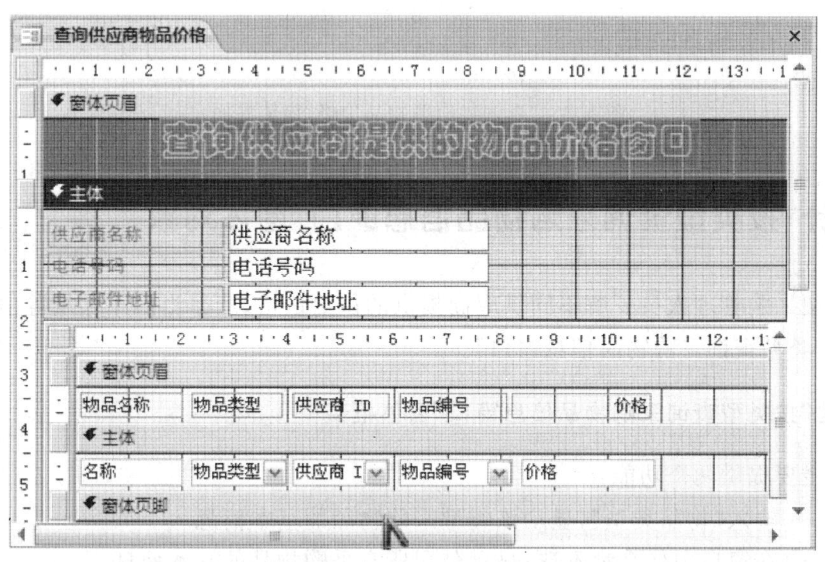

图 8.1 “查询供应商物品价格”窗体框架

2. 创建窗体框架

“查询供应商物品价格”主子窗体框架如图 8.1 所示。主窗体基于表对象“供应商”来创建，子窗体基于表对象“供应商与物品”来创建，名称为“查询供应商物品价格”，子窗体名称为“供应商的物品价格子窗体”。可以通过向导来创建主/子窗体(参见 5.1.2)，也可以先创建主窗口与子窗口，再在主窗口插入子窗口(参见 7.2.3)。

8.1.2 浏览“查询供应商物品价格”窗体界面

“查询供应商物品价格”主/子窗体界面如图 8.2 所示。

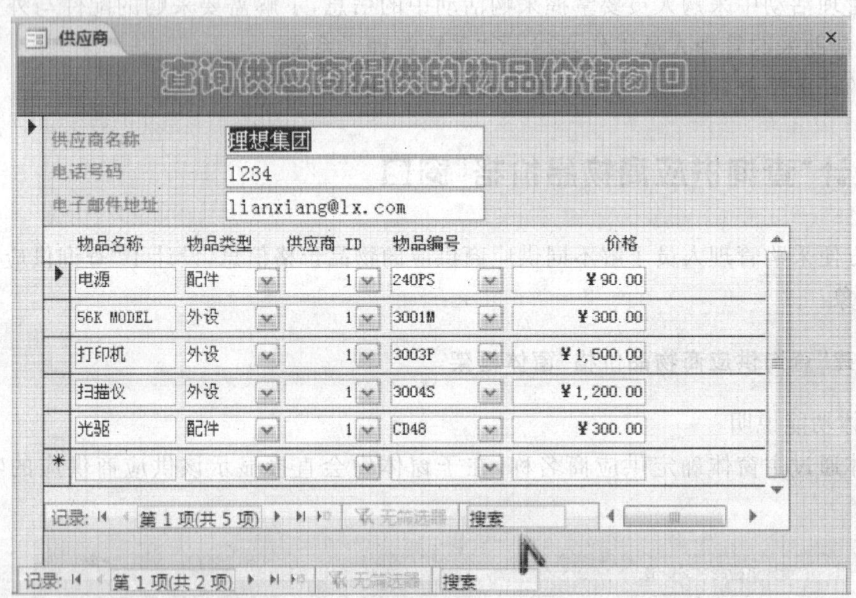

图 8.2 “查询供应商物品价格”窗体界面

8.2 设计“按类型查询采购物品信息窗口”窗体对象

为了方便采购管理人员了解不同供应商提供的供给价格、产品当前库存量等信息，设计了窗体对象“按类型查询采购物品信息窗口”。

8.2.1 创建“按类型查询采购物品信息窗口”窗体框架

本窗体主要提供两个功能：

功能 1——输入“物品类型”，显示该类型采购物品的基本信息。

功能 2——在窗口中什么都不选，显示公司所有采购物品的基本信息。

还可以进行组合查询与模糊查询。

创建窗体框架

在窗体设计视图打开“按产品代码查询窗口”窗体对象，另存为“按类型查询采购物品信息窗口”窗体对象，其窗体框架如图 8.3 所示。“未绑定”组合文本框名称为 C1，如图 8.4 修改其“数据”属性。

图 8.3　“按类型查询采购物品信息窗口”窗体框架

图 8.4　定义组合文本框“C1”属性

8.2.2　创建“采购物品信息查询”对象

在查询设计视图基于“物品”表对象创建“采购物品信息查询”查询对象，在“物品类型”列“条件”行输入<　>″电脑产品″And Like[Forms]!［按类型查询采购物品信息窗口］!［C1］& ″*″，如图 8.5 所示。

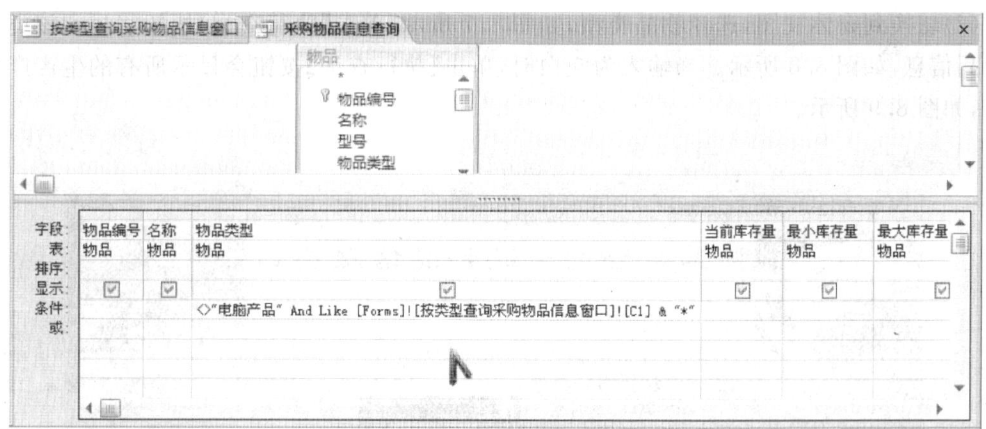

图 8.5　“采购物品信息查询”查询对象

其中，“物品类型”定义了两个条件表达式，它们是需要同时满足的条件。

8.2.3　创建“运行采购物品信息查询”宏对象

1. 创建宏对象

创建"运行采购物品信息查询"宏,设计结果如图 8.6 所示。

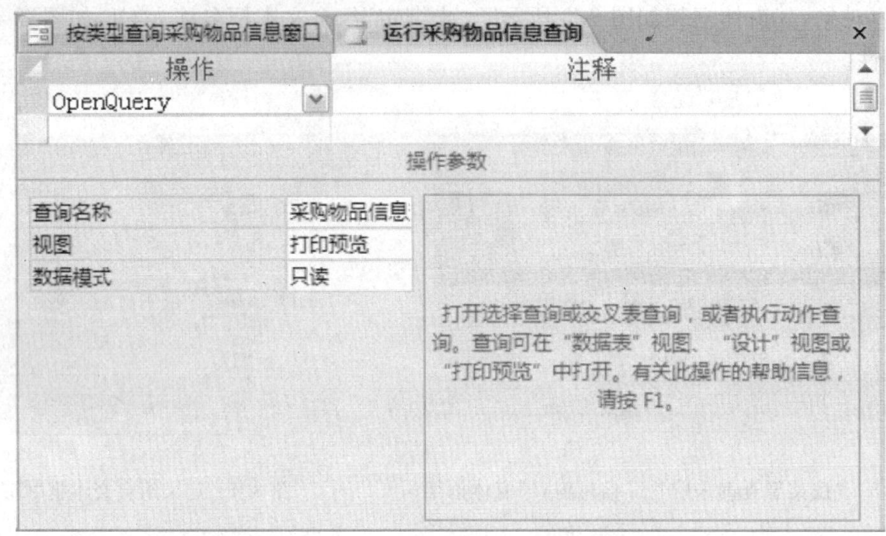

图 8.6 "运行采购物品信息查询"宏

其中,指定"视图"为"打印预览"只能看不能修改数据。

2. 为命令按钮指定宏

(1)切换到"按类型查询采购物品信息窗口"窗体设计视图,为其中的命令按钮指定宏。

(2)切换到窗体视图,选择物品类型,如图 8.7 所示,单击【执行查询】按钮将显示该类型采购物品信息,如图 8.8 所示。当输入为空白时,单击【执行查询】按钮会显示所有的生产产品的信息,如图 8.9 所示。

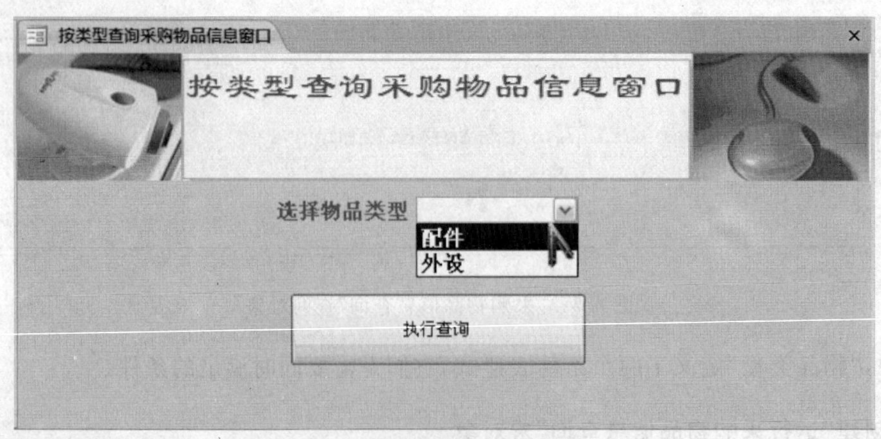

图 8.7 选择配件物品

按类型查询采购物品信息窗口　采购物品信息查询

采购物品信息查询　　2011-3-17

物品编号	物品名称	物品类型	当前库存量	最小库存量	最大库存量
240PS	电源	配件	10	5	20
3002C-S	机箱	配件	8	5	20
CD48	光驱	配件	9	5	20
CP	线包	配件	200	5	20
C-S	机箱	配件	20	5	20
C-T	机箱	配件	20	5	20
DVD	DVD光驱	配件	20	5	20
FD35	软驱	配件	14	5	20
HD10	硬盘	配件	10	5	20
HD20	硬盘	配件	20	5	20
HD30	硬盘	配件	20	5	20
KB	键盘	配件	52	5	20
KLJ	刻录机	配件	14	5	20
M15	显示器	配件	10	5	20
M17	显示器	配件	24	5	20
M17M	显示器	配件	20	5	20
MB	主板	配件	58	5	20
MP	鼠标	配件	48	5	20
NC100	网卡	配件	50	5	20
OS2k	操作系统	配件	16	5	20

页: 1　无筛选器

图 8.8　配件物品的查询结果

按类型查询采购物品信息窗口　采购物品信息查询

采购物品信息查询　　2011-3-17

物品编号	物品名称	物品类型	当前库存量	最小库存量	最大库存量
240PS	电源	配件	10	5	20
3001M	56K MODEL	外设	4	5	20
3002C-S	机箱	配件	8	5	20
3003P	打印机	外设	5	5	20
3004S	扫描仪	外设	0	5	20
A1212U	Agfa Scanner	外设	0	5	20
BJC2100	Canon Bubble jet 210	外设	0	5	20
BJC3000	Canon Bubble jet 300	外设	0	5	20
C340P	Canon 340P Scanner	外设	0	5	20
C640P	Canon 640P Scanner	外设	0	5	20
CD48	光驱	配件	9	5	20
CM56	Creative Labs 56k Mo	外设	0	5	20
CP	线包	配件	200	5	20
C-S	机箱	配件	20	5	20
C-T	机箱	配件	20	5	20
DVD	DVD光驱	配件	20	5	20
E640U	Epson Scanner	外设	0	5	20
ES580	Epson Stylus 580 Pri	外设	0	5	20
ES720	Epson Stylus 720 Pri	外设	0	5	20

页: 1　无筛选器

图 8.9　输入空白的查询结果

8.3 设计“生成与打印采购计划窗口”

为了方便采购人员了解不同日期需要采购计划，特别设计了“生成与打印采购计划窗口”窗体对象。

8.3.1 创建窗体对象“生成与打印采购计划窗口”框架

1. 窗体功能说明

本窗体主要提供3个功能：

功能1——输入“日期”，查询当日需要采购的配件或外设的采购计划。

功能2——输入“日期”，浏览要打印的当日采购计划。

功能3——什么都不选，查询所有日期需要采购物品的采购计划。

2. 创建窗体框架

“生成与打印采购计划窗口”窗体框架如图8.10所示。

组合框名称为“采购或生产日期”，其属性设置如图8.11所示。设置数据行来源属性为

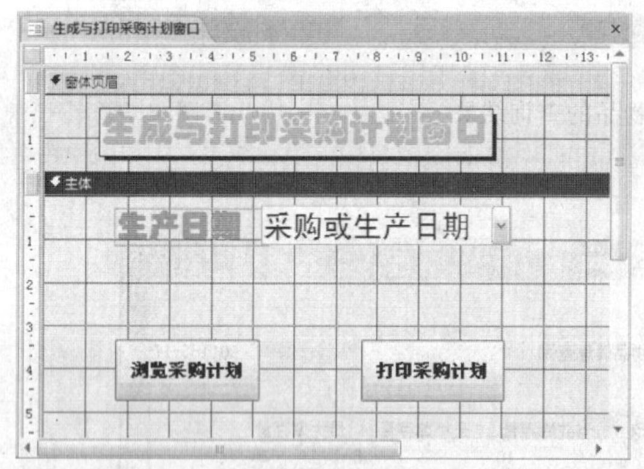

图8.10 “生成与打印采购计划窗口”窗体框架

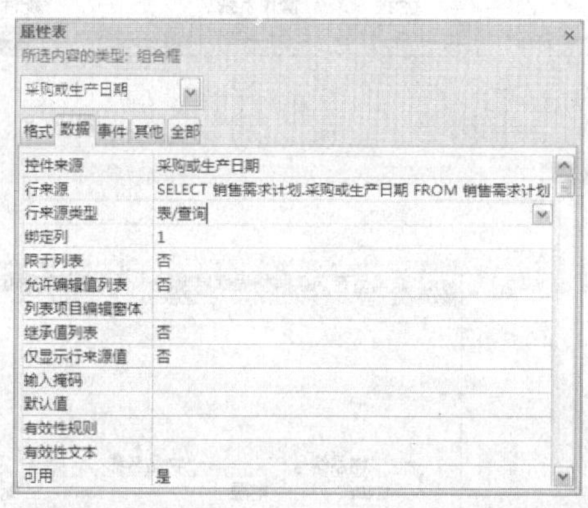

图8.11 组合框“采购或生产日期”属性设置

SELECT 销售需求计划．采购或生产日期 FROM 销售需求计划 GROUP BY 销售需求计划．采购或生产日期 ORDER BY 销售需求计划．采购或生产日期；

8.3.2 创建“采购需求计划”查询对象

在查询设计视图基于“销售需要计划”表对象创建“采购需求计划”查询对象，设计结果如图8.12所示。在“生产日期”列“条件”行输入 Like[Forms]！[生成与打印采购计划窗口]！[采购或生产日期]&"*"，在“生产采购类型”列“条件”行输入“采购”。

8.3.3 创建“生成与打印采购计划窗口宏”

1. 创建“生成与打印采购计划窗口宏”

(1)创建“查看生产计划”宏，设计结果如图8.13所示。

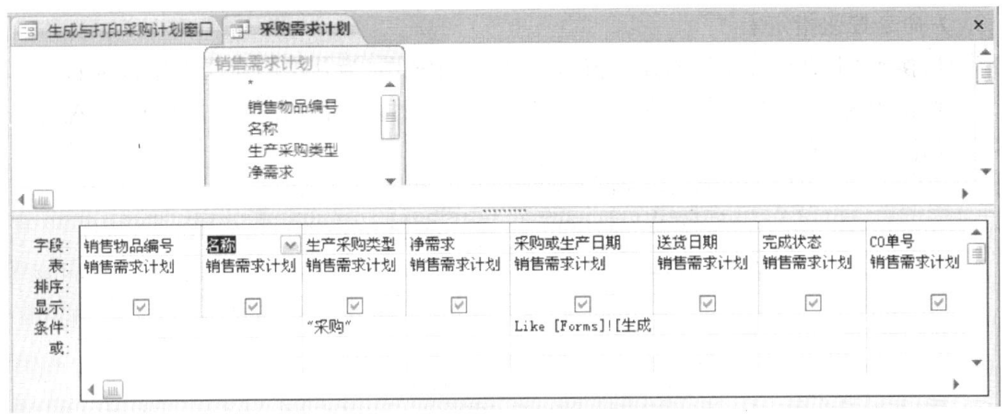

图 8.12 “生成生产计划查询”设计结果

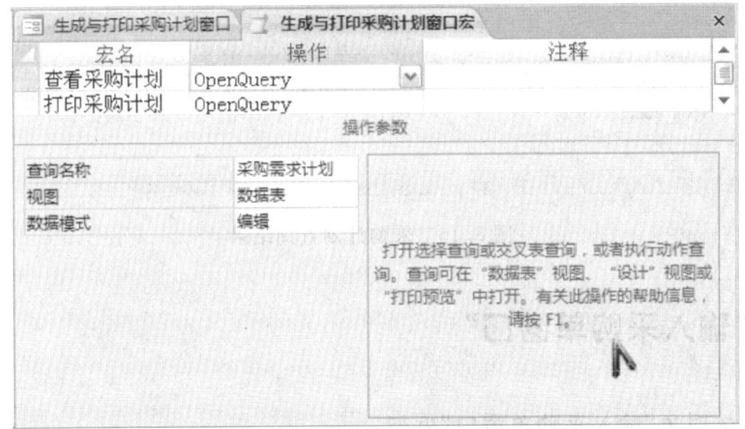

图 8.13 “查看采购计划”宏

(2)创建“打印生产计划”宏，设计结果如图 8.14 所示。

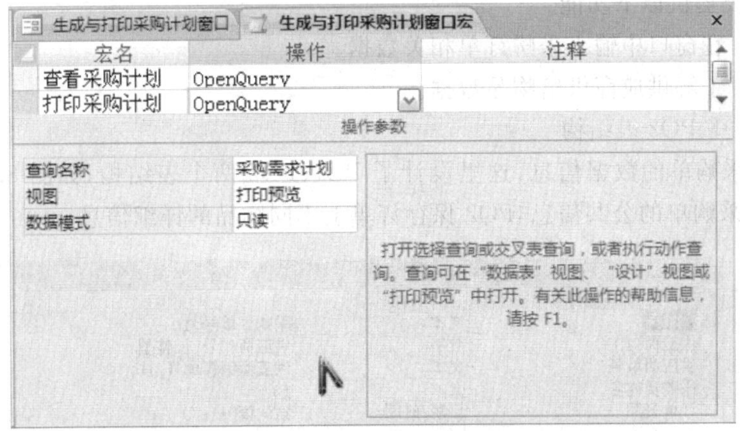

图 8.14 “打印采购计划”宏

2. 为命令按钮指定宏

(1)切换到"生成与打印采购计划窗口"窗体设计视图,为其中的命令按钮指定宏。

(2)切换到窗体视图,选择日期,单击【浏览采购计划】按钮,如图 8.15 所示,可看到采购计划信息,如图 8.16 所示。

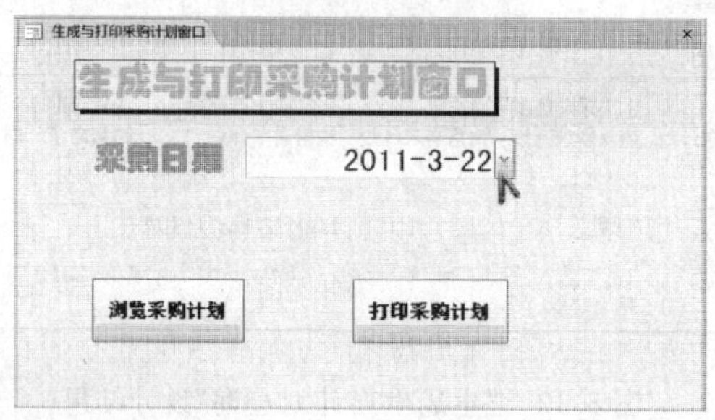

图 8.15 "生成与打印采购计划窗口"界面

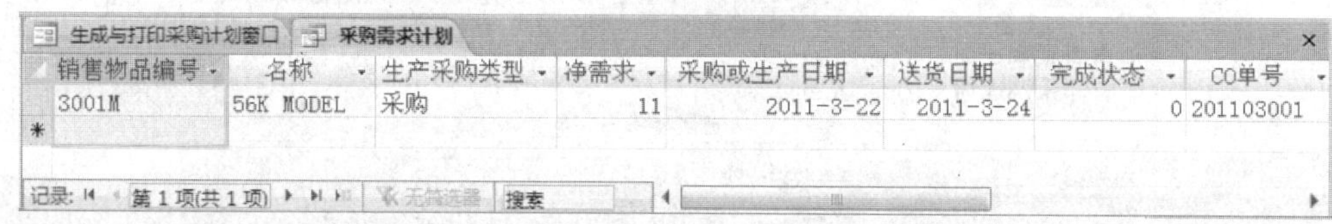

销售物品编号	名称	生产采购类型	净需求	采购或生产日期	送货日期	完成状态	CO单号
3001M	56K MODEL	采购	11	2011-3-22	2011-3-24	0	201103001
*							

图 8.16 采购计划查询结果

8.4 设计"输入采购单窗口"

8.4.1 创建窗体对象"输入采购单窗口"框架

在采购物品时要先输入采购单,所以设计了"输入采购单窗口"窗体对象。

1. 窗体功能说明

本窗体主要提供以下功能:

功能 1——在窗口中输入采购订单相关数据。

功能 2——了解供应商供给物品数据。

2. 创建 PO1、PO2 表结构

为了保存采购单的数据信息,这里设计了 PO1、PO2 两个表结构,如图 8.17、图 8.18 所示。PO1 保存采购单的公共信息,PO2 保存订单上不同物品的详细信息。

PO1

字段名称	数据类型	说明
PO单号	文本	采购订单号,10
供应商 ID	数字	供应商代号,长整型
供应商单号	文本	供应商销售单号,10
采购员姓名	文本	10
订单日期	日期/时间	默认值Date()

图 8.17 PO1 表结构

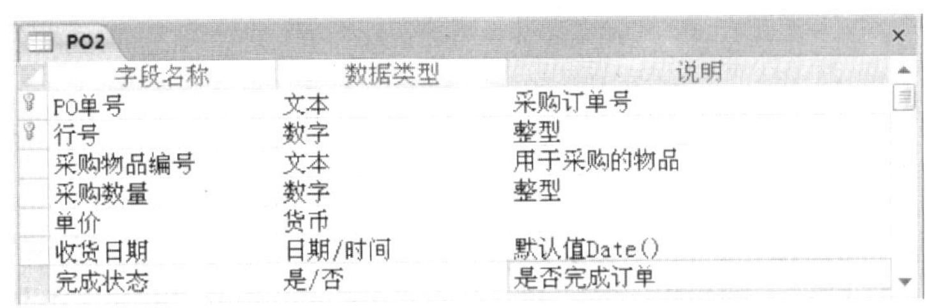

PO2

字段名称	数据类型	说明
PO单号	文本	采购订单号
行号	数字	整型
采购物品编号	文本	用于采购的物品
采购数量	数字	整型
单价	货币	
收货日期	日期/时间	默认值Date()
完成状态	是/否	是否完成订单

图 8.18　PO2 表结构

3. 创建“输入采购单窗口”主/子窗体

(1)基于 PO1、PO2 表创建一个主/子窗体，窗体界面如图 8.19 所示。其中主窗体名称为“输入采购单窗口”，子窗体名称为“PO2 子窗体”。

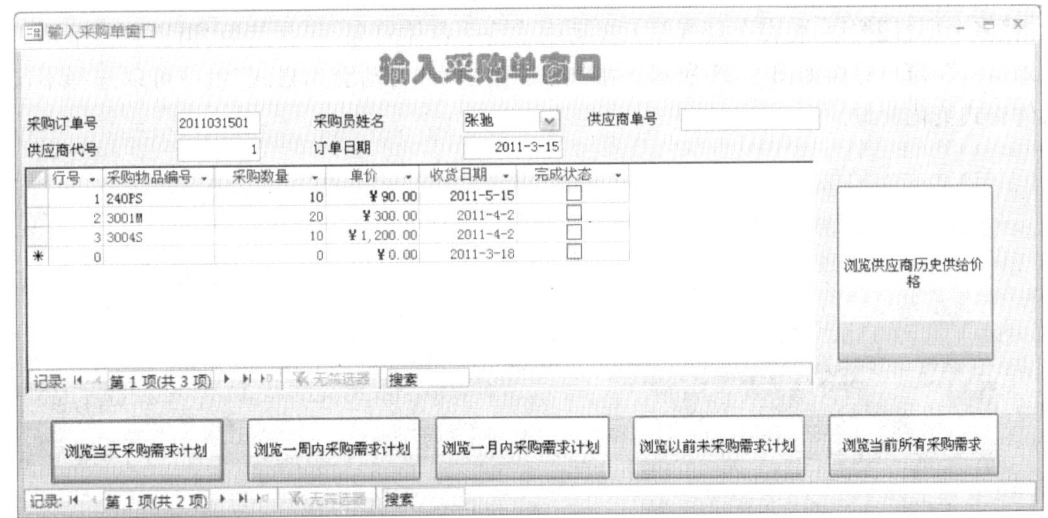

图 8.19　“输入采购单窗口”窗体界面

(2)为了在制定销售价格时便于参考，在窗体“输入采购单窗口”右边添加一个【浏览供应商历史供给价格】命令按钮，会打开一个窗口查看供应商过去供给的物品价格。

(3)为了输入采购单时便于参考，在窗体“输入采购单窗口”下方添加了多个命令按钮来了解采购需求计划，会打开相应窗口查看采购需求。

8.4.2　创建“浏览当天采购需求计划窗口”

1. 创建查询对象“浏览当天采购需求计划”

在查询设计窗口打开查询对象“采购需要计划”，将其另存为“浏览当天采购需求计划”，修改其中“采购或生产日期”字段条件为“Like[Forms]![输入采购单窗口]![订单日期]& "*"”，结果如图 8.20 所示。

2. 创建窗体对象“浏览当天采购需求计划窗口”

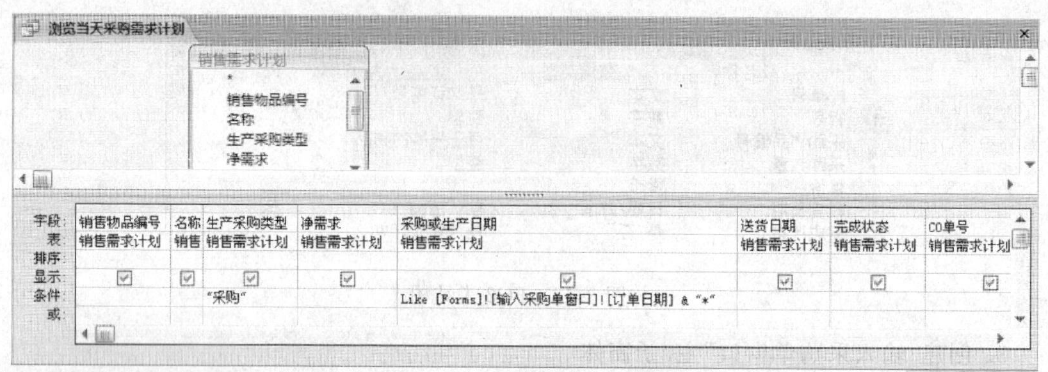

图 8.20 “浏览当天采购需求计划”查询对象

在导航窗格选中查询对象“浏览当天采购需求计划”，在功能区“创建”选项卡“窗体”组中单击【多个项目】按钮，将在布局视图下自动生成一个窗体对象，保存其为“浏览当天采购需求计划窗口”，窗口界面如图 8.21 所示。在“格式”选项卡“自动套用格式”组中可以选择不同的窗体格式美化窗口。

图 8.21 “浏览当天采购需求计划窗口”窗体对象

3. 修改窗体对象属性

(1)在“格式”选项卡“视图”组中单击【视图】下拉按钮，切换到“设计视图”，在窗体设计界面左上角单击“窗体选择器”选项 ■ 。

(2)在“设计”选项卡“工具”组中单击【属性表】按钮，打开“属性表”对话框，如图 8.22 所示修改“全部”属性中的“弹出方式”为“是”，其他属性参考图 8.22 来定义。

4. 创建“输入采购单窗口使用的宏”

“输入采购单窗口”有多个命令按钮，需要使用多个宏，宏设计结果如图 8.23 所示。

图 8.22　窗体属性设置

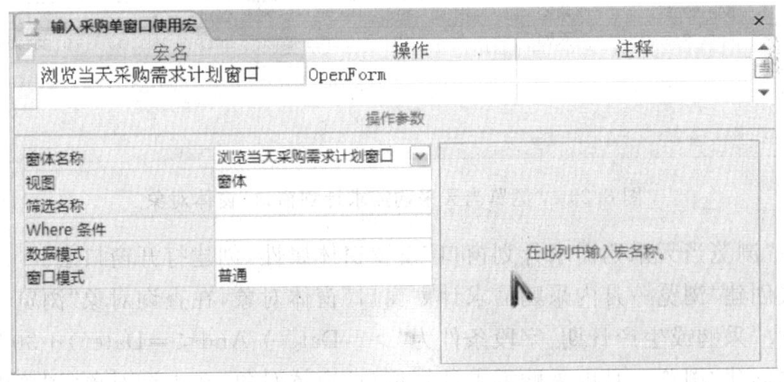

图 8.23　宏设计结果

5. 为命令按钮指定宏

在设计视图打开“输入采购单窗口”窗体对象，为【浏览当天采购需求计划】指定宏。

8.4.3　创建“浏览一周内采购需求计划窗口”

1. 创建查询对象“浏览一周内采购需求计划”

在查询设计窗口打开查询对象“浏览当天采购需求计划”，将其另存为“浏览一周内采购需求计划”，修改其中“采购或生产日期”字段条件为“>=Date() And <=Date()+7”，设计结果如图 8.24 所示。

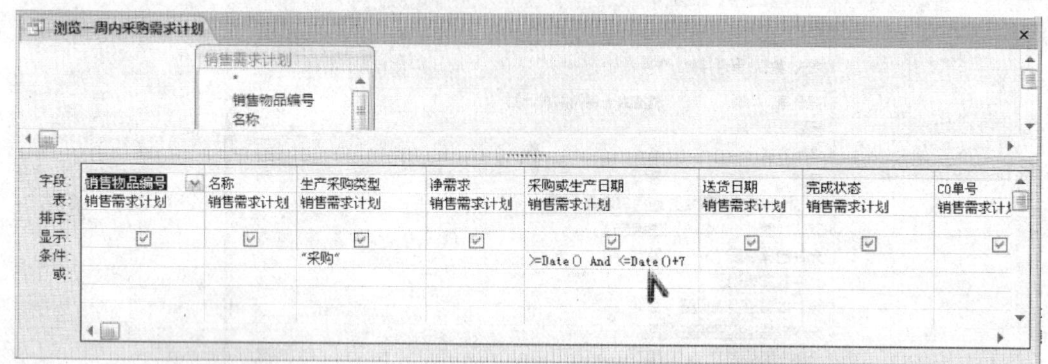

图 8.24 “浏览一周内采购需求计划”查询对象

2. 创建窗体对象“浏览一周内采购需求计划窗口”

在导航窗格选中查询对象“浏览一周内采购需求计划”，在功能区“创建”选项卡“窗体”组中单击【多个项目】按钮，将在布局视图下自动生成一个窗体对象，保存其为“浏览一周内采购需求计划窗口”，窗口界面如图 8.25 所示。

浏览一周内采购需求计划窗口

销售物品编号	名称	生产采购类型	净需求	采购或生产日期	送货日期	完成状态	CO单号
3001M	56K MODEL	采购	11	2011-3-26	2011-3-28	0	201103003
A1212U	Agfa Scanner	采购	15	2011-3-26	2011-3-28	0	201103003

记录：第 1 项(共 2 项) 无筛选器 搜索

图 8.25 “浏览当天采购需求计划窗口”窗体对象

类似创建“浏览当天采购需求计划窗口”设置窗体属性，创建打开窗口宏。

同样方式创建“浏览一月内采购需求计划窗口”窗体对象，在查询对象“浏览一月内采购需求计划”中修改“采购或生产日期”字段条件为“>=Date() And<=Date()+30”即可。

同样方式创建“浏览一月内采购需求计划窗口”窗体对象，在查询对象“浏览以前未采购需求计划”中修改“采购或生产日期”字段条件为“<Date()”即可。

同样方式创建“浏览当前所有采购需求”窗体对象，在查询对象“浏览当前所有采购需求”中取消“采购或生产日期”字段条件即可。

8.4.4 创建“浏览供应商供给物品价格窗口”

1. 创建查询对象“浏览供应商供给物品价格”

打开查询设计窗口，保存查询对象名称为“浏览供应商供给物品价格”，设计结果如图 8.26

所示。其中,“供应商 ID”字段的条件为 Like[Forms]! [输入采购单窗口]! [供应商 ID]&" * "。

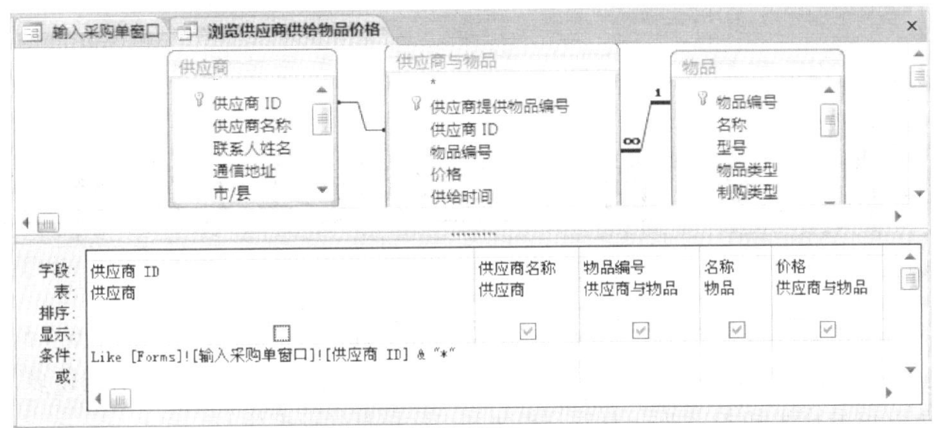

图 8.26 “浏览供应商供给物品价格”查询对象

2. 创建窗体对象“浏览供应商供给物品价格窗口”

在导航窗格选中查询对象“浏览供应商供给物品价格”,在功能区“创建”选项卡“窗体”组中单击【多个项目】按钮,将在布局视图下自动生成一个窗体对象,保存其为“浏览供应商供给物品价格窗口”,窗口界面如图 8.27 所示。本窗口可以在输入采购单的时候帮助采购员了解该供应商过去供给物品的价格,以便讨价还价。

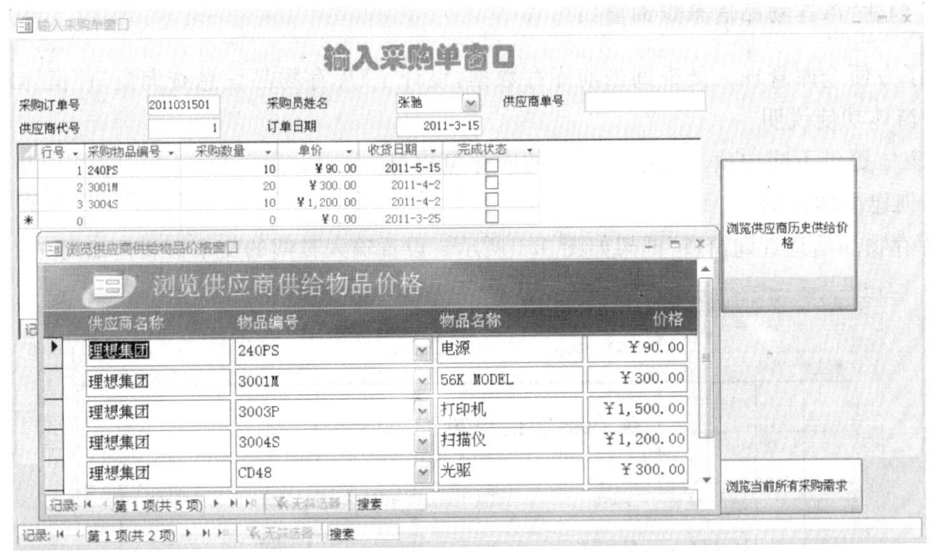

图 8.27 “浏览供应商供给物品价格窗口”窗体对象

9 创建“库存管理子系统”

库存管理活动中库存管理人员要掌握库存活动中的信息，了解入库、出库与库存的相关信息，为了帮助库存管理人员工作，设计了“库存管理子系统”。由于该子系统功能较多，下面分别介绍库存信息管理模块、入库信息管理模块和出库信息管理模块。

本章的任务是创建实现“库存管理子系统”功能的各种数据库对象。

9.1 库存信息管理模块

库存信息管理模块提供的主要功能为：维护物品基本信息、按不同选项或时间范围查询当前库存物品基本信息、用图表窗体显示当前库存信息。下面分别用三个窗体来实现这些功能。

9.1.1 创建“库存物品信息查询窗口”

为了方便仓库管理人员查询当前库存数据，设计了“库存物品信息查询窗口”窗体对象。

1. 窗体功能说明

本窗体提供不同选项查询不同物品的库存量信息。

2. 创建窗体框架

“库存物品信息查询窗口”框架如图 9.1 所示。设置输入日期的文本框属性如图 9.2 所示。

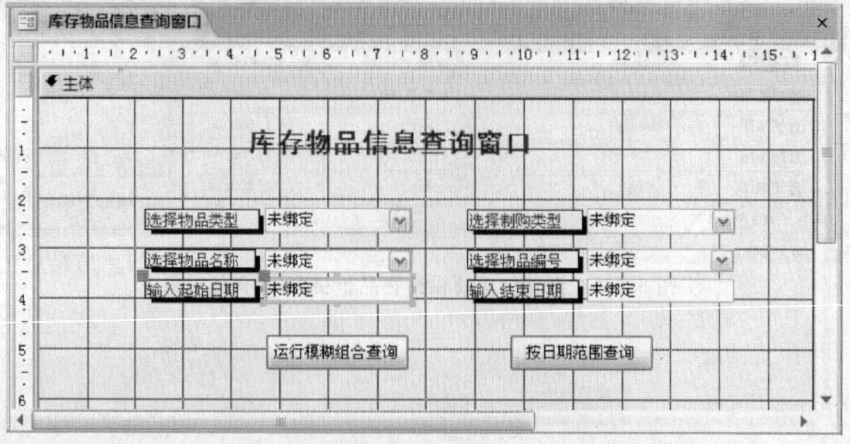

图 9.1 “库存物品信息查询窗口”窗体框架

3. 创建“库存物品信息查询”对象

在查询设计视图基于“物品”表对象创建“库存物品信息查询”查询对象，设计结果如图 9.3 所示。

在“物品编号”、“名称”、“物品类型”、“制购类型”、“日期”列的“条件”行输入 Like [Forms]! [库存物品信息查询窗口]! [B3] & "*"，其中，注意[B3]是不同的，要根据窗口组合框控件名称来写，例如，“日期”列的“条件”为 Like [Forms]! [库存物品信息查询窗口]! [B4] & "*"。

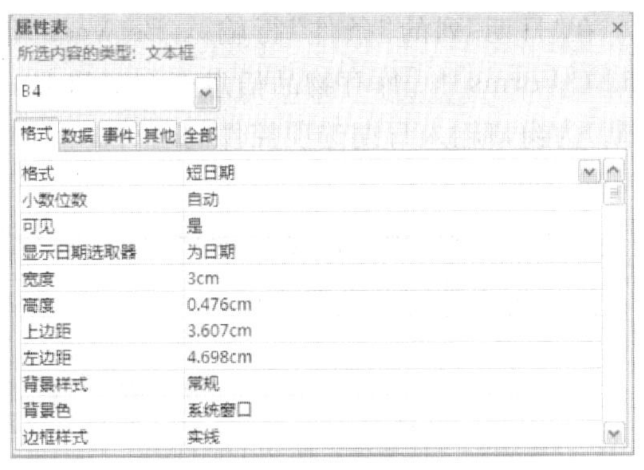

图 9.2　显示日期的文本框属性

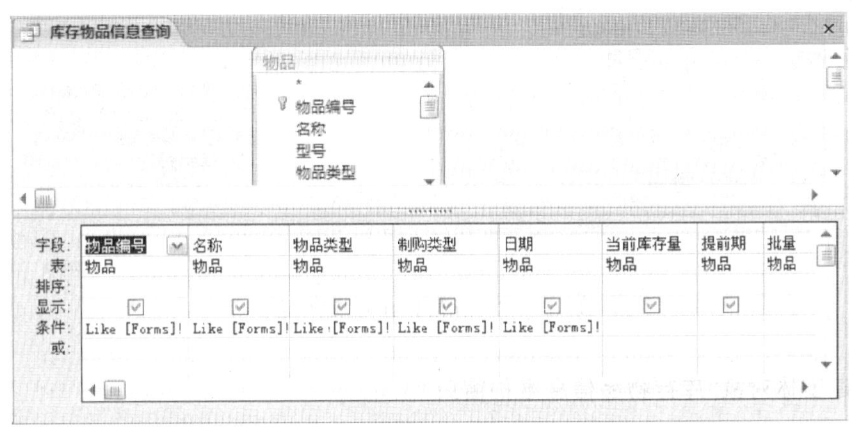

图 9.3　“库存物品信息查询”查询对象

4. 创建“库存物品按时间范围查询”对象

在查询设计视图基于“物品”表对象创建“库存物品按时间范围查询”查询对象，设计结果如图 9.4 所示。

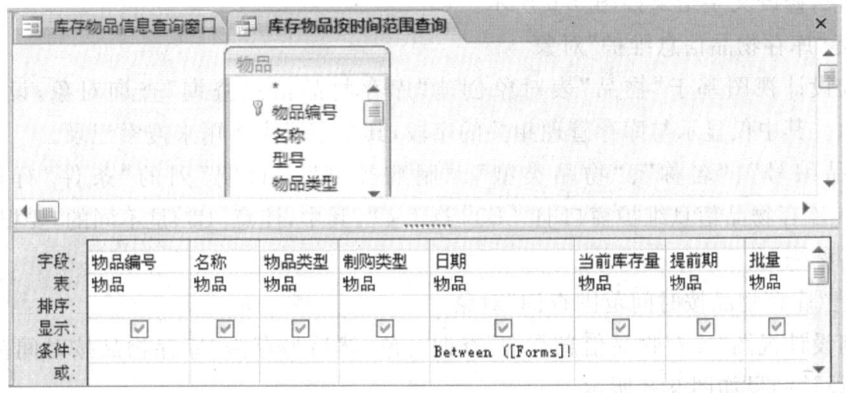

图 9.4　“库存物品按时间范围查询”查询对象

在“日期”列的“条件”行输入 Between ([Forms]! [库存物品信息查询窗口]! [B4]) And ([Forms]! [库存物品信息查询窗口]! [B5]),其中,注意[B4](起始日期)、[B5](结束日期)为窗口输入日期选项控件的名称。

5. 创建宏对象

最后为“库存物品信息查询窗口”的命令按钮创建运行查询对象的宏对象“库存信息查询”,设计结果如图 9.5 所示。

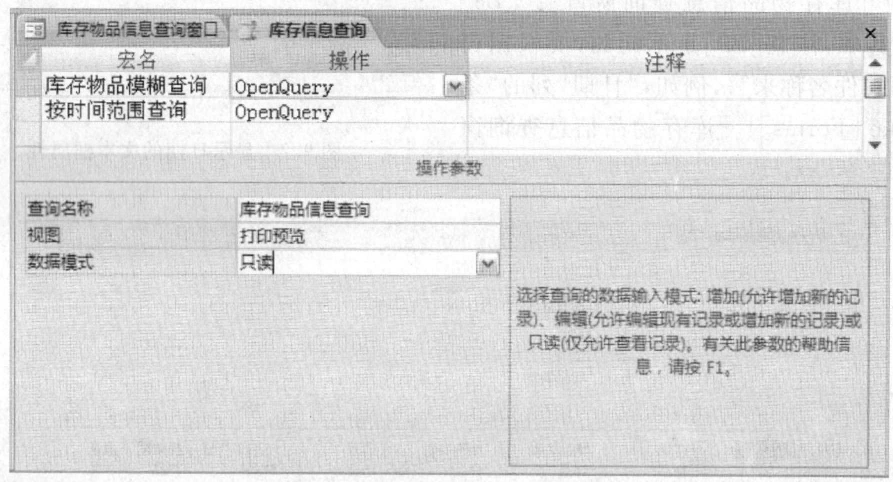

图 9.5 “库存信息查询”宏对象

9.1.2 创建窗体对象“库存物品信息维护窗口”

1. 窗体功能说明

本窗体提供库存物品数据的浏览与维护功能。

2. 创建窗体框架

在窗体设计视图打开“库存物品信息查询窗口”窗体对象,另存为“库存物品信息维护窗口”窗体对象,修改文字结果如图 9.6 所示。

3. 创建“库存物品信息维护”对象

在查询设计视图基于“物品”表对象创建“库存物品信息查询”查询对象,设计结果如图 9.7 所示。其中仅显示与库存管理相关的字段,其余字段主要用来搜索记录。

在“物品编号”、“名称”、“物品类型”、“制购类型”、“日期”列的“条件”行输入 Like [Forms]! [库存物品信息维护窗口]! [B3] & "*",其中,注意[B3]是不同的,要根据窗口组合框控件名称来写。

4. 创建“库存物品按时间范围查询”对象

在查询设计视图“库存物品信息查询”查询对象,然后另存为“库存物品按时间范围维护”查询对象,设计结果如图 9.8 所示。

在“日期”列的“条件”行输入 Between ([Forms]! [库存物品信息维护窗口]! [B4])

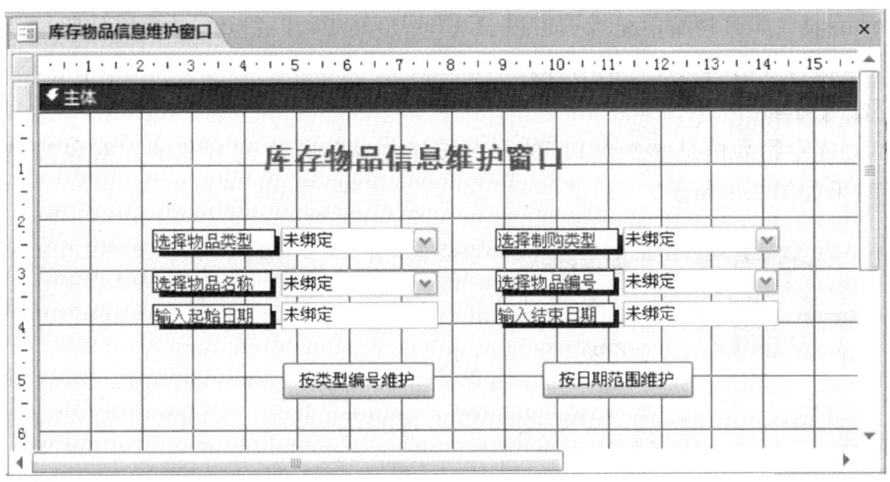

图 9.6 “库存物品信息维护窗口”窗体框架

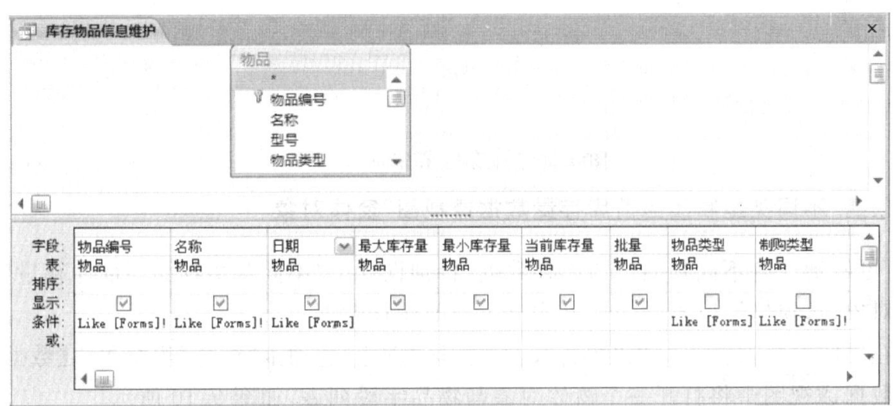

图 9.7 “库存物品信息查询”查询对象

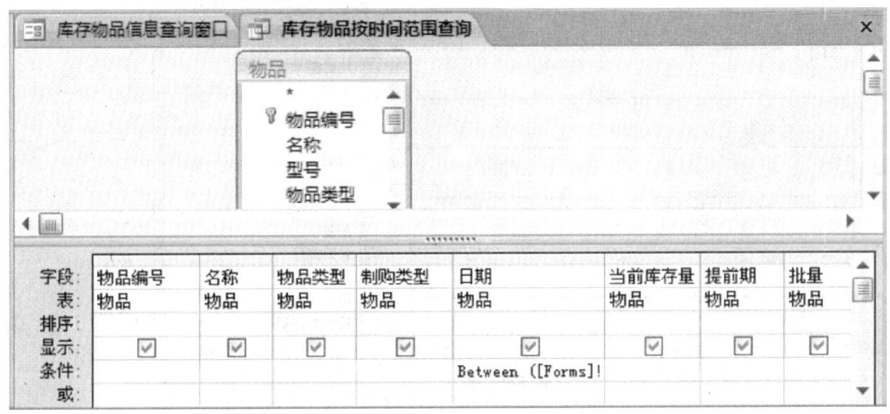

图 9.8 “库存物品按时间范围维护”查询对象

And ([Forms]! [库存物品信息维护窗口]! [B5]),其中,注意[B4] (起始日期)、[B5](结束日期)为窗口输入日期选项控件的名称。

5. 创建宏对象

最后为“库存物品信息维护窗口”的命令按钮创建运行查询对象的宏对象“库存信息维护”,设计结果如图 9.9 所示。

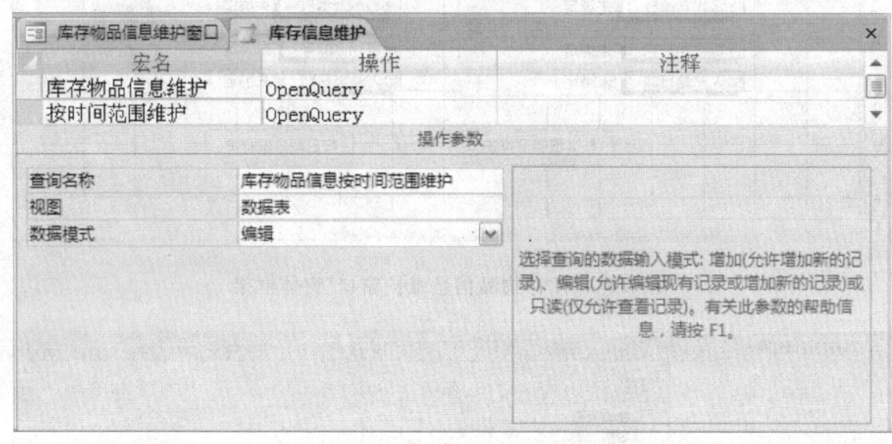

图 9.9 “库存信息查询”宏对象

9.1.3 创建“不同类型物品当前库存量数据透视图”窗体对象

为了更好地了解不同物品当前库存数据,特别设计了“不同类型物品当前库存量数据透视图”窗体对象,该窗体可以不同图形方式显示当前库存数据。

(1)在导航窗格选择表对象“物品”,在功能区“创建”选项卡“窗体”组中单击【数据透视图】按钮,在数据透视图中将打开一个窗体对象与物品字段列表,如图 9.10 所示。

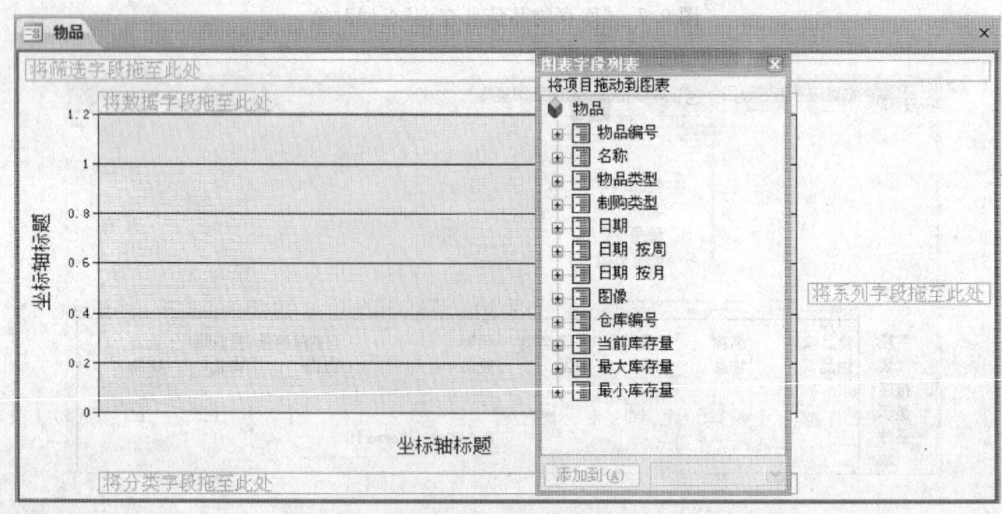

图 9.10 基于“物品”表对象的数据透视图

(2)保存为“不同类型物品当前库存量数据透视图”。

(3)从“图表字段列表”框中将“物品类型”字段拖拽到“将筛选字段拖至此处”,将“名称”字段拖拽到“将分类字段拖至此处”,将“当前库存量”字段拖拽到“将数据字段拖至此处”,将“制购类型”字段拖曳到“将系列字段拖至此处”,结果如图 9.11 所示。

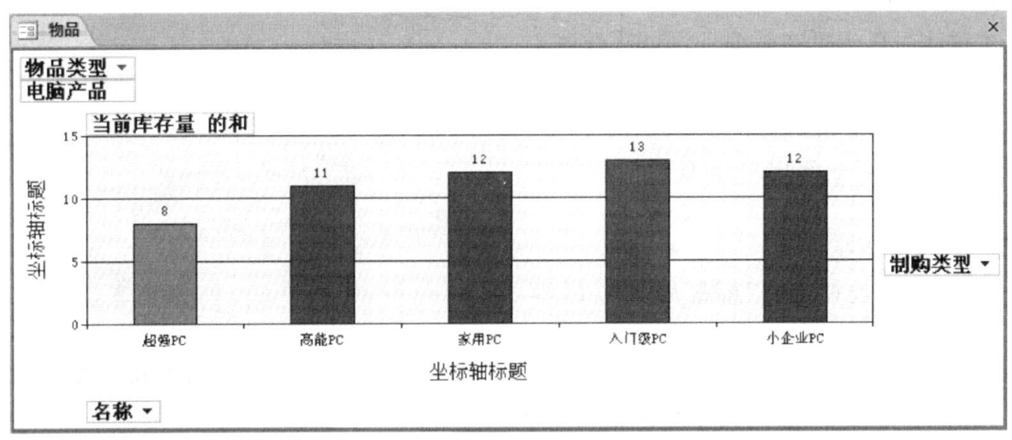

图 9.11　电脑物品当前库存量

在数据透视图中选择不同物品类型,例如“配件”,会显示配件的当前库存量,结果如图 9.12 所示。

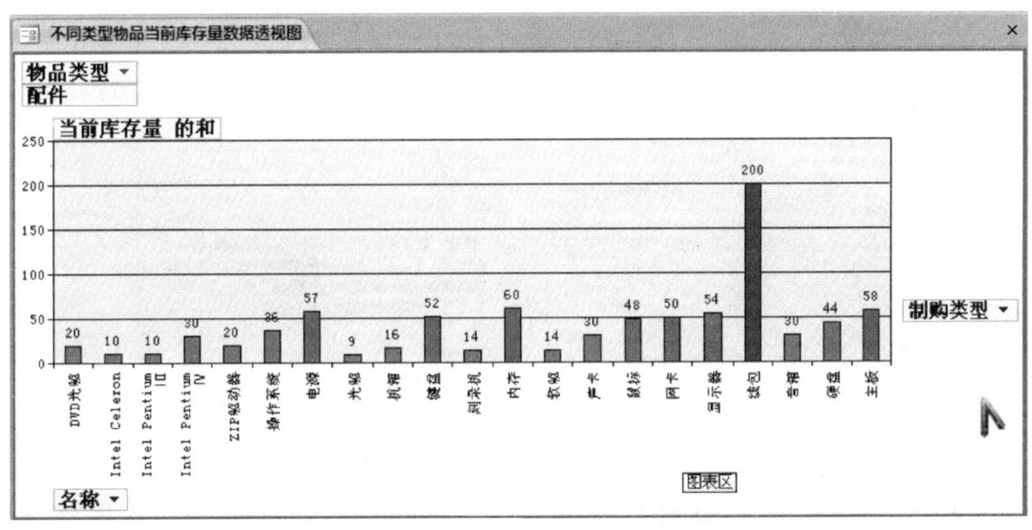

图 9.12　配件当前库存量

9.2 入库信息管理模块

入库信息管理模块提供的主要功能为:采购物品入库处理、生产成品入库处理。下面分别用两个窗体来实现这些功能。

9.2.1 创建“成品入库处理窗口”

为了方便仓库管理人员对生产物品进行入库处理，设计了“成品入库处理窗口”窗体对象。

1. 窗体功能说明

本窗体可以选择物品编号，单击【查询物品记录】按钮，在入库物品数量的文本框中输入入库数量，单击【添加物品库存】按钮，在现有库存量文本框中可以看到添加的库存的数量变化。

2. 创建窗体框架

“成品入库处理窗口”框架如图 9.13 所示。

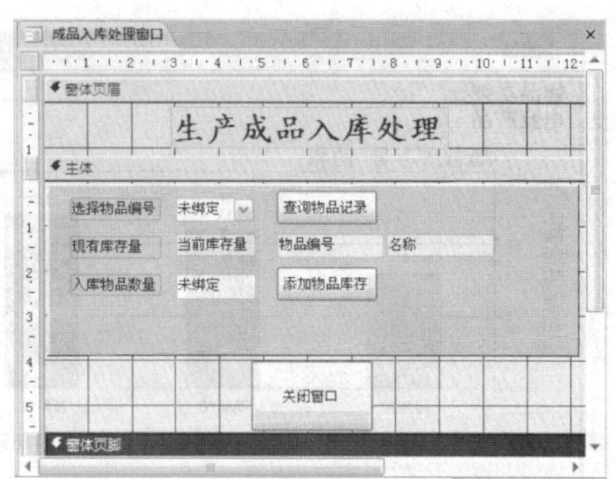

图 9.13 “库存物品信息查询窗口”窗体框架

3. 创建“入库处理”宏对象

(1)为了在打开“成品入库处理窗口”时不显示数据记录，特别设计了“入库处理．显示空数据”宏对象，设计结果如图 9.14 所示。其中，在 Where 条件文本框输入“[Forms]![成品入库处理窗口]![物品编号] Is Null”。

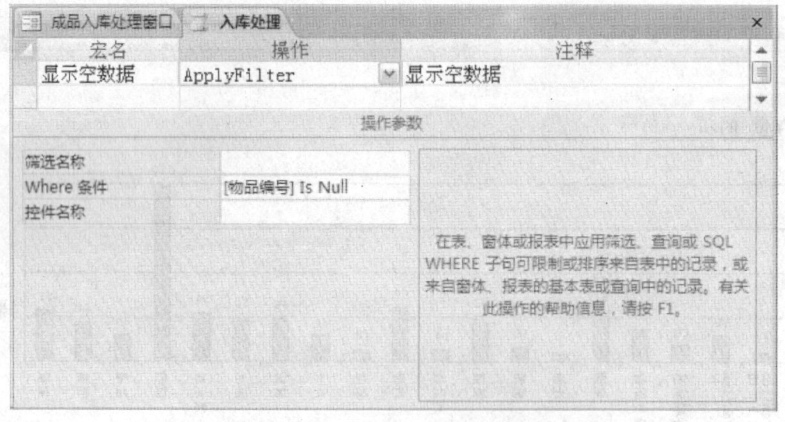

图 9.14 “入库处理．显示空数据”宏对象

(2)为了方便入库处理，创建了“入库处理．成品处理”宏对象，可以根据“物品编号”查找“物品”表的指定记录，以便于添加入库的数量，设计结果如图 9.15～图 9.17 所示。

(3)为了将输入的成品入库数量添加到数据库“物品”表中，创建了“入库处理．添加成品库存量”宏对象，可以将在输入的入库数量添加到“物品”表的指定“现有库存量”字段中，设计结果如图 9.18 所示。

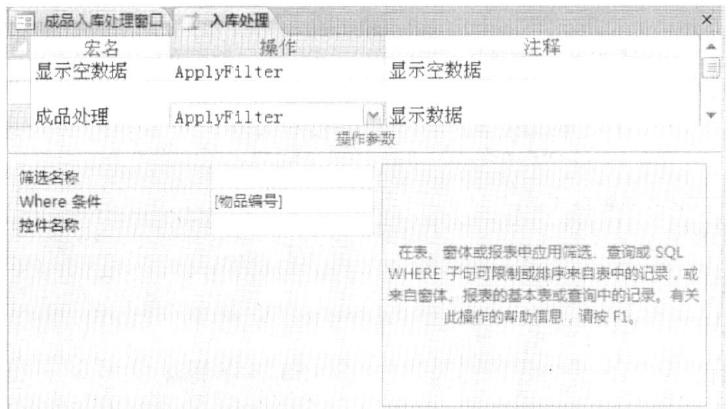

图 9.15　“入库处理．成品处理”宏对象操作 1

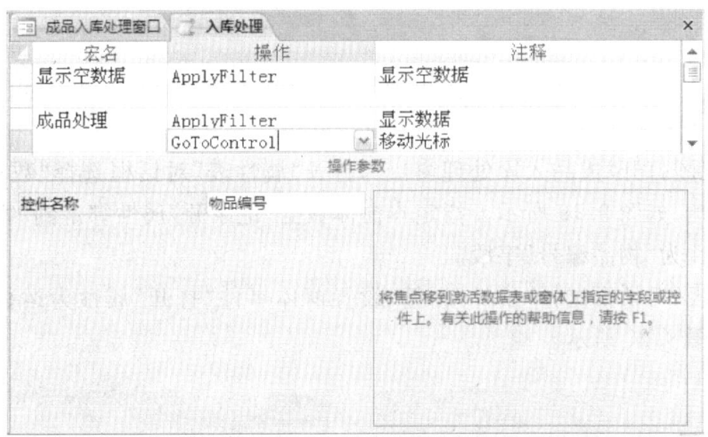

图 9.16　“入库处理．成品处理”宏对象操作 2

图 9.17　“入库处理．成品处理”宏对象操作 3

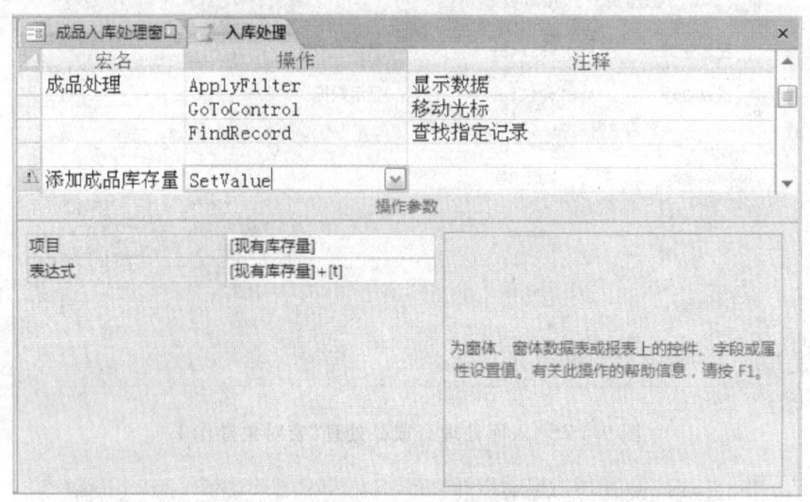

图 9.18 “入库处理．添加成品库存量”宏对象操作

4．设置窗体及控件的属性

(1)在设计视图打开“成品入库处理窗口”，打开“属性表”对话框选择“数据”标签，设置窗体的“记录源”属性，如图 9.19 所示。指定本窗体数据“记录源”属性绑定到“物品”表对象。指定数据“筛选”属性为“物品编号”字段。

(2)在“属性表”对话框选择“事件”标签，设置窗体事件“打开”属性为运行宏“入库处理．显示空数据”，如图 9.20 所示。

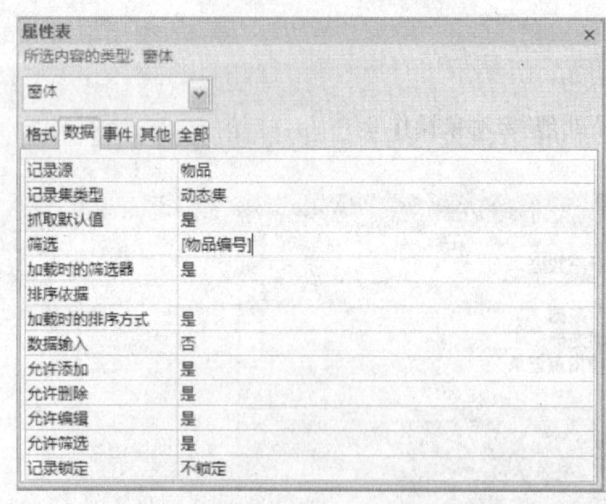

图 9.19 设置窗体事件“数据”属性

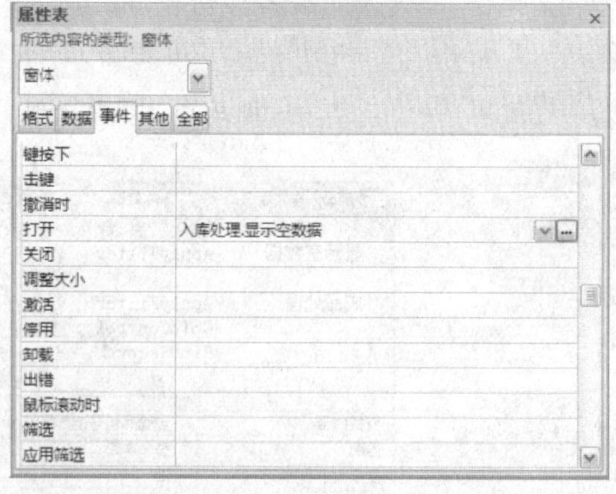

图 9.20 设置窗体事件“打开”属性

(3)在“属性表”对话框，选中“现有库存量”、“物品编号”、“名称”文本框控件，打开文本框属性对话框，设置文本框数据的“可用”与“是否锁定”属性，如图 9.21 所示，从而能保证数据不被修改。在窗体视图可以看到“成品入库处理窗口”窗体界面如图 9.22所示。

图 9.21 设置文本框数据属性

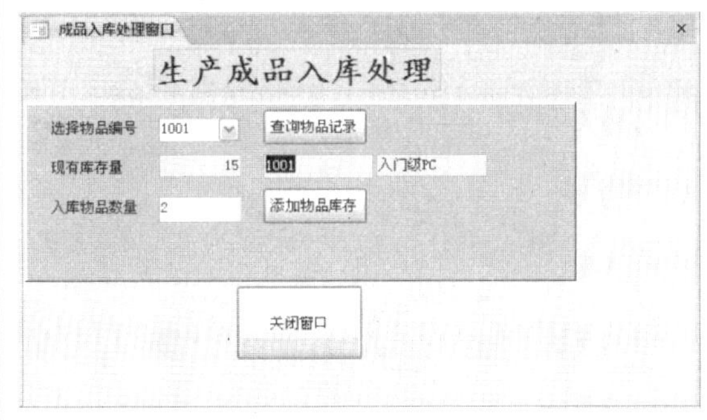

图 9.22 “成品入库处理窗口”窗体界面

9.2.2 创建“采购物品入库处理窗口”

类似创建“成品入库处理窗口”窗体对象的方式，创建“采购物品入库处理窗口”，窗体框架如图 9.23 所示。

为“物品编号”文本组合框设置数据“行来源”属性，如图 9.24 所示。将会显示外设与配件的编号。

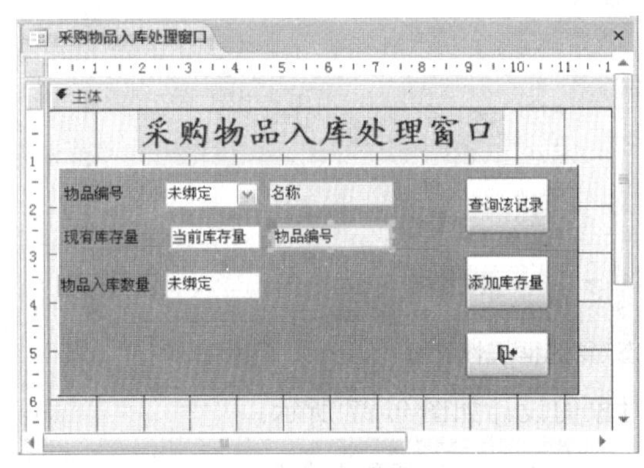

图 9.23 “采购物品入库处理窗口”窗体框架

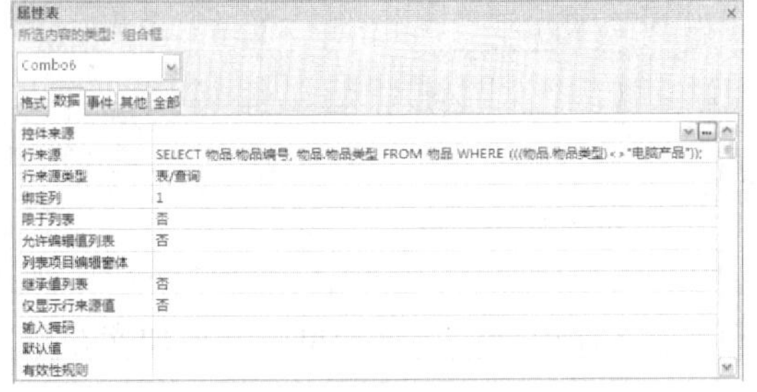

图 9.24 “物品编号”文本组合框属性

9.2.3 创建“按采购单入库处理窗口”

通过窗体向导根据 PO1、PO2 与“物品”表对象创建“按采购单入库处理窗口”窗体对象，其窗体界面如图 9.25 所示。主窗体名称为“按采购单入库处理窗口”，子窗体名称为“采购单入库处理子窗体”。

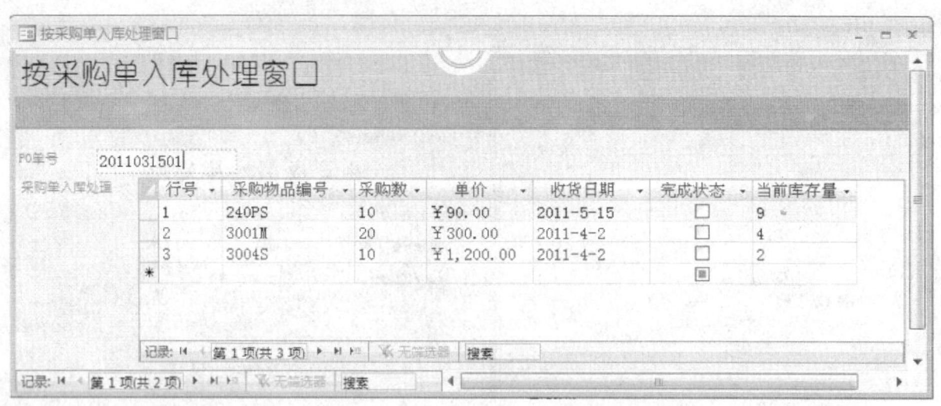

图 9.25 “按采购单入库处理窗口”窗体界面

注意，在创建主子窗体前，要先建立 PO1、PO2 与“物品”表对象之间的关系。

为“完成状态”复选框设置事件“更新后”属性，如图 9.26 所示。当“完成状态”修改为完成显示√时，会自动修改“当前库存量”字段的数值。

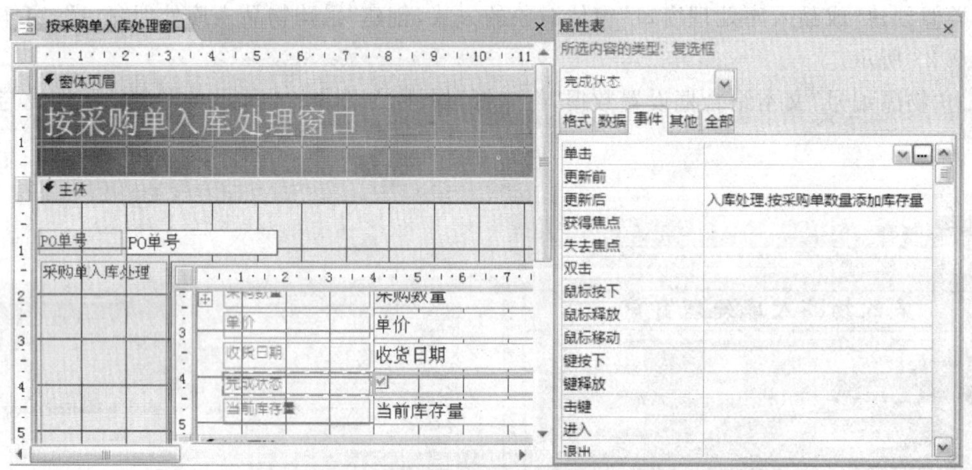

图 9.26 “完成状态”复选框属性

“入库处理．按采购单数量添加库存量”宏对象的设计如图 9.27 所示。

入库处理

宏名	操作
添加配件库存量	SetValue
按采购单数量添加库存量	SetValue

操作参数

项目	[Forms]![按采购单入库处理窗口]![采购单入库处理子窗体].[Form]![当前库存量]
表达式	[当前库存量]+[采购数量]

图 9.27 “入库处理．按采购单数量添加库存量”宏对象

9.3 出库信息管理模块

出库信息管理模块提供的主要功能为:配件出库处理、电脑与外设出库处理。下面分别用两个窗体来实现其功能。

9.3.1 创建“成品出库处理窗口”

类似入库处理,设计了“成品出库处理窗口”窗体对象。在其窗口可以选择物品编号,单击【查询物品记录】按钮,在出库物品数量的文本框中输入出库数量,单击【减少物品库存】按钮,在现有库存量文本框中可以看到减少的库存的数量变化。“成品出库处理窗口”界面如图 9.28 所示。

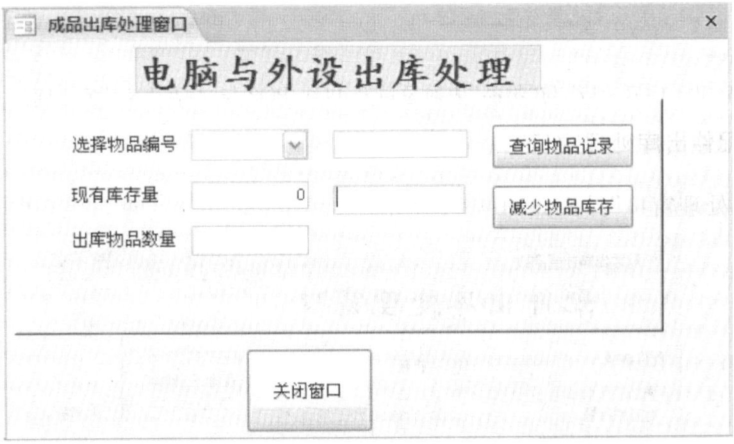

图 9.28 “成品出库处理窗口”窗体界面

9.3.2 创建“按客户销售订单出库处理窗口”

通过窗体向导根据 CO1、CO2 与“物品”表对象创建“按客户销售订单出库处理窗口”窗体对象,其窗体界面如图 9.29 所示。主窗体名称为“按客户销售订单出库处理窗口”,子窗体名

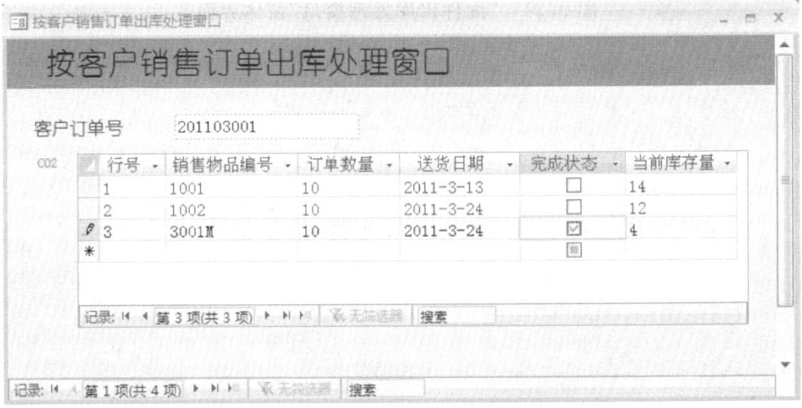

图 9.29 “按客户销售订单出库处理窗口”窗体界面

称为“销售订单出库处理子窗体”。

CO1、CO2 与“物品”表对象以及 PO1、PO2 与“物品”表对象的关系如图 9.30 所示。

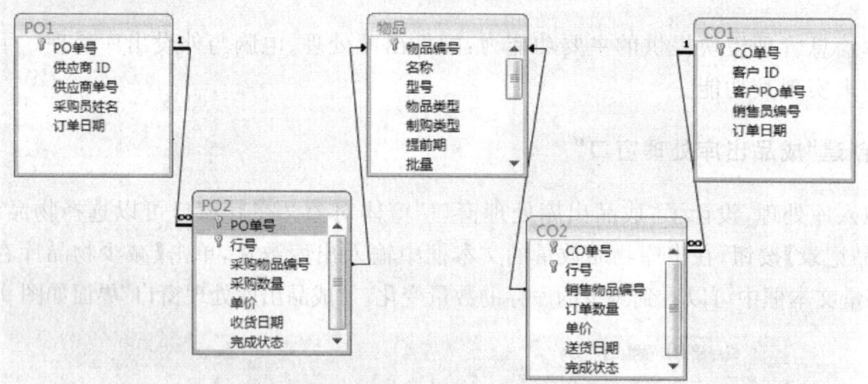

图 9.30　CO1、CO2 与“物品”表对象以及 PO1、PO2 与“物品”表对象之间的关系

9.3.3　创建“配件出库处理窗口”

“配件出库处理窗口”界面如图 9.31 所示。

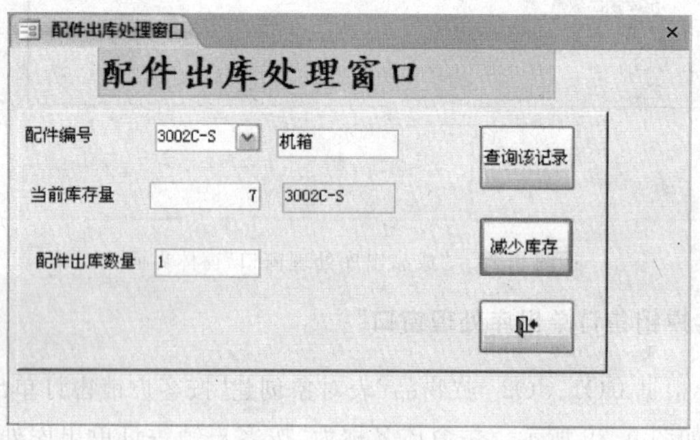

图 9.31　“配件出库处理窗口”窗体界面

10 创建系统控制界面

系统控制界面由主控界面与子系统控制界面构成，通过主控界面控制子系统控制界面、通过子系统控制界面可以控制管理模块控制界面、通过子系统界面或管理模块控制界面可以直接控制表、查询、窗体与报表等数据库对象，完成信息系统的各种不同任务。

本章的任务是使用 Access 切换面板管理器创建“汇科公司管理信息系统”的各个控制界面。

10.1 通过切换面板管理器创建控制界面

根据“汇科公司管理信息系统”系统体系结构，需要为系统创建 12 个控制界面来控制与运行应用系统，它们是：

1 个“汇科公司管理信息系统”主控界面，窗体界面上应包含销售管理子系统、生产管理子系统、采购管理子系统、库存管理子系统、基本数据维护子系统、退出系统等命令按钮项目。

5 个子系统控制界面，包括“销售管理子系统、生产管理子系统、采购管理子系统、库存管理子系统、基本数据维护子系统”子系统界面，窗体界面上要包含运行不同窗体、报表、表、查询、页等数据库对象的命令按钮，用来完成操作和使用数据库数据的任务。

6 个管理模块控制界面，他们是客户信息管理模块控制界面、销售物品信息管理模块控制界面、销售业务管理模块控制界面、库存信息管理模块控制界面、入库信息管理模块控制界面与出库信息管理模块控制界面。

10.1.1 创建主控界面

1. 创建“汇科公司管理信息系统”主控界面切换面板页

(1)打开“切换面板管理器”对话框。

打开“汇科公司管理信息系统”数据库，在功能区选择“数据库工具”选项卡“数据库工具”组，单击【切换面板管理器】命令按钮，第一次使用切换面板管理器时，将出现如图 10.1 所示的提示框。

单击【是】按钮后将打开“切换面板管理器”对话框，其中存在一个名称为“主切换面板(默认)”的切换面板页。

(2)创建切换面板页

①在“切换面板管理器”对话框中单击【新建】按钮。

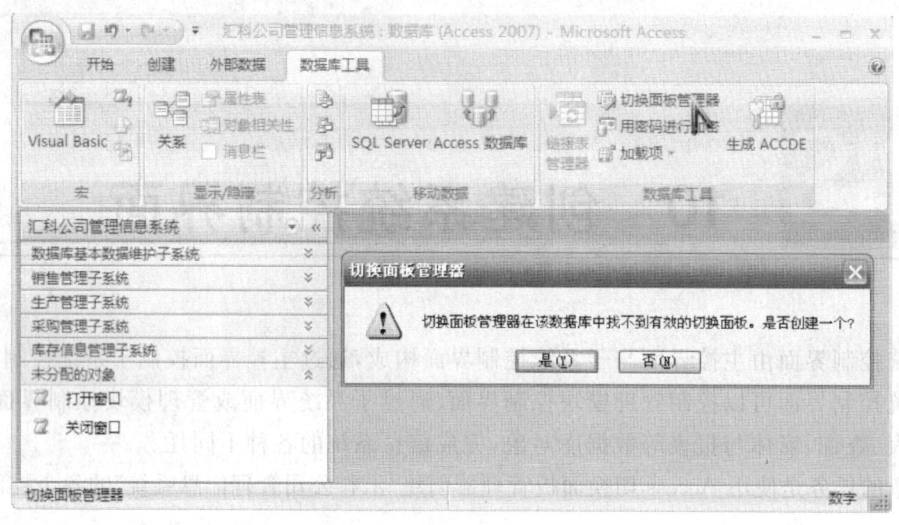

图 10.1 切换面板管理器提示框

②在“新建”对话框的文本框中输入应用系统的名称“汇科公司管理信息系统”。

③单击【确定】按钮。在切换面板管理器中会出现名为“汇科公司管理信息系统”的切换面板页，它将成为系统的主控界面，如图 10.2 所示。

2. 创建其他子系统界面切换面板页

同样方式，在切换面板管理器中通过“新建”对话框创建用来成为其他 5 个子系统界面的切换面板页：采购管理子系统、基本数据维护子系统、销售管理子系统、生产管理子系统和库存管理子系统。结果如图 10.3 所示。

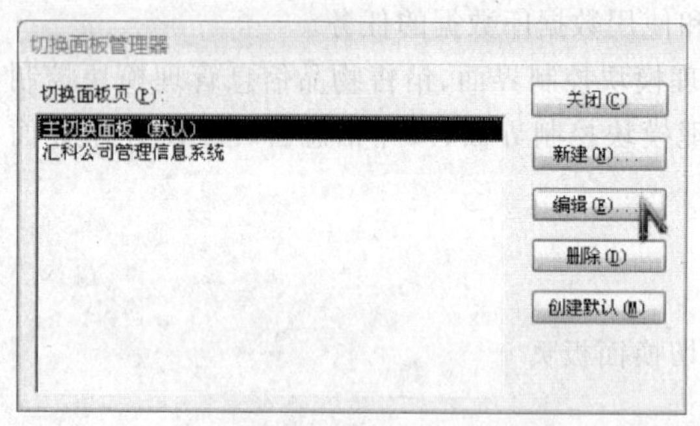

图 10.2 添加的“汇科公司管理信息系统”切换面板页

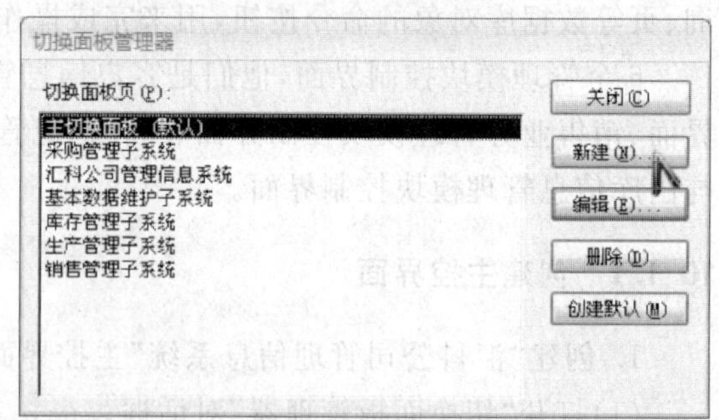

图 10.3 添加的子系统控制界面切换面板页

3. 创建功能模块界面切换面板页

同样方式，在切换面板管理器中通过“新建”对话框创建销售管理子系统下面的 3 个管理模块切换面板页：客户信息管理、销售基本信息管理和销售业务管理。还有库存管理子系统下面的 3 个管理模块切换面板页：库存信息管理、入库信息管理与出库信息管理，结果如图 10.4 所示。

10.1.2 为主控界面添加命令菜单按钮

主控界面的任务是负责主控界面与各个子系统控制界面之间切换界面与退出系统，实现界面切换与退出系统需要命令按钮来进行操作。

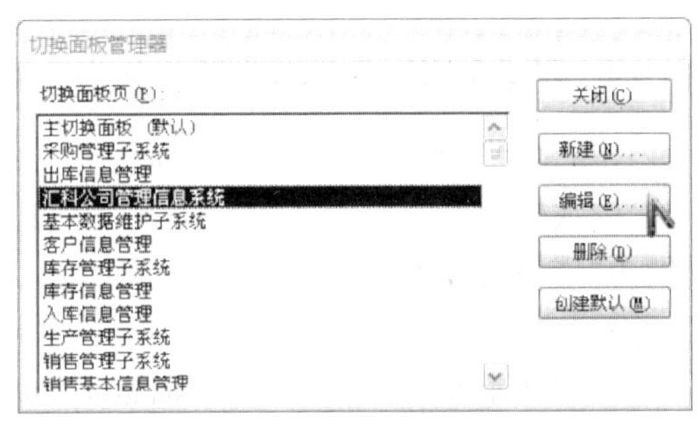

图 **10.4** 添加的所有对切换面板页

1. 在“汇科公司管理信息系统”切换面板页上添加“销售管理子系统”命令按钮

(1)在“切换面板管理器”对话框中选中切换面板页“汇科公司管理信息系统”。

(2)单击【编辑】按钮，打开“编辑切换面板页”对话框。

(3)单击【新建】按钮，打开“编辑切换面板项目”对话框。

①在“文本”框中输入项目名称，例如“销售管理子系统”。

②在“命令”下拉框中选择“转至“切换面板””操作命令。

③在“切换面板”下拉框中选择“销售管理子系统”切换面板页。

(4)单击【确定】按钮，返回“编辑切换面板页”对话框，可以看到为“汇科电脑公司信息管理系统”切换面板页添加了一个“销售管理子系统”的命令按钮项目，如图 10.5 所示。

2. 在“汇科公司管理信息系统”切换面板页上添加其他命令按钮

同样方式，在“编辑切换面板页”对话框中创建“汇科公司管理信息系统”主控界面上的其他命令按钮：生产管理子系统、采购管理子系统、库存管理子系统等。

3. 添加“退出系统”命令按钮项目

在“编辑切换面板页”对话框，单击【新建】按钮，打开“编辑切换面板项目”对话框，在“文本”框中输入“退出系统”，在“命令”下拉菜单中选择“退出应用程序”操作命令。执行该操作命令将关闭整个应用程序。

单击【确定】按钮，返回“编辑切换面板页”对话框，完成“汇科公司管理信息系统”切换面板页添加命令按钮项目的任务，添加的命令按钮项目如图 10.6 所示。

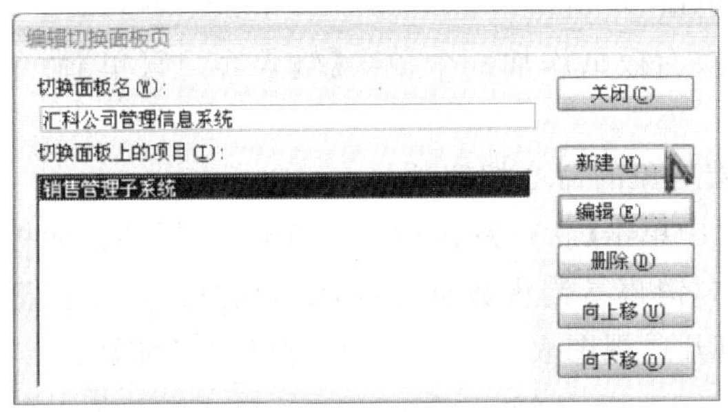

图 10.5 在切换面板添加的命令按钮项目

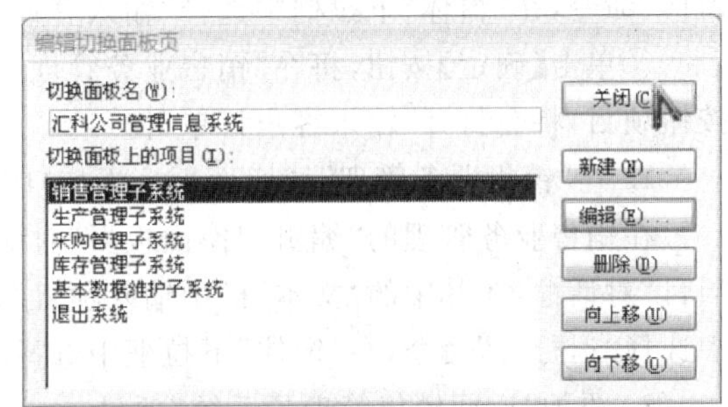

图 10.6 “汇科电脑公司信息管理系统”切换面板中添加的命令按钮项目

10.1.3 为子系统控制界面添加命令菜单按钮

1. 在“销售管理子系统”切换面板页上添加【返回主界面】命令按钮

在“编辑切换面板项目”对话框中单击【关闭】按钮会返回“切换面板管理器”对话框，可以继续为“销售管理子系统”控制界面添加命令按钮，其中，“返回主界面”命令按钮项目定义如图 10.7 所示。

2. 在“销售管理子系统”切换面板页上添加其他命令按钮

类似方式，继续为“销售管理子系统”切换面板页添加命令按钮项目，结果如图 10.8 所示。

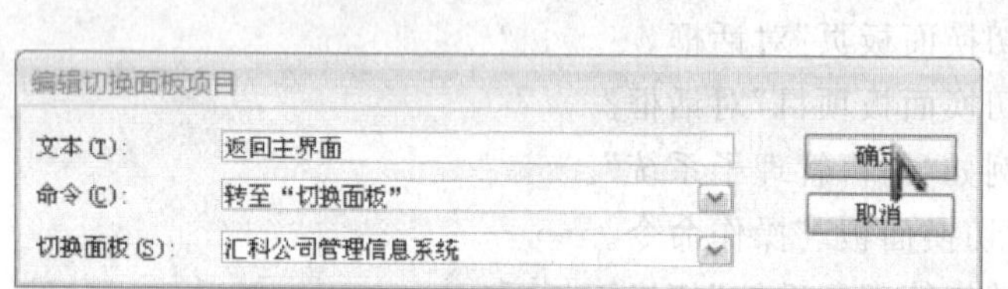

图 10.7 “返回主界面”命令按钮项目定义

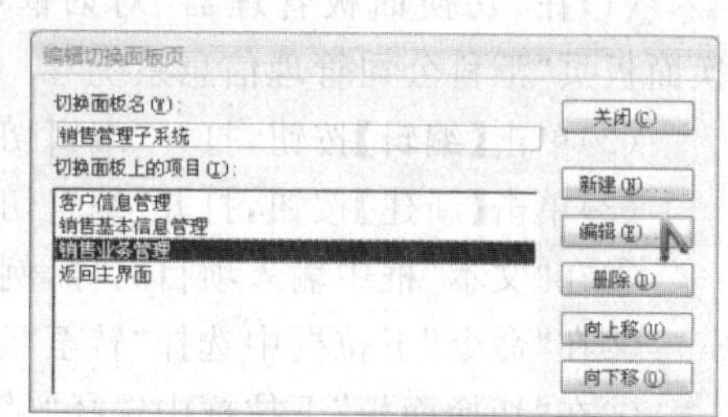

图 10.8 “销售管理子系统”切换面板中添加的项目

10.1.4 为管理模块控制界面添加命令按钮项目

切换面板页的任务是操作不同的数据库对象与返回指定控制界面，界面上添加的命令按钮项目都是菜单命令，用来打开窗体、报表、表、运行查询对象或返回指定控制界面。

1. 在“销售业务管理”切换面板页添加打开窗口的命令按钮项目

(1)添加“输入客户订单”命令按钮项目

①在如图 10.6“切换面板管理器”对话框中选择“销售业务管理”，单击【编辑】按钮打开“编辑切换面板页”对话框。

②在“编辑切换面板页”对话框中单击【新建】按钮，打开“编辑切换面板项目”对话框，在其中的“文本”框中输入项目名称“输入客户订单”，在“命令”下拉框中选择“在“编辑”模式下打开窗体”命令，在“窗体”下拉框中选择“输入客户订单窗口”窗体。

③单击【确定】按钮，将在“销售业务管理”切换面板页添加一个单击【输入客户订单】命令按钮项目，将会打开“输入客户订单”窗口。

2. 在“销售业务管理”切换面板页添加打开宏对象的命令按钮项目。

在销售业务管理的“编辑切换面板页”对话框中单击【新建】命令按钮，打开“编辑切换面板项目”对话框，在其中的“文本”框中输入项目名称“销售员销售数据透视图”，在“命令”下拉框中选择“运行宏”命令，在“窗体”下拉框中选择“打开透视图表．打开透视图窗口”宏对象。

3. 添加“返回销售管理子系统”项目

在“编辑切换面板项目”对话框的“文本”框中输入项目名称“返回销售管理子系统控制界面”，在“命令”下拉框中选择“转至“切换面板””命令，在“切换面板”下拉框中选择“销售管理子

系统”切换面板页。

“销售业务管理”切换面板页添加的命令按钮项目如图 10.9 所示。与创建其他切换面板页的命令按钮项目类似。“客户信息管理”切换面板页添加的项目如图 10.10 所示。

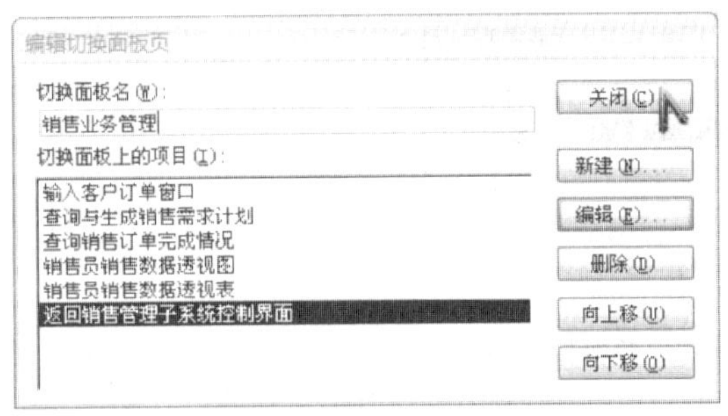

图 10.9 “销售业务管理”切换面板上的命令按钮项目

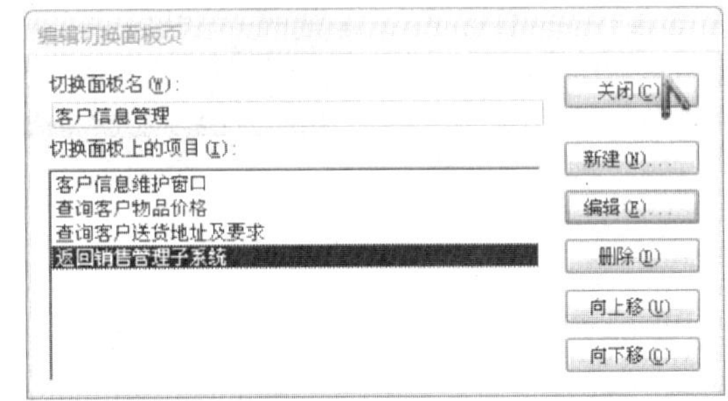

图 10.10 “客户信息管理”切换面板上的项目

“销售基本信息管理”切换面板页添加的项目如图 10. 11 所示。“采购管理子系统”切换面板页添加的项目如图 10.12 所示。

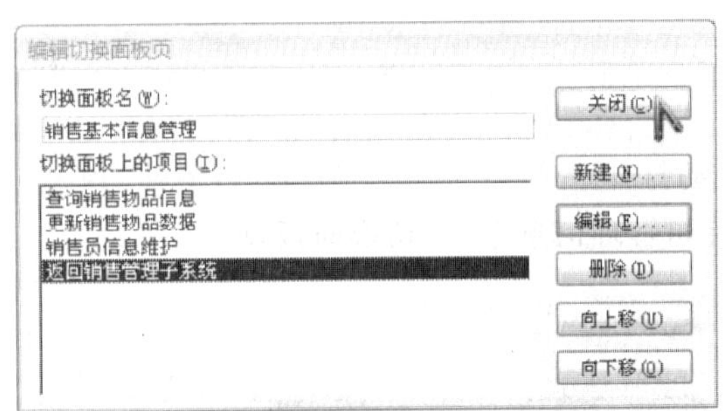

图 10.11 “销售基本信息管理”切换面板上的项目

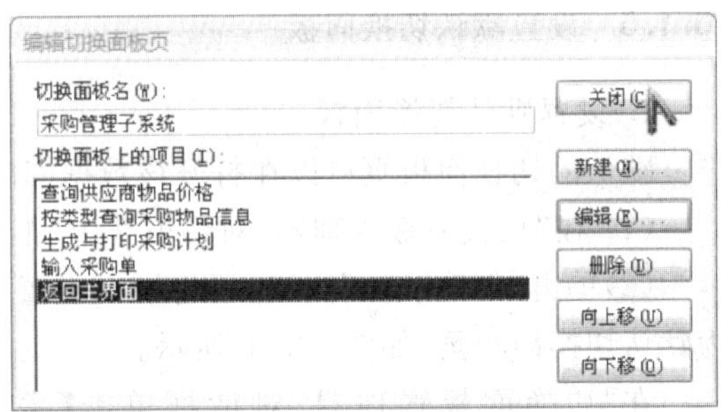

图 10.12 “采购管理子系统”切换面板上的项目

“生产管理子系统”切换面板页添加的项目如图 10.13 所示。“基本数据维护子系统”切换面板页添加的项目如图 10.14 所示。

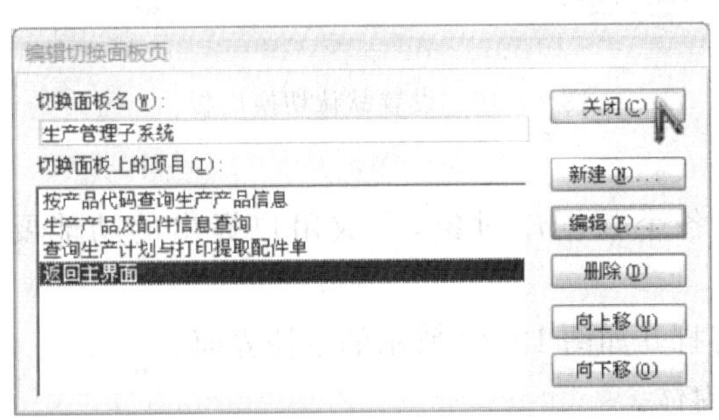

图 10.13 “生产管理子系统”切换面板上的项目

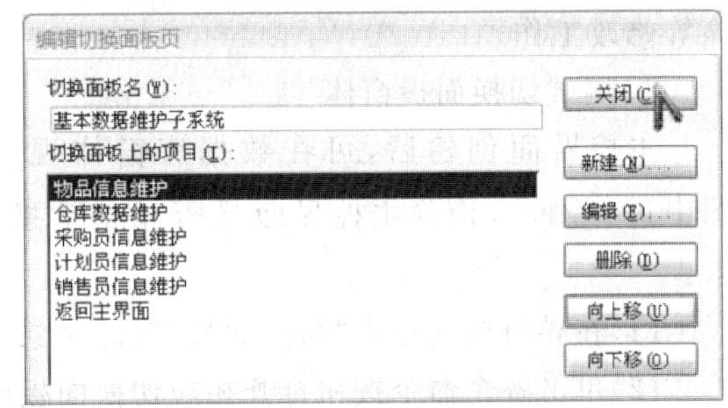

图 10.14 “基本数据维护子系统”切换面板上的项目

“库存管理子系统”切换面板页添加的项目如图 10.15 所示。库存管理子系统下面的 3 个管理模块控制界面请读者自己创建。

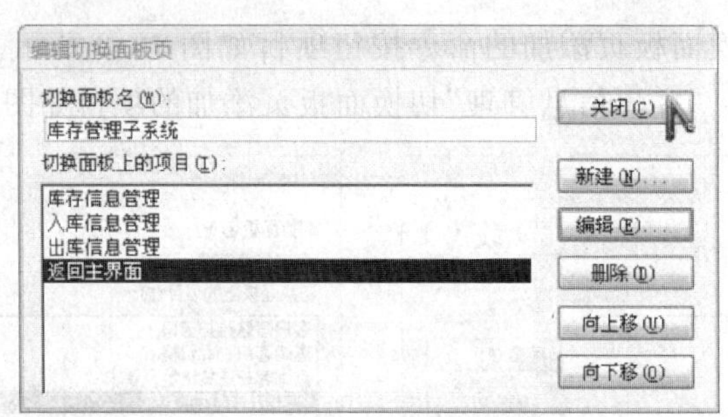

图 10.15 "库存管理子系统"切换面板上的项目

注 意

在添加命令按钮项目前,要先创建好使用的窗体、报表和宏对象。

10.1.5 设置默认切换面板

1. 设置默认切换面板

默认的切换面板页可以在打开该数据库时自动打开。

(1) 在"切换面板管理器"对话框选中"汇科公司管理信息系统"切换面板页。

(2)单击"创建默认"按钮,可将该页设置为默认切换面板页,如图 10.16 所示。

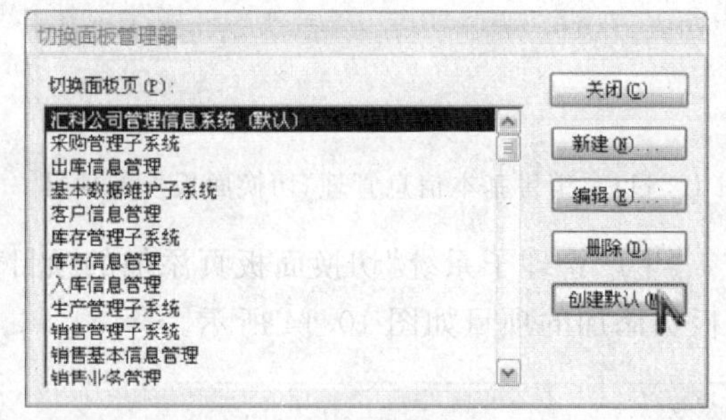

图 10.16 设置默认切换面板

在"切换面板管理器"对话框单击【关闭】按钮,可结束创建切换面板的工作,在导航窗格会看到一个名称为"切换面板"的窗体对象。如果需要修改其中的设置,可重新打开"切换面板管理器"对话框进行添加、删除等修改工作。

2. 测试切换面板窗体

主控界面创建后,可在数据库窗体视图中进行测试,检验主控界面是否能正常操作各个数据库对象,完成用户提出的功能要求。

(1)在导航窗格双击"切换面板"窗体对象,可打开如图 10.17 所示的主控界面。

(2)单击各个命令按钮打开相应切换面板或窗体。

(3) 单击【退出系统】按钮,关闭该数据库窗口。

3. 美化切换面板窗体

"切换面板"窗体可以像其他窗体一样进行美化与编辑,美化结果如图 10.18 所示。

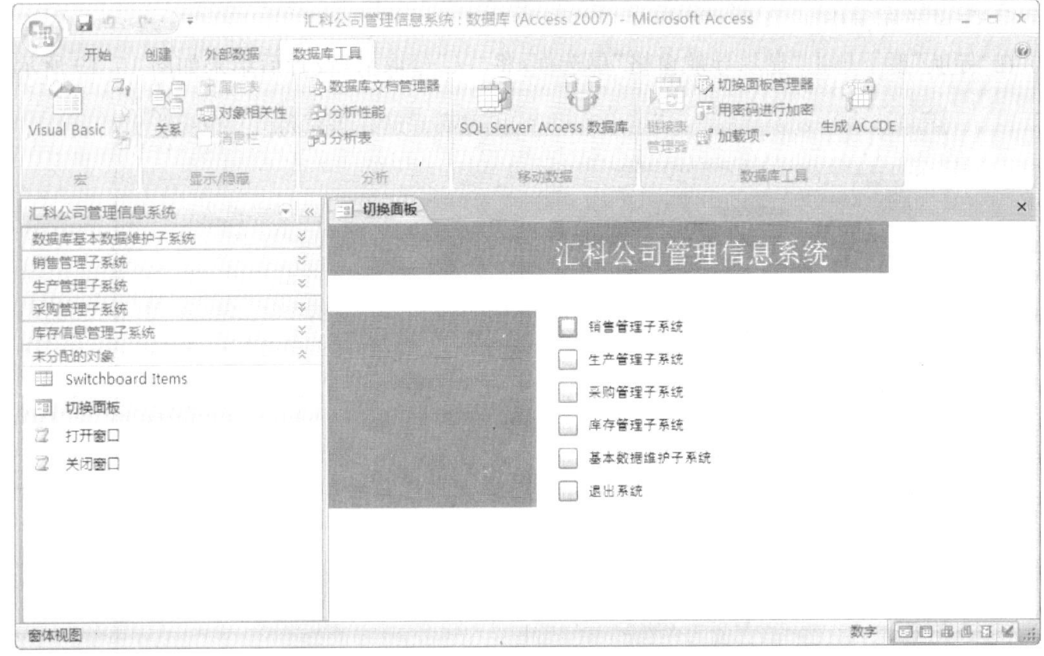

图 10.17 “汇科公司管理信息系统”主控界面

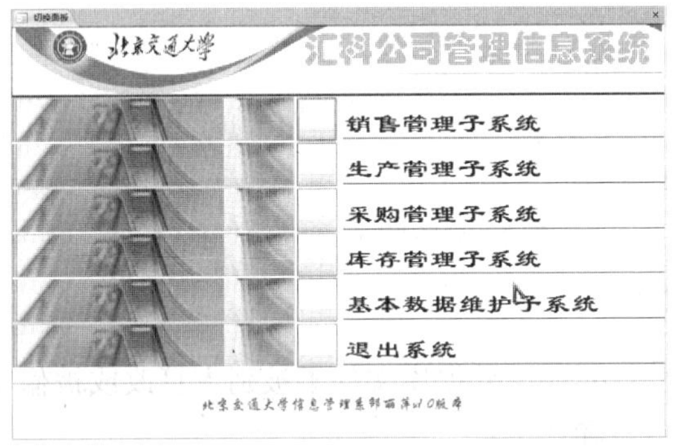

图 10.18 美化后的“汇科公司管理信息系统”主控界面

10.2 完善数据库

10.2.1 定义数据库启动方式

1. 设置数据库启动时界面

(1)在用户界面左上角单击 Office 按钮图标，在打开的命令选项卡最下方，单击【Access 选项】按钮，打开“Access 选项”对话框。

(2)在对话框中单击“当前数据库”按钮，在“应用程序选项”栏下“应用程序标题”文本框中输入“汇科公司管理信息系统”。在“显示窗体”下拉列表框中选择“切换面板”。在“关闭时压缩”选项上打“√”号。

2. 隐藏导航窗格

在"导航"栏下单击"显示导航窗格"单选框,将"√"号取消,设置后结果如图 10.19 所示。

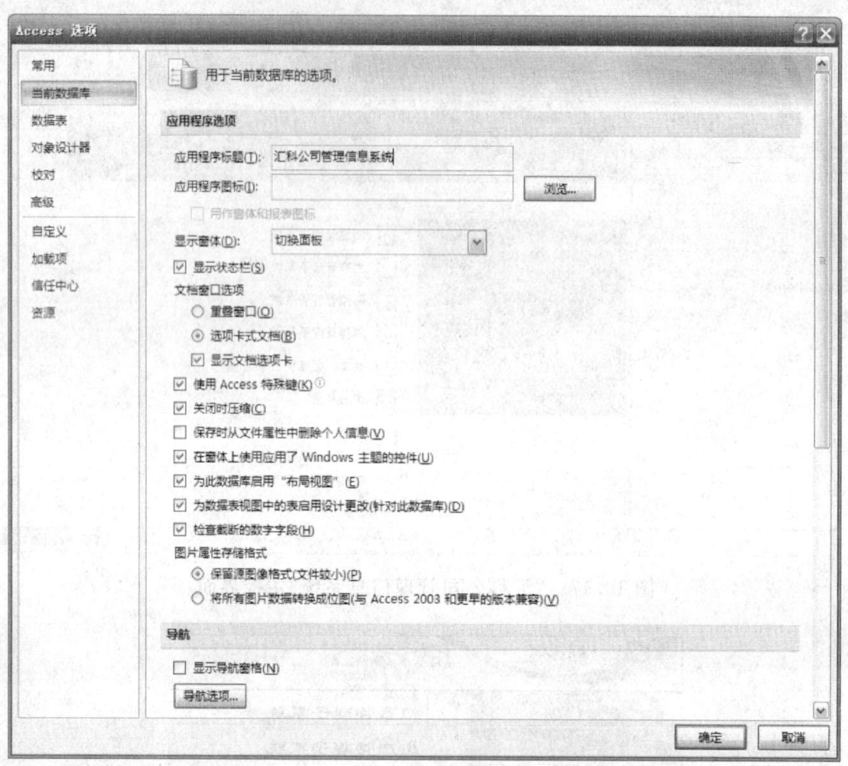

图 10.19 "Access 选项"对话框

10.2.2 生成 ACCDE 文件

如果希望保护所创建的 Access 数据库文件不被别人篡改或被偷窃数据库对象,可以将其生成为 ACCDE 格式文件,步骤如下:

(1)打开要生成 ACCDE 文件的"汇科公司管理信息系统"数据库。

(2)在"数据库工具"选项卡"数据库工具"组中单击【生成 ACCDE】命令按钮 。

(3)在"保存为"对话框中,通过浏览找到要在其中保存该文件的文件夹,在"文件名"框中键入该文件的名称"汇科公司管理信息系统 accde",然后单击【保存】按钮。

注意,如果数据库对象过多,将不能生成 ACCDE 文件。

参 考 文 献

[1] 邵丽萍. 信息系统开发实践实验教程. 北京:电子工业出版社,2007.
[2] 陈景艳. 管理信息系统. 2 版. 北京:中国铁道出版社,2001.
[3] 秦秋莉,邵丽萍. 管理信息系统. 北京:首都经济贸易大学出版社,2010.
[4] 薛化成. 管理信息系统. 5 版. 北京:清华大学出版社,2008.